경기작가

The Writers of
Gyeonggi

한국작가회의 경기지회
준비위원회

홍일선　밭 묵상 70	192
휘　민　수목한계선	193

■동시

권지영　농부의 하루	195
조수옥　봄비	197
최인혜　새벽	198

■회원 소설

단편 김민효　그래, 낙타를 사자	200
중편 김종성　붉은 바다-불의 땅 비탈 위 2	221

■경기학 평설

김준혁　경기 지역의 정체성-실학과 개방성을 중심으로	288

■수필

김학민　왕오북국전往五北國傳	301
이용준　봄, 영혼을 이식하다	314

■ 지역 탐방과 회원 동정

권혁재　평택 지역 탐방 및 회원 동정	321
박남희　고양시에서 발기한 시전문지 《아토포스》를 찾아서	324
임경묵　시흥, 문학의 또 다른 중심	329
정용국　전쟁과 대립을 건너 평화와 상생으로 가다	335
-동두천에서 부르는 아카펠라	

시인동네 시인선 **178**

슬픈 거짓말을 만난 적이 있다

진란 시집

변형국판 | 132쪽 | 값 10,000원

**불멸을 향한 악착같은
사랑의 노래**

이 시집의 가장 특징적인 대상은 그대, 당신, 너로 상징되는 초월적 존재이다. 이는 구체적 대상이라기보다 시적 화자와 동반하는 또 다른 나의 한 형식이며 동시에 시적 화자가 지향하는 세계의 정수(精髓)를 함유하는 개념이기도 하다. 시집 전면에 드러난 대상과의 만남 혹은 관계성에 대한 탐구는 사랑 혹은 이별로 변주되면서 시적 화자에게 세계란 도대체 무엇인가 하는 탐구로 환치되어간다. 그것은 불멸과 허무에 대한 통찰로 이어지며 자연스럽게 삶에 태도로 드러난다. 그런 의미에서 이 시집은 보이지 않는 초월적 대상과 동행하며 그에게 보낸 장문의 편지이자, 어떤 종말 앞에서도 굽히지 않는 불멸의 사랑에 관한 이야기라 할 수 있다. _출판사 서평

043-421-1977 | sbpoem@naver.com | http://blog.naver.com/siindn
[27001] 충북 단양군 적성면 도곡파랑로 178

시인동네

김춘리 시집

평면과 큐브

현대시 기획선 79
변형 국판 128쪽. 값 12,000원

모래 위에 시간을 적고
평면을 만져 볼 수 있을까

김춘리 시인의 언어들은 실재를 포획하기 위해 현실의 모습 위로 끝없이 던져지는 운동성을 보여준다. 그렇게 던져진 언어의 그물들 사이로 길어 올려지는 이미지들은 현란하다고 느껴질만큼 생동감을 가진 채 우리의 의식 속에서 선명하게 움직인다. 일방향적 은유 체계에서 벗어나 일상어와 시어의 양쪽을 오가면서 우리 인식의 범주에 기대고 있던 세계를 무너뜨리고 다시 일으키는 것을 반복한다. 시인의 언어가 만들어내는 이 진동은 어떤 의미에 도달하기 위한 것이 아니라 오히려 그것과의 격렬한 투쟁으로 이해해야 할 것이다.
　　　　　　　　　　　　　　　　　　　　　남승원 (문학평론가)

대표전화 (02) 302-2717 | www.koreapoem.co.kr | koreapoem@hanmail.net | **한국문연**

■들어가는 말

평야여, 연둣빛 비의를 가르쳐 주소서

강물은
푸른 산과 다투지 않고서
오백년 천년 역사 넉넉하였습니다
가문 날
오로지 흙은 석 달 열흘 천둥 번개의 때
그리워하며
신생의 시간을 끝끝내 만듭니다
고난의 역정입니다
무릉의 때 도원의 시간
두 손 모아 그리워하였기에
서기 2022년 7월 2일
우리는 이곳 권선리勸善里에서
'씨앗 뿌리는 사람'이기를 종신
서원하였습니다
근기 땅
옛 논밭들이여 평야여
이제 눈부신 연둣빛 비의를
가르쳐 주소서
어머니 평야께서

그리움이라는 눈물
기다림이라는 울음 잡수시면서
태어나는 생명을 공경합니다
오로지 연둣빛만을 경작하는
한국작가회의 경기지회
많이 외로웠기에 더 치열할 수 있었던
우리 경작 붓농부님들께
공경의 말씀 드립니다.

2022년 12월

한국작가회의 경기지회(준)
지회장 홍일선 모심

창립 선언문

　우리는 오늘 한국작가회의 경기지회 출범에 즈음하여 설립 취지와 활동 계획 등을 다음과 같이 밝히고자 한다.
　경기도는 예로부터 우리나라의 중추로 나라 살림의 뼈대를 이루었고 수도권의 일원으로서 어느 지역보다 물산이 풍부하고 문화가 융성한 지역이다. 또한, 우리 경기도는 오늘날 대한민국에서 가장 넓은 영역을 차지하고 있는 지자체이며, 전 인구의 4분의 1이 거주하는 대한민국의 중심 영역이다. 그리고 남북 분단의 현장인 판문점 등이 자리한 지리적 요충지이다.
　우리 경기도의 중요성은 비단 인구 지리학적 측면에 그치지는 않는다. 예로부터 경기민요 등이 탄생했고 광주, 이천을 중심으로 백자 도자기 문화 등 융숭한 문화가 꽃핀 곳이다. 이같은 문화적 중요성으로 우리 경기도는 대한민국 문인의 4분의 1이나 되는 문학인들이 활동하는 거점으로 부상한 지 오래이다.
　이렇듯 우리 경기도의 위상이 날로 높아져 가고 있음에도 불구하고 한국작가회의 소속 경기 문인들을 대변하는 지역 문학 단체는 지금까지 존재하지 않고 있다. 현재 우리나라는 지역 예술문화 비중이 매우 커져가고 있는 만큼 이에 걸맞는 문인단체의 위상 정립이 매우 시급한 시점이다. 이에 경기도에 거주 활동하고 있는 문학인들을 중심으로 한국작가회의 경기지회를 창립하고자 한다. 우리는 엄혹한 시절, 표현의 자유와 인권 존중을 기치로 내걸고 창립하여 48년 동안 줄기차게 활동해온 한국작가회의의 창립 정신 및 법통을 함께하는 경기지회를 창립하고자 한다. 그렇게 함으로써 한국작가회의의 창립 정신이 경기 지역에 넓고 깊게 뿌리내림은 물론 분단 현실을 타개하고 문화적 민주주의를 확장해 가는 데 큰 보탬이 되리라 보기 때문이다.

  우리는 한국작가회의 경기지회 창립을 계기로 작게는 경기 지역에서 거주 활동하고 있는 문학인들의 문학 활동을 보호함은 물론, 분단을 넘어 통일을 이루는 문학적 토대를 쌓는 데 매진할 것이다. 아울러 한국작가회의 창립 정신을 이어받아 민주주의와 인권, 표현의 자유를 올곧게 실현하는 데도 매진할 것을 약속한다.

  오늘날 경기도는 반도체 산업의 메카로 부상하는 데서도 보듯, 제조업을 중심으로 한 한국 산업의 거점 지역으로 자리매김한 지 오래이다. 이와 함께 농촌 지역이 급속하게 공장지대로 변모하면서 발생하고 있는 대규모의 공해와 산업 재해 발생을 막고 고발해야 할 책무를 우리 문인들은 지고 있다. 다른 한편, 경기도는 수도권의 일원으로서 건강한 먹거리를 생산하는 농업의 전초기지 역할을 담당하고 있다. 이에 따라 경기 지역 작가들은 국민의 건강을 지키는 먹거리 파수꾼, 인간다운 삶을 펼쳐가기 위한 깨끗한 환경 지키기, 기후 지키기를 실천하는 일꾼이 되어야 할 것이다.

  위와 같은 모든 여건을 고려하여 민주주의를 실천하고 아름다운 환경 지키기를 염원하는 경기 지역 작가들은 이의 성공적 수행을 위하여 한국작가회의 경기지회를 오늘 창립하고자 한다. 본 지회 창립에 즈음하여 우리는 설립 취지에 찬동하는 이들에게 가감 없이 문호를 개방할 것이며, 경기도 내에서 기존에 활동해온 한국작가회의 소속 지부들과도 협력을 공고히 해나갈 것이다. 우리는 한국작가회의 경기지회 창립을 계기로 경기 지역 문학 풍토에 일대 쇄신의 기회가 되기를 기대한다. 나아가 지역의 경계를 넘어 한국 문학이 건강성을 회복하고 통일 시대를 앞당기는 지렛대가 될 것을 거듭 다짐한다. 이에 우리는 한국작가회의 경기지회 출범에 즈음하여 다음과 같이 우리의 결의를 밝히고자 한다.

우리의 결의

   1. 우리는 한국작가회의 창립 정신을 이어받아 민주주의와 인권 신장을 위하여 진력한다.

   2. 우리는 글 쓰는 자의 책무로 열강에 의한 분단체제를 극복하고 통일을 이룩하는 데 노력한다.

   3. 우리는 경기 지역에서 거주 활동 중인 회원들의 권익 신장을 위해 노력한다.

   4. 우리는 무분별한 개발이 발생시키는 폐해에 주목하면서, 비인간적인 산업 재해를 예방하고 아름다운 기후 환경 지키기에 진력한다.

   5. 우리는 경기도민들이 문화를 누릴 권리를 존중하고, 이를 위해 문화와 문학이 다양화하는 데 진력한다.

2022년 7월 2일
한국작가회의 경기지회 회원 일동

■창립 기념 좌담

왜, 지금, 경기문학이어야 하는가?

일　시 ; 2022년 11월 14일 오후 2시
장　소 ; 경기문화재단 다산홀 6층 회의실
참석자 ; 윤한택, 한도숙, 김남일, 성향숙,
　　　　박설희, 인은주, 김명철(사회)

사회자; 안녕하세요, 시를 쓰는 김명철입니다. 이렇게 한국의 인문학 분야에서 최고의 경지에까지 오르신 선생님들을 뵈니 매우 영광스럽고 흥분됩니다. 먼저 제가 한 분씩 소개를 올리겠습니다.
　한국의 고대사 연구, 특히 고려의 국경에 대하여 새로운 역사적 해석과 의미에 큰 연구 성과를 거두시고, 그 결과 식민사관과 반도사관을 뛰어넘는 동북아 사관에 깊은 열의를 보여주셨던 역사학자이시며, 시인이기도 하신 윤한택 선생님이십니다.(인사와 박수)

다음은 한국 근현대사에 해박한 지식과 식견을 지니고 계신 김남일 소설가이신데요, 선생님은 현재에도 직접 소설을 쓰시면서도, 한국의 근대문학을 넘어 동남아, 특히 베트남과 일본의 근대문학을 우리의 근대문학과 연계시키시면서, 문학과 문학인의 가치와 의미를 미래지향적인 관점에서 폭넓게 연구하여 그 결과물들을 지속적으로 보여주고 계신 김남일 선생님이십니다.(인사와 박수)

그리고 풍모가 예사롭지 않으신 한도숙 선생님이신데요,(일동 웃음) 선생님은 전국농민회총연맹 의장을 지내시고, 현재 평택에서 생명농법으로 손수 농사를 지으시면서 시도 쓰시고 계십니다. 생명을 살리는 농정을 지속적으로 주장하고 계시고 생태 문제는 생명 농정으로 해결되어야 한다는 지론을 펼치고 계신 한도숙 선생님이십니다.(인사와 박수)

다음은 현재 〈경기작가회의〉 창립 준비위 사무처장을 맡아 일하시면서 훌륭한 시들을 지속적으로 생산해내셔서 많은 호평을 받고 계신 성향숙 시인이십니다.(박수)

그리고 또 경기작가 창립을 위해 누구보다도 열심히 노력하고 계시며, 시적 성취에 있어서도 탁월한 자리를 차지하고 계신 시인 박설희 선생님이십니다.(인사와 박수)

마지막으로 이 좌담을 위한 준비와 녹취 및 기록을 위해 참석해 주신 인은주 시인이십니다. 최근 출간하신 시집 『우리의 관계는 오래 되었지만』이 큰 호평을 받고 있습니다.(인사와 박수)

그럼 이제 좌담을 시작하도록 하겠습니다.

먼저, 지난번 《경기작가 준비호》를 위한 우리 편집위원 회의에서 〈경기지회〉 기관지로서의 《경기작가》의 필요성이라고 하는 것이 과연 무엇이냐에 대한 논의들이 있었습니다. 우리는 오늘 좌담을 통해 지금 이 시점, 국내의 정치, 경제, 사회, 문화적인 측면은 물론 국제적인 문제들도 매우 긴박하게 혹은 위협적으로 돌아가고 있는 현 상황에서 '경기도권의 문학'이라는 것의 효용성, 혹은 경기도의 역사에 바탕을 둔 경기도권 문학이 어떤 역할을 해왔고, 앞으로 또 어떤 역할을 해나갈 수 있을 것인가에 대하여, 다시 말씀드리자면, 우리 '경기문학'의 목표와 목적을 어떻게 설정하면 좋을지에 대하여 숙고하는 시간을 갖게 될 것 같습니다. 먼저 김남일 선생님께서 운을 떼주시면 좋겠습니다.

김남일 "고향에 대한 애착 넘어, 싫은 것조차도 문학 속에 다 포함이 될 수 있습니다. 그런 것들이 문학을 할 때 큰 자산이 된다고 생각합니다."

김남일; 네, 저는 처음에 이 자리에 나와 달라는 얘기를 들었을 때 굉장히 당혹스러웠습니다. 작가회의의 사무총장도 지내기는 했습니다마는 그 시절부터 저는 사실 작가회의 해체론자 비슷했어요. 그러니까 그동안 한국작가회의는 많은 일을 했으니 이제 좀 새로운 방식이 필요하겠다는 생각이었지요. 그렇다고 해서 제가 지금 작가회의를 없애자는 뜻은 전혀 아니고요, 열심히 하시는 분들한테 제가 직접적으로 도움을 주거나 열심히 참여하지 못하기 때문에 그냥 가만히 있었는데 저를 또 이렇게 불러내셔서 당혹스러웠다는 것이지요. 또한 사회자께서 말씀하신 좌담의 주제가 너무 광범위해서 제가 감당을 할 수 있을까에 대한 의문도 듭니다. 그래서 제 나름대로 생각한 부분을 간단히 말씀드리도록 하겠습니다.

저는 경기도에서만 계속 살아왔습니다. 잠깐 서울로 이주를 했다가 거기서 다시 쫓겨나고 지방으로 갔다가 경기도로 오게 되었지요. 부모님도 수원 출신이시고 저도 내내 경기도를 떠나고 있지 못하지만, 그런데도 불구하고 저는 한 번도 경기도에 산다는 걸 자랑으로 생각한 적이 없었어요. 행복하다고 생각한 적도 없었고요. 결정적으로, 특히 문학을 하면서 경기도에서 산다는 게 무슨 뜻인가를 생각하면서, 오히려 경기도는, 굉장히 저의 자존감에 상처를 입히는 콤플렉스의 지역이었습니다. 무슨 뜻이냐 하면, 80년대 문학을 하면서, 지방 어디 진짜 못 사는 동네에서 오거나 아주 깡촌에서 오거나 산골에서 오거나 하는 그런 작가들이 많았어요. 그런데 그 작가들은 당당합니다. 왜냐하면 할 이야기가 많고 무궁무진한 언어라든지 자기 방언이라든지 또는 자기들이 태어난 고향에 대한 애착이라든지 또는 고향이 싫은 것조차도 문학 속에 다 포함이 될 수 있었으니까요. 그런 것들이 문학을 할 때 큰 자산이 된다고 생각합니다. 그래서 특히 예를 들자면, 전라도에서 온 작가와 시인들을 만났을 때 고향이 어디냐고 서로 소개를 하는 과정에서 제가 수원이라고 하면 그냥 할 이야기가 더 이상 없어지는 거예요. 그러니까 경기도에 산다는 것은 고향을 이야기할 수 없는 것이거든요. 저는 제가 만약 해남에서 태어났거나 경상도 칠곡에서 태어났거나 했으면 그것만 갖고도 소설을 훨씬 잘 썼을 거 같아요. 저는 제가 지금 이 모양으로 이렇게 소설도 그렇게 잘 쓰지 못하고 하는 이유 중의 하나가 '고향'도 꽤 큰 영향을 미쳤다고 생각합니다. 그러다가 물론 나중에 '나도 고향이 있는 거고 수원도 할 얘기가 있는 거다', 이런 생각을 하게는 되었지만요. 그것이 자기가 살아온 고향 그리고 자기가 살고 있는 지역에 대한 스토리텔링이라고 할까요, 이야기하기가 얼마나 중요한지를 새삼 깨닫게 됩니다. 그래서 제가 오늘 이 좌담에 참석한 이유도 과거의 나와 오늘의 내가 살고 있는 지역에 대한 애착 또는 애증 이런 것들을 한번 정리하는 자리가 되었으면 좋겠다고 생각하였기 때문입니다.

사회자; 예, 그러셨네요. 제 고향은 원래 충청도인데요, 어린 나이에 고향을 떠나와 서울에서 살기도 하고 경기도 여기 저기 다니면서 살다보니까 딱히 고향이라고 할 만한 곳이 없더라고요. 이런 현상은 점점 더 그렇지 않을까 하는 생각도 들어요. 요즘 MZ세대 고향은 무슨 산부인과라는 우스갯소리도 있잖아요. 고향의식이라는 것이 사라지다 보니 그에 따라 지역적 특색도 많이 퇴색해지지는 것 같아요. 지역적 다양성이라고 하는 측면에서의 훼손이 많은 아쉬움을 낳고 있어요.

한도숙 선생님은 농민운동을 많이 하셨고 시도 많이 쓰시고 그러셨는데 경기도 문학의 과거와 현재에 대해서 좀 짚어주신다면 어떤 게 있을까요.

한도숙; 난 김남일 선생님보다 더 부담스러웠던 것 같아요. 제가 그런 이야기를 할 수 있는 자격을 가진 것도 아니어서 무척 부담스러웠지요. 사실 윤 교수님이 함께

한도숙 "경기지회 창립이 보수성향을 넘어, 기울어진 운동장의 어떤 평형감을 만들어내는 데 도움이 좀 되었으면 하는 바람입니다."

가겠다고 하셔서 힘을 내서 왔습니다. 저는 '경기 문학' 이러면 아무래도 문학의 어떤 본성이랄까, 어쩌면 기울어진 운동장을 바로 세우는 작업이라고 규정하고 싶어요. 사실 경기 문학이라고 하면, 잘은 모르겠지만, 보수 진영의 문학이 대부분이었고 주류였다라고 볼 수 있죠. 경기도 사람들이 고향이 없는 것 때문에 문학계에서 손해를 보고 있는 건지는 잘 모르겠지만, 홍일선 시인님만 해도 고향이 경기도 화성 이쪽이시고 그 고향을 본인의 시집에서 많이 팔기도 했거든요.(일동 웃음) 또 이덕규 시인도 〈시방재〉를 중심으로 한 자기 집의 이야기를 가지고 시를 써서 남의 가슴을 울리게 하는 그런 일들을 많이 했고요. 그래서 제가 볼 때는 경기문학에서 고향의식의 부재 같은 것은 꼭 그렇지만은 않은 거 같고, 우리가 그것들을 찾지 못한 거 아닌가, 아니면 일방적으로 흘러가고 있는 그 기울어진 운동장을 그대로 타고 가고 있는 것 아닌가 하는 그런 생각도 들죠. 그리고 경기도 지역에 위치해 있는 황순원, 박두진, 홍사용 문학관 등이 있지만 일반인들이 이런 문학관들에 대해서 잘 모르

윤한택 "문학 관련 기관과 단체는 모름지기 권력의 시녀가 돼서는 안 되고, 자본의 노리갯감이 돼서는 안 된다는 것이 확고한 생각입니다."

고 있어요. 지금까지는 순수 문학이라고 하는 그런 쪽으로 경기도권 문학이 많은 노력들을 기울였습니다만 어쨌든 주도적인 힘은 보수적 성향이 아니었나 생각이 됩니다. 아마 이 자리가 그런 기울어진 운동장의 어떤 평형감을 만들어내는 데 도움이 좀 되었으면 하는 바람입니다.

사회자; 네, 정말 충분히 공감할 수 있는 그런 말씀인 것 같습니다. 윤한택 선생님은 지역 혹은 경계에 대한 관심이 아주 많으신 것으로 알고 있는데요, 경기도 지역은 남과 북을 가르는 분단의 접경지역을 포괄하고 있습니다. 선생님이 그 전에 국경 문제는 남한만의 문제가 아니라 한반도의 문제를 넘어 동북아권의 문제라고 말씀하신 적이 있으신데요, 그게 혹시 남북 간의 접경지역인 경기도권 문학, 특히 통일문학과의 관련성과도 연관이 있는 것인지 모르겠습니다.

윤한택; 사회자께서 지난번에 보내주신 좌담 주제에 대해서 제가 그런 얘기들을 할 수 있을까 하는 많은 걱정을 했습니다. 그리고 방금 사회자께서 얘기해주시는 그런 내용들은 사실 제가 〈경기문화재단〉에 있으면서 많이 생각했던 내용들이고 그것에 대해서 자료를 많이 남기기도 했었지요. 그런데 2010년에 정년을 하고 지금 12년이 지났어요. 지금 함께 대화를 나누는 분들이 저에게 경기도의 역사 유산이라든지 분단 문제, 통일 문제 이런 것들에 대해서 어떤 생각들을 좀 얘기해 줬으면 하는 그런 기대가 있으실 것 같은데 지금은 그때와는 달리 생각들이 좀 바뀌었어요. 그래서 저는 이 좌담의 성격과 관련해서, 지금 〈경기작가회의〉를 창립하려는데 이런저런 어려움들이 있지 않습니까. 이런 문제들이 어디서 왔는지, 그 문제를 어떻게 해결해야 되는지, 그것이 경기문학과 무슨 상관이 있는지, 이런 쪽으로 얘기를 끌고 갔으면 하는 생각을 하고 왔습니다.

　1996년에 〈경기문화재단〉이 만들어졌는데 그때 제가 창립멤버였고 15년 동안 거기서 일을 했어요. 그런데 처음에 제가 맡은 일은 경기 문화예술 진흥계획을 기획하는 일이었어요. 그거 만들어 놓고 그것도 몇 번을 수정하고 그 이후에 스스로 5개년 계획, 10개년 계획을 세우고 계속 점검하고 그랬습니다. 그리고 또 하나가 뭐냐 하면 경기 문화예술 총람이라고 하는 거였는데, 문화예술인이나 문화예술 조직에 대한 데이터베이스를 만드는 거였지요. 그 두 가지 사업이 주 사업이었습니다. 그런데 그때는 그런 작업들이 전통 문화부터 시작해서 문화산업까지 어떤 식으로 진행이 되어야 하는 것인가에 대한 연구로 이해를 했습니다. 그런데 실제로 일을 하다 보니까 그건 무슨 지방자치단체 문화재단을 설립한 사람들의 방패막이 같은 일이더라고요. 그들은 자신들이 공공사업을 하니까 이러이러한 목적을 가지고 이렇게 자유롭고 공평하게 일을 하고 있다는 것을 보여주기 위해서 이런 일들을 우리에게 맡긴 거였어요. 그렇다보니 사실 계획을 만들어 놔 봐도 그게 무슨 의미도 없었고, 실질적으로는 지방자치단체장의 정치적 입지를 굳히기 위한 방패막이나 파수꾼 같은 거였어요. 그리고 기금을 사냥하는 그런 것을 우리가 중간에서 심부름이나 하는 심부름꾼 같은 그런 일들이더라고요. 굉장히 당황스러웠습니다. 저는 원래 역사 전공입니다마는 역사 중에서도 아주 좌파였거든요. 기층 민중 좌파였는데 이런 일을 하고 있다 보니까 이건 도대체 내가 뭘 위해서, 아까 계획도 짜고 무슨 데이터베이스도 만들고 했다는 말씀을 드렸는데, 이게 도대체 무슨 의미가 있는 것인지, 자본의 경리 역할이나(일동 웃음) 하고 있는 일에 대한 회의가 있었죠. 그래도 어쨌든 그거와는 별개로 밥은 먹고 살아야 하니까(일동 웃음) 할 수 없이 그 일을 했습니다마는, 마음속으로 다짐하기로 적어도 이런 원칙을 가지고 살아야 되겠다라는 생각이 들더라고요. 첫째는 권력의 시녀가 돼서는 안 된다. 둘째는 자본의 노리갯감이 돼서는 안 된다는 것이었습니다. 그래서 반년 동안 그렇게 계획서를 작성해서 사무총장에게 들고 들어가면 연필을 들고 '을'을 '를'로 바꾸라는 겁니다. 그런 식으로 한 3개월을 끌면서 결재를 안 해줘요. 왜 그럴까. 그 당시 지방자치 단체 부속 연구원이라고 하는 게 있었는데 이 양반이 이 계획을 짜되 그걸 너는 하지 마라, 우리 내부에서 뭔가 생각해보겠다, 하고는 결국 그걸 경제연구원에 주라는 거였어요. 1억 원짜리였는데, 그래서 제가 나중에 보니까 그쪽에 한 5천만 원 떼어주고 나서 5천만 원 가지고 사업을 해라 이런 식의 얘기였지요. 어쨌든 이런저런 자세한 얘기는 그렇긴 합니다마는, 우여곡절 끝에 6개월 만에 일을 하게 되었는데 그 일은 거기서 끝나는 게 아니라 끊임없이 계속 부딪히는 거죠. 그래서 그때 어쩔 수 없이 혼자 힘으로는 안 되겠구나 해서 소위 예술계의 싸움닭들을 찾으러 갔습니다. 그렇게 들어온 친구들이 현재 각 지역에 있는 지방자치단체의 시군 단위의 문화재단 대표직을 맡고 있지요.

그래서 오늘 제가 오면서 이런 문제가 왜 발생했는지, 이렇게 한 15년 동안 싸웠지만 그 이후로는 우려했던 대로 무슨 평화니 통일이니 생명이니 하는 사업들, 무슨 전통 문화 살리기 사업 같은 건 몇 억씩 그냥 막 주는데, 반대로 무슨 공모 지원 사업이라고 해서 제일 가난한 시인들은 150만 원 그거 받으려고 애를 쓰고. 도대체 왜 이런 일이 반복되고 있는지 알 수가 없습니다. 어쨌든 저는 2010년에 여기를 정리하고 돌아보지 않았습니다. 그런데 그 뒤에 보니까 그 후배들이 열심히 하기는 했습니다마는, 결과적으로 제가 지키고자 했던 권력의 시녀라거나 자본의 노리갯감 역할이 지속되고 있는 것은 아닌가 하는 의문이 듭니다. 우리가 말하는 문화라는 것이 사실 권력이 되는 측면이 있는데요, 그렇게 다 권력에 종속돼 버리고 참 문화라는 것은 상업화되고 있는 것이 아닌가 하는 생각도 듭니다. 그래서 오늘 우리가 〈경기문학〉을 만들어서 새롭게 뭔가를 만들어내고자 하는 이 지점에 있어서 그런 문제, 문화주의에 대한 '주의'를 어떻게 구상해가야 하는지에 대해서도 고민이 필요할 것 같습니다. 그리고 또 실질적으로 이런 문제까지 맞닥뜨리게 됐던 1차적인 원인은 젠더 문제를 해결하지 못했기 때문은 아닐까라는 생각도 해봅니다. 그런 것들 다음에 기후 문제라든지 아까 얘기한 평화통일 문제, 생명 문제, 그 다음 최근에 여러 가지 그런 중요한 이슈들, 그런 이슈들에 대한 근본적인 어떤 재검토, 이런 걸 해결해보자고 이 좌담회가 마련된 거 아닌가 생각을 해봅니다.

사회자; 예, 선생님 말씀 매우 흥미롭게 잘 들었습니다. 권력의 시녀로서의 문학, 자본의 노리갯감으로서의 문학이라는 것이 어떻게 형성되는지에 대한 구체적인 내용이 피부로 느껴지는 것 같습니다. 사실 우리 대화의 주제가 너무 광범위하고 구체적이지 않아서 저도 어떻게 진행을 해나갈 수 있을까에 대해서 굉장히 많이 걱정을 했는데요, 우선 이런 생각은 있었습니다. 우리가 창립하려는 경기지회는 〈한국작가회의〉만을 위해서가 아니라 한국 문학 발

김명철 "경기지회의 설립과 《경기작가》의 창간은 작가회의에 대한 새로운 활력소, 새로운 활로 모색이라고 할 수 있을 것입니다."

전의 전반을 위한 것이고, 우리 〈한국작가회의〉가 제몫을 할 수 있는 뿌리가 굳건하고 역량도 충분하지만 현재 과연 그런 바람직할 역할을 수행하고 있는가에 대한 회의에서 시작되었다고 알고 있습니다. 그렇다면 결국 경기지회의 설립과 '경기작가'의 창간은 작가회의에 대한 새로운 활력소, 새로운 활로 모색이라고 할 수 있을 것입니다. 지회의 창립에 대한 어떤 절차라든지 제도적인 문제 같은 거에 대해서 저는 잘 알지 못합니다. 다만 경기지회의 기관지로서 '경기작가'가 창간되려면 그 창간의 당위성은 성립되어야 한다고 생각하고 있습니다. 지금 왜 하필이면 '경기문학'인가라는 것에 대한 근거가 마련되어야 한다는 것입니다. 그런데 이 논의가 경기 문학에 대한 총체적 진단 혹은

경기 문학의 문학사라는 식으로 진행되면 사실 지역적으로도 그렇고 분야별로도 그렇고 너무 광범위해서 진도가 나갈 것 같지가 않습니다. 그래서 우리가 논의하려고 했던 경기도의 문화, 역사, 인물유산이라든지 통일, 환경, 생태 문제 등을 광범위하게 접근하지 말고, 선생님들의 본래의 고향이나 타향에 대한 이야기들을 문학과 관련지어 나누어가다 보면 자연스럽게 경기지역과 경기문학의 차별성이 드러나지 않을까 싶습니다. 선생님들은 현재 모두 경기도에 거주하고 계시니까요. 결과적으로 제가 드리고자 하는 말씀은 지금, 여기에서 왜 경기 문학이어야 하는가라는 것입니다.

저는 〈화성작가회의〉에서 활동하면서 '통일문학'에 큰 관심을 두고 있습니다. 화성에 거주하기 시작하면서 경기도 서해 쪽에 여전히 전쟁의 상흔이 많이 남아있고 여전히 전쟁 체험담들이 살아있다는 것을 알 수 있었습니다. 경기북부 지역들은 그런 현상이 경기 남부보다도 훨씬 강력하지 않을까도 싶습니다. 그런데 막상 '통일문학'이라고 하면 좀 막막해지는 것이 사실입니다. 그렇지만 경기 남부에서도 평택은 평택대로, 화성은 화성대로, 발안은 발안대로, 그 나름대로의 역사적, 문학적 스토리들이 있지 않을까 생각됩니다. 성향숙 선생님은 화성의 발안 출신이라고 알고 있습니다. 제가 '통일문학'을 말씀드렸지만 발안 지역과 관련해서, 고향에 대한 말씀도 하시면서 자연스럽게 대화를 이어가시면 좋겠습니다.

성향숙; 네, 솔직히 제 머릿속은 굉장히 엉켜 있어요. 코로나 감염으로 부득이 불참하신 조정 선생님 대신 갑자기 불려나와 무슨 말을 어떻게 시작해야 할지 모르겠습니다. 경기도 거주에 대해서 김남일 선생님이 말씀하셨는데 저도 많이 비슷합니다. 그러니까 경기도에 살면서 뭐랄까, 다른 지방과의 차이점은 서울과 가깝다는 것인데요, 그래서 아마 지역적으로 거리가 있는 지방의 작가들과의 차이점은 동경의 문제라는 생각이 들기도 합니다. 지방작가들이 가진 서울에 대한 동경은 문학적인 소양으로서 좋은 재료가 되고 있다고 봅니다. 예전에 본 어떤 글이 생각나는데, 기차가 지나가면 저 기차를 타고 서울로 가고 싶다, 배가 지나가면 그 배를 타고 어디론가 가고 싶다, 중심에 닿고 싶다는 이런 동경의 마음들을 보았습니다. 그게 전부 문학적인 어떤 소양이 되지 않았을까요. 그런데 경기도에 사는 사람들은 마음만 먹으면 얼마든지 서울이라는 곳에 갈 수 있습니다. 그러니까 동경이라는 문제가 그렇게 절실하게 오지는 않았고, 그래서 뭐 더 절실한 작품이 나오지 못하고 있는 게 아닌가, 저는 그렇게 생각을 하고 있습니다.

사회자; 그런 말씀을 하시지만 성향숙 시인의 작품을 보면 매우 절실하고 절박하고 그렇지 않습니까. 말씀만 그렇게 하시고 전혀 그렇지 않은 시를 쓰고 계시는데요 뭘.(일동 웃음)

김남일; 경기도가 다른 지역의 고향처럼 살갑게 다가오지 않는다고 느꼈던 많은 부분들이 공유되는 지점일 것입니다. 지금 선생님이 말씀하신 것처럼 서울하고 가깝기 때문에 그렇거든요. 실제로 이 경기도에 산다는 게 얼마나 치욕스러운 일인가라는 생각도 듭니다. 제가 김포에서 여기 오려면 지금은 수도권 순환도로를 타고 오는데 예전에 그 이름이 서울 외곽 순환도로였어요. '서울외곽'이라니 말도 안 되는 겁니다. 그 폭력을 수십 년 동안 받고 살면서도 몰랐어요. 왜냐하면 나도 서울 사람이라고 생각을 했고, 그냥 근거지가 서울이니까요. 그런데 자동차가 생겨서 어느 날부터 서울 외곽순환도로를 타고 다니다 보니, 나는 외곽 사람이구나, 서울 사람과 서울이 중심이고 경기도는 외곽이구나, 하는 생각이 들더라고요. 항상 서울의 외곽으로서만 존재하고 배후로서만 존재했다는 걸 그때 알게 되었어요. 소설가 박태순 선생님이 쓰신 『밤길의 사람들』이란 소설이 있어요. 6월 항쟁에 관한 소설인데요, 거기에 보면 이런 장면이 나와요. 청춘 남녀가 지하철을 기다리는데, "전철이 들어오고 있으니 안전선 바깥으로 물러서서 기다려주시기 바랍니다." 이런 식의 말이 자연스럽게 쓰였어요. 따지고 보면 뭐 안전선 바깥으로 나가 죽으라는 얘기죠.(일동 웃음) 안전선 안에서 기다려야 되는 거잖아요. 우리는 예전에 그냥 언어도 그런 식으로 사용했어요. 중심이 사람이 아니고 기차예요. 기다리고 있는 사람이 중심이 되어야 하는데, 그게 아니고 기차가 오고 있으니까 너희들은 비키라는 겁니다. 중심이 서울이죠. 경기도는 바깥으로 안전선 바깥으로 밀려나라 이런 뜻이었습니다. 그러니까 그 장면 하나가 묘사했던 정확한 문구는 제가 기억이 잘 안 납니다만 예전에는 그렇게 얘기했거든요. "전철이 다가오고 있으니 안전선 밖으로 한 걸음 물러나 기다려주시기 바랍니다." 그러니까 굉장히 물질주의적이고 폭력적인 사유 방식이 우리 사회를 지배하고 있었던 겁니다.

80년대에 저희들이 시작했던 한국작가회의 때는, '자유실천문인협의회'였는데, 그런 왜곡되고 잘못되고 무의식적으로 우리가 쓰던 잘못된 관행들을 하나씩 바꿔나가려는 노력을 했습니다. 지역과 지방을 분리하기 시작했는데 예전에 우리는 다 지방이었죠. 서울이 아닌 건 다 지방이었습니다. 서울이 중심이고 서울은 우리 역사나 문화나 경제의 모든 것을 다 지배하고 있기 때문에, 나머지는 지방에 분배해주는 대로 떡국물이나 받아먹는 그런 수동적인 존재였습니다. 그런데 그게 어느 순간에 어느 지역 어느 지방에서, 예를 들어서 대전, 마산, 이런 데서 갑자기 자기도 중심이라고 말하기 시작했습니다. 80년대 중반이었지요.

그 배경을 조금 설명을 드릴 필요가 있어서 간단히 말씀드리면, 그 당시에 마침 전 세계적으로 제3세계 문학 운동이 펼쳐지기 시작했습니다. 그러니까 그전에 우리가 읽었던 세계 문학이라는 것은 프랑스 문학이나 영국 문학이나 미국 문학 같은 제1세계의 문학이었고 그것과 아울러서 러시아 문학이 있었습니다. 80년대 중반에 미국 중심의 세계 지배질서에 대항하는 의미에서 제3세계 운동이 펼쳐지고 문학적 성과물로서 제3세계 문학 운동이 펼쳐지기 시작을 한 겁니다. 그것이 우리나라에 들어와 지역 문화운동을 활발하게 일으키는 근거가 됩니다. 그 바탕에는 5월 항쟁이 있었던 거죠. 5월 항쟁이 광주를 중심으로 시작했지만 그건 지방으로서가 아니라 광주가 우리 역사를 이끄는 가장 중심지역으로서 승화되는 계기였습니다. 그 무렵을 전후해서 세계적으로는 제3세계, 아시아문학, 아프리카문학, 라틴아메리카문학이 활발하게 번역되어 소개되기 시작했고, 우리나라에서는 지역 무크 운동이라는 게 벌어집니다. 그중 제게 제일 인상적이었던 것은 마산에서 나온 잡지인데, 첫

호에 수출 자유 공단에서 일하는 여성 노동자가 자기 이야기를 소설로 쓴 내용이 나옵니다. 서울의 어느 잡지나 문학잡지에서는 감히 해보지 못한 일들을 지역에서 현장의 목소리를 그대로 반영하는 그런 작업들을 한 겁니다. 그 힘이 서울을 몰아붙이는 원동력이 되었습니다. 오늘날에도 그것이 남아 있어서, 많이 이제 사라지기는 했습니다만, 〈제주작가회의〉와 〈인천작가회의〉에서 보내오는 잡지들이 굉장히 훌륭합니다.

그러니까 그 잡지들은 자기 지역에 뿌리를 박고 있으면서 그 지역의 목소리를 최대한 반영한 문학적으로도 성공한 케이스라고 생각합니다. 마무리를 하면, 잡지 중에서, 시사 잡지인데, 『황해문학』 같은 경우 캐치프레이즈가 "전 지구적으로 사고하고 지역적으로 행동하라" 이런 겁니다. 그러니까 그 말은 우리가 비록 여기 경기도에 살고 인천에, 평택에, 김포에 살고 있지만 머릿속으로는 우리가 전 세계를 아우르는 지구적 사유를 하고 행동은 여기서부터 해 나가야한다는 의미로 재해석됩니다. 그런 식으로 서울과 지방과의 관계에 대한 지역의 새로운 발견 같은 것들이 우리가 해야 될 일이고, 그것은 길지는 않지만 80년대 이후에 활발한 활동을 통해서 어느 정도 얻어낸 성과라고도 봅니다.

사회자; 정말 의미 있는 말씀을 해주셨는데 외곽순환도로라는 이 용어가 폭력적이었다는 걸 이제야 알았습니다. 지역이 문화계의 강자가 되는 방법이 무엇인지 김남일 선생님의 말씀을 들으니까 어렴풋이 알 것 같습니다. 그런데 아까 지역의 목소리를 최대한 반영한 잡지로 『인천작가』, 『제주작가』를 드셨는데 우리 《화성작가》도 만만치 않게 지역의 목소리를 내고 있다는 것을 알아주셨으면 좋겠습니다.(일동 웃음) 다른 지역에 비해서, 우리가 이제 지방이라고 하면 또 불순한 의도가 느껴집니다만, 경기도는 수도권으로서 경기 이외 다른 지역들보다도 지역적인 특성이 매우 다른 것 같습니다. 경기북부 지역과 경기남부 지역의 지역적 특색 차도 강한 것 같고, 그것을 개별적으로 경기도 북부와 남부, 서부와 동부 이렇게 지역적 특성을 살려나가는 것이 결국 전 지구적 사고방식이 될 수도 있겠다는 생각을 해봅니다.

박설희; 저는 지금 김남일 선생님께서 해주신 말씀이 굉장히 상징적이라고 생각됩니다. 이번에 경기지회를 추진하는 과정에서 생각했던 부분들과 많이 맞닿아 있다는 생각이 들어요. 그러니까 경기지회 창립을 반대하시는 분들이 내세우는 부분이 작가회의는 태생부터 '중앙집권적이다'라는 것인데요, 이것은 최근에 부이사장님 중의 한 분이 이사들한테 보낸 메일의 내용입니다. '지금까지 계속 중앙집권적이었고 앞으로도 그래야만 한다'는 것이지요. 그런데 지금 신임 사무총장이라든지 아니면 경기지회를 추진하는 사람들은 이 부분을 굉장히 위협적인 요소로 느끼고 있다는 것입니다. 그래서 그걸 용납할 수 없다는 것이었습니다. 그래서 경기도야말로 지역 문학 운동을 지금부터라도 시작해야 하지 않을까라는 생각을 했고요, 어떻게 경기지회가 만들어지는 것이 본회를 위협하고 본회를 흔드는 그런 일이 될 수 있는가, 그리고 거기에 대한 판단 근거도 또 명확히 드러난 게 없어요. 그래서 그 부분에 대한 생각을 좀 해보았습니다. 그러니까 서울 중심주의를 탈피하는 운동이 이미 1980년대 중반부터 시작이 됐잖아요. 근데 우리는 계속 변해왔는데, 원래 〈민족문학작가회의〉에서 〈한국작가회의〉로 변한 지도 한 15년 가까이 된 것 같고요. 그렇다면 또 지금 급변하는 어떤 사회 문화 환경에서 그렇게 수직적이고 중앙집권적인 것은 맞지 않다는 겁니다. 더 수평적이고, 들뢰즈식으로 얘기해서, 리좀적인 그런 단체로 조금 탈바꿈하고 좀 변화해야 되지 않는가 싶습니다. 하나하나 다 자생할 수 있는 그런 조직으로 거듭나야 한다는 생각을 해봅니다.

사회자; 예, 적극적으로 동의합니다. 지금까지 '고향'이 갖는 의미와 그에 따른 중심문학과 주변문학, 그런 가운데에서 경기문학의 의미는 무엇일까에 대한 개략적인 말씀들이 오간 거 같습니다. 그 연장선상에서, 한도숙 선생님은 경기도 문학을 생태와 관련지어 하시고자 하는 말씀이 있으실까요?

한도숙; 80년대 중반부터 지역문화 담론들이 활발해지고, 그러면서 저도 그런 영향을 받고 평택에서 《평택문학회》라는 뿌리로 목소리를 좀 내보려고 노력을 했습니다. 그런데 주류 문학이라고 해야 하나, 지금도 그렇지만 문협이 많은 것들을 주도해 왔습니다. 우리는 그야말로 소수의 주변 문학하는 사람들이었습니다. 이런 것들을 바로잡아야겠다, 라는 마음은 있었지만 정치적 상황이나 사회적 상황들이 그런 것들을 쉽게 놔주지는 못했던 것 같아요. 지금 우리가 21세기라고 얘기를 하는데, 21세기에 사람들이 가져가야 할 가치 그리고 그걸 통해서 우리 문학이 어떻게 그 가치들을 만들어내야 될 것인가에 대한 고민을 하게 됩니다. 홍일선 지회장님이 늘 생태를 말씀하시고, 물론 우리도 이제 그런 생태라고 하는 가치를 어떻게 형상화시켜 나갈 것인가라는 고민들을 많은 단위별로 하고 있는데, 그게 바로 뭐냐 하면, 아까 윤한택 교수님이 말씀하신 대로 자본주의의 노리개가 되지 않아야 한다는 것, 그 생태를 자본주의 위에다 올려놓는 게 아니라 자본주의의 노리개가 되지 않기 위한 땅 고르기 작업 같은 것이 있어야 한다는 것입니다. 그런데 우리 창립 선언문에서는, 제가 좀 아쉽게 생각했던 것인데요, 우리가 지향해야 될 그런 가치에 대한 언급이 좀 적었다는 것이었어요.

경기도에 이렇게 천만 이상의 인구들이 몰려 살면서, 어떤 물질적인, 그리고 우리가 보통 얘기하는 자본주의에 포섭된 문화들이 창궐하고 있는 이것들을 우리가 발전적이라고 표현하는 것은 뭔가 좀 어색하고 잘못된 것 아닌가 하는 그런 생각들이 들거든요. 그래서 우리가 생태, 평화, 통일 이런 것들, 아까 말씀하셨듯이 경기도가 가지고 있는 지리적 특성 이런 것들이 있으니까, 그런 것들을 우리의 가치로 놓고 집중적으로 우리가 이 부분에 대해서 작품으로 만들어내고 승화시키면서 경기도 문학의 어떤 필요성 같은 것들을 더 도드라지게 만들어내야 되지 않을까, 이런 생각들을 했던 거죠. 구체적으로 그런 것들은, 또 얘기를 하겠지만, 지금까지 이야기되어 왔던 그런 것들에서 소외되는 것들이 너무 많은 거예요. 그래서 이제 우리는 그런 소외된 것들을 끄집어내고 가치 중심의 이동을 통해서 우리가 만들어내려는 그런 작업들을 좀 현실화했으면 좋겠다는 말씀을 드립니다.

사회자; 예, 공감합니다. 논의의 내용이 점차 우리가 지향하는 방향으로 흘러가는 것 같습니다.

김남일; 저는 윤 선생님 얘기를 좀 듣고 싶었어요. 선생님이 역사를 하셨으니까 역사적으로 경기도 지역이라는 게 어떻게 확장이 됐고 어떻게 흘러왔고 또 어떤 의미를 지니고 있는지 조금 미리 얘기를 해 주시면 우리 논의에 도움이 될 거 같습니다.

윤한택; 네네. 지금 얘기하고 있는 주제와 관련해서 딱 두 단어를 끄집어내오면 '분단'하고 '주변'인 것 같습니다. 그 얘기를 지금 계속하고 있는 것인데, 사실 제 생각들이 조금 바뀌었어요. 87년 체제를 극복해야 된다는 것으로요. 그때는 상식적으로 그 체제가 너무나 당연했고 그리고 일정한 성과들도 쌓이기는 했지만, 지난 대선 과정을 통해서도 봐왔습니다마는, 80년 체제 자체가 가지고 있는 한계가 분명히 드러난 거고, 그 문제의 핵심은 역시 문화가 자본에 귀속된 측면이 있는 것 아닌가 하는 생각을 하거든요. 어쩌면 오히려 '문화 권력'의 어떤 부분에 대한 논제가 '주변'이니 혹은 무슨 '분단'이니 하는 문제보다 더 핵심적으로 중요한 문제로 등장하지 않았느냐는 것입니다. 그 부분에 대한 진정한 자기반성 위에서 기존에 있었던 무슨 평화라든지 생명이라든지 무슨 기후라든지 혹은 젠더 문제라든지 기타 이런 모든 문제들이 다 재검토되어야 되지 않겠는가, 이런 생각들을 하고 있습니다.

사회자; 선생님도 시를 많이 쓰셨죠. 선생님 시를 좀 읽어봤는데 메시지가 굉장히 열정적으로 다가오는 것 같아요. 요즘에도 그렇게 쓰고 계신가요? 아니면 좀 달라지신 방향으로?

윤한택; 최근에도 저는 그런 문제, 우리 시대의 얘기를 하면 《창비》하고 《문지》 둘이 있었는데, 우리는 어쨌든 《창비》 쪽으로 관심이 있었던 사람들이고, 근데 그게 바탕이 되지 않고는 저는 미학적으로 어디를 잘 다듬을 줄도 모르고 그냥 그런 생각, 열정이라는 말은 그것뿐인 것 같습니다. 제가 공부한 역사와 관련해서 기존에 파시스트들하고 싸워왔던 부분들, 그런데 현재는 문화 권력이 파시스트하고 이제 동반자가 된 것 같고 그것과의 싸움이 더 중요한 것이 아닌가 하는 생각입니다. 그런데 지금 대중들이 안 따라오는 것 같아요. 예전에는 포스트모던 얘기하면, 기존 권위주의의 해체, 그런 혁명성을 갖고 있었는데 신자유주의가 등장하고 그 이후에 문화는 아예 자본, 권력에 먹혀버린 것 같아요. 그러면서 이제 대중들이 뭐냐, 파시즘이나 이게 구분이 안 되니까, 그래서 이 부분에 대한 아주 처절한 자기반성이 있지 아니하고는 대중들을 다시 끌어올 수 없을 것 같다는 생각이 듭니다.

사회자; 저는 사실 지역문학으로서의 '경기문학'이 어떻게 '통일문학'에 접근할 수 있을까에 대하여 윤선생님으로부터 좀 듣고 싶었어요. '통일문학'의 시발점이 어디에서부터 시작이 돼야 하는가? 그러니까 지역적으로 봤을 때, 남북이 갈라진 경계선에 있는 사람들이 분단 상황을 가장 고통스럽게 느낄 텐데, 실향민들도 그쪽 지역에 많고, 그런데 그쪽 지역에 사는 사람들이 대체적으로 보수적인 사고방식을 갖고 있고, 제가 어느 잡지에서 읽었는데, 특히 그쪽에서 태어난 젊은 친구들의 통일에 대한 반대 비율이 전국 평균보다 높다는 거예요. 그거 참, 저는 그쪽에서 안 살아봐서 그런지 그게 참 이해가 안 되더라고요.

성향숙; 근데 그쪽뿐만이 아니고 전체적으로 젊은 친구들이 그렇죠? 전체적으로 거의 다 그렇더라고요. 그런데 그게 약간 이기적인 측면이 있는 거 아닌가요?

사회자; 이기적인 측면이 아니라, 그러니까 우리가 아까 말했던, 신자유주의의 논리, 자본주의의 논리에 통일의 논리가 먹힌 것이 아닌가라는 생각이 드는 거예요. 그러니까 젊은 사람들 같은 경우는 통일은 내 문제가 아니다, 라는 생각을 갖고 있다는 것이지요. 통일은 나하고 먼 얘기, 나하고 관계없는 얘기, 그러니까 잘 먹고 잘 살기만 하면 된다라는 사고방식이 결국 신자유주의에서부터 시작된 것이겠지만, 어쨌든 그런 생각이 아주 팽배해 있는 것 같다는 생각이 듭니다. 그런데 또 그런 사고방식의 형성에 우리 기성세대도 기여한 것이 아닌가 하는 생각도 되고요. 우리 잘못이라는 것이지요. 그들에게 누가 그런 인식이 들어가도록 유도하고 지도하고 했는가라고 하는 측면에서 참 많이 안타깝다는 생각을 하게 됩니다.

윤한택; 그렇게 될 수밖에 없죠. 지옥 같은 헬조선인데. 헬조선이라고 하니까 몸조심하는 게 일차적인 문제일 테고. 현장에 있는 사람들이야 당연히 보수적일 수밖에 없지요, 겁이 나는데. 심지어 우리 대학 1학년 때, 운동을 시작할 때 박정희 체제 때부터 노동운동과 통일운동은 만나서는 안 되었어요. 보통 노동운동하는 사람은 통일 모르고, 통일 운동하는 사람은 노동 모르게, 이건 일단 분리해서 사고해야 된다는 경향이었어요. 그러면서도 그런 생각들이 그래도 점차 연결이 돼 왔는데, 이제는 눈치 볼 수 없는 막다른 골목까지 오지 않았습니까? 자본주의가 자기 생명을 다 했는데도, 지금 이미 끝났는데도 연장이 되고 있거든요. 거기에 모두가 기여를 하고 있으니까요. 그 부분을 정확하게 반성하는 일들이 중요하지요. 특히 예전에 돌아가신 박현채 선생님이 생각이 나는데, 박현채 선생이 그 당시에 사회과학하는 사람들이나 자기 주변의 사람들하고는 같이 안 놀고 시인들하고 행사 나갔다 돌아오면 거기서 뭔가 에너지를 받는다고 했어요. 정말 문학하는 사람들은 뭐지? 하는 생각이 들었고, 저도 거기서부터 고민 해봐야 되겠구나라는 판단을 했지요. 사회과학자들이나 무슨 학자들, 이런 쪽에서가 아니라 먼저 여기서, 문학에서 시작을 해야 될 것 같다는 생각이 들었던 것이지요.

김남일; 박현채 선생님 얘기 들으니까 진짜 그런 생각이 드네요. 우리《실천문학》에 제가 편집장으로 있을 때인데 박현채 선생님한테 글을 받으러 갔었습니다. 제목이「문학과 경제」였어요. 그러니까 말도 안 되는 제목이죠. 어떻게 경제학자한테 문학에 대해서, 그런데 아주 여유 있게 써주시더라고요. 그걸 보고 굉장히 감동을 받았습니다. 그러니까 사회과학적으로 사유를 하시지만 그분은 시인의 마음을 가지신 거예요. 그래야지만 또 세상을 사람들한테 설득력 있게 아름답게 이야기도 전달해줄 수 있고, 그런 일들이 자연스럽게 80년대 이후로 저희들에게도 이렇게 연결됐다는 생각이 들어요.

통일문제가 나와서 간단히 말씀드리면 저도 지금은 점점 통일을 안 했으면 싶다, 이런 생각이 들어요. 그건 또 다른 이유인데 무슨 뜻이냐면, 지금 형태로 통일이 되면 북한은 작살이 나거든요. 그러니까 당장 복부인, 복남자들이 쳐들어가서 다 땅을 살 거예요. 거기 아파트 지을 거고 지금 남한에서 우리가 하고 있는 일을 저기 그대로 가서 요이, 땅~! 하는 순간, 통일되는 순간, 자본이 다 장악을 할 거예요. 그럼 내가 생각했던, 여러분들이 알고 있는 「남신의주유동박시봉방」 같은 것은 다 사라져버리는 거예요. 그 아름다운, 우리 피 속에 남아 있던, 지금 가면, 그나마 우리가 당시 김소월이나 백석의 고장들을 조금이나 느낄 수 있을 텐데, 물론 그 사람들은 가난하게 살아야 된다라는 뜻은 아니죠. 그런데 지금의 방식은 아니라는 거예요. 지금 남한이 갖고 있는 이 폭력적인 사유, 그것이 물질화되는 과정이 그대로 통일 운동에 연결이 돼버리면 안 하는 게 낫죠. 그러니까 예전에는 모든 통일은 선이라고 저도 생각을 했어요. 다 그랬잖아요. 모든 통일은 올바르다고 했는데 지금은 안 그런 것 같아요. 우리가 좀 더 치밀하게 생각을 해야 될 부분이 굉장히 많다는 것입니다. 예를 들어서 농민, 예전에는 농민운동은 다 좋고 농민은 다 옳다고 생각되었는데 저는 지금 그렇게 생각하지 않거든요. 제가 예전에 시골의 지리산에서 한 1년 살았는데, 가만히 보니, 부분을 갖고 전체를 비판하는 것이 아니라, 분명히 존재하는 탐욕들이 있어요. 농민들이 갖고 있는 탐욕, 노동자가 갖고 있는 탐욕, 이런 게 있어요.

 농민을 비판하려고 하는 게 아니고요, 우리 집 뒤에 커다란 나무가 있었는데 어느 날 그 나무가 시름시름 앓고 죽기 시작해요. 왜 그러나 했더니 밤에 몰래 밑에다 드릴로 구멍을 뚫어 농약을 집어넣은 거예요. 왜 그렇게 하는가? 나중에 알고 봤더니 이웃집 농부가 자기 밭에 있는 작물들이 그늘이 져서 죽는다 이거예요. 굉장히 충격을 받았습니다. 그런데 예를 들어서 우리가 지금 무슨 돼지열병, 뭐 이런 거 봐도 대량으로 키우고 대량 농업을 하고 축산업을 해서 또 죽으면 그냥 다 몰살을 시켜서 땅에다 파묻는 이런 방식을 하고 있는데, 이 방식을 그대로 북한 땅에다가 연결해버린다면, 뭐 하러 통일을 하나 이런 생각이 드는 거죠. 그래서 그거보다도 좀 다른 방식이 있지 않을까 하는 생각도 좀 들어요.

 제가 생각하는 건 지금은 굉장히 허무주의적이기 때문에 틀렸다는 생각이 들긴 하는데, 1930년대나 1970년대 정도의 수준, 삶의 양태가 가난하지만 서로 공동체를 이루어서 해나갈 수 있는 모둠살이가 있을 텐데, 이젠 불가능할 것 같아요. 자동차가 수원 시내를 띄엄띄엄 다니던 정도, 지금처럼 내가 자동차를 몰지 않아도 되는 그런 시대에 서로 주고받는 언어라든지 이런 게 지금과는 너무 다르잖아요. 그거 참, 너무 길게 하지 말하지 말아야지 생각하고 있는데…(일동 웃음)

　개성도 경기도였어요. 개성 출신의 박완서 선생님이 서울에 오셔서 느꼈던 그 충격들. 그렇지만 개성 사람으로서의 자존심을 완강히 갖고 있으면서 현저동 달동네에서 살던 이야기, 남북 분단의 희생양이 된 오빠 이야기, 이런 것들이 우리 문학을 풍성하게 해주거든요. 우리가 보존해야 되고 가치 있게 하는 것들이 무엇인가를 문학적으로 챙겨 나가는 작업들을 꾸준히, 그 정도부터 해야 될 것 같아요. 〈경기지회〉를 만들어갖고선 무슨 어디에서 기금을 더 타내고 이러는 게 아니라, 우리가 진짜 해야 될 중요한 일들이 있을 텐데, 그런 것들을 하지 않을 바에는 안 하는 게 낫지 않나 하는 생각도 들어서, 자꾸 이렇게 부정적으로 생각하니……. 미안합니다. 제가 뭔 소리하는지도 잘 모르겠어요.(일동 웃음)

　한도숙; 그럼에도 불구하고 통일은 돼야 된다, 라고 생각을 해요. 안타깝게도 MZ 세대가 왜 동의를 하지 않느냐면, 거지떼가 몰려온다는 것이니까요. 이런 얘기를 들으면 먼저 슬픈 마음이 드는데 우리 경기도의 서남부 지방에도 피난민촌이 많이 있어요. 지금은 많이 희석돼 버렸지만 1949년, 1950년 그리고 1.4후퇴, 이렇게 피난을 내려왔던 사람들이, 휴전선, 가깝게는 파주, 그 주변 그리고 강화도, 김포 그리고 서울에 내려와서 대부도 쪽, 그 다음에 평택, 화성, 이런 해변 지역에, 이렇게 늘어진 산들, 높지 않고 늘어진 산들이 많았는데, 그 산자락에 조를 심고 보리를 심고 할 수 있는 그런 여지들이 있어서 피난민들이 그쪽으로 많이 정착을 했죠. 그래서 뭐 〈신흥촌〉 또 뭐 〈대동촌〉 이런 이름을 가진 데가 거의 다 그런 피난민촌이죠. 우리 아버지 세대들이 피난을 내려와서 얼마나 고초를 당했느냐라는 말도 하지만, 물론 한쪽에서는 정부의 보호라고도 보는 거죠. 피난민촌이라고 하는 곳은 정부에서 밀가루 배급을 주고 그걸 가지고 농토를 일구고 그걸 가지고 새끼들을 기르고, 그렇지만 그런 과정 속에서도 늘 당국의 주목을 받았던 지역이지요. 이북에서 내려온 사람들이기 때문에 이 사람들에게는 언제든지 접선할 수 있는 사람들이 나타날 수 있는 거예요. 이북에서 오는 사람, 그러니까 이북에서 훈련받은 간첩이 내려와서 접선할 수 있는 사람들이거든요. 늘 그 사람들은 그렇게 해서 주목을 받았어요. 그러다 보니까 스스로 검열을 하는 거예요. 라디오를 틀었을 때 만약에 단파 방송이 잡힌다? 이건 이웃이 알면 큰일 나는 거예요. 그러니 자기 검열을 할 수밖에 없지요. 그러니까 다른 데로 라디오 다이얼을 돌릴 때, KBS가 안 나오고 찌지직거리다가 단파 방송이 나와 버리면? 그러면 이웃이 고발할 수도 있는 거고. 그렇기 때문에 내가 스스로 검열해버리는 게 몸에 배인 거죠. 그래서 그 후세대들도 거기에 대한 콤플렉스나 트라우마 같은 게 있어요. 아버지가 잡혀가서 두들겨 맞고 나오니까요. 그런 것들이 아마 우리가 이야깃거리로 만들자 하면 꽤 많이 있을 거예요. 많이 있는데, 지금 작가들도 자기 검열하잖아요. 국가보안법 때문에, 함부로 괜히 건드렸다가 또 들어갈까 봐, 이런 자기 검열이 있는 그런 사회 속에서 우리가 통일이라고 하는 이 가치를 후세대들에게 제대로 전달하지 못한, 그런 부분이 있는 거죠. 공교육도 그렇고 가정교육도 그렇고 사회 교육도 그런 거고. 이것들이 총체적으로 쌓이면서 MZ 세대들은 통일하면, 내가 거지들한테 밥 갖다 줘야 되는데, 나도 힘든데, 이런 생각을 갖게 된다는 거예요. 그런데 경기도가 가지고 있는 이런 조건 특히 경기도청에 보면 남북 교류 기금이 많이 쌓여 있는데요, 그만큼 경기도는 분단 지역으로서 그런 공적인 어떤 대응을 준비하고 있는 건데, 전혀 우리는 그런 준비가 안 돼 있는 거죠. 이제 겨우 해보는 게 DMZ 걷기 하고 거기서 생산된 글들을 전시하고 이 정도인데, 이게 사실은 더 깊이, 그러니까 우리 박 시인 같이 이렇게 좀 역량 있는 작가들에게 학교 교육이나 사회 교육에서 진행할 수 있는 역할까지도 우리가 요구를 해야 되는 그런 의미에서 본다면, 우리 경기 작가들이 그런 역할들을 충분히 좀 해냈으면 하는 그런 바람이 있는 거죠.

통일에 있어서 김남일 선생님이 걱정하고 있는 걸 저도 같이 걱정하고 있습니다. 지금 이북이 비닐 얘기를 많이 해요. 못자리 비닐을 좀 달라 이런 얘기를 많이 하는데, 왜 얼마 전에 통일 트랙터라고 해서 한동안 들썩들썩했잖아요. 그런데 이제는 통일 트랙터 달란 말을 안 해요. 왜냐하면 자기네들도 그게 못 올 거라는 걸 알고 있기 때문이에요. 왜냐하면 트랙터는 대포를 끌고 당길 수 있기 때문에 자기네들도 이거는 '야 너네들 이거 못 보낼 거잖아 그러니까 하지 마' 이런 거예요. 그런데 비닐은 다른 데 쓸 데가 없어요. 남쪽에서는 비닐을 0.02mm를 써요, 얇은 거. 그래서 바람 불면 그냥 찢어져버리는 그런 걸 쓰는데, 북에서는 0.05mm짜리를 요구해요, 두꺼운 거. 왜 그러냐면 두꺼운 거는 3년을 쓴답니다. 그걸 따라 해서, 이게 웃을 일이 아니고요, 굉장히 자원을 효율적으로 이용하는 방법이거든요. 우리가 거기서 배우는 거예요. 그러니까 저도 우리 농민들이 가지고 있는, 자본주의에 포위된 탐욕을 가지고 있는 사람들을 접하고, 지금 우리의 방식을 통해서는 문제가 많다고 생각해요. 다른 방법을 찾아야지요. 통일을 한다는 게 그냥 자본주의 탐욕을 그쪽에다 실어다 주는 거라면 안 된다는 것이지요. 다른 방법을 강구를 해봐야 해요.

김순권 박사가 이북에 가서 실패했죠. 김순권 옥수수 박사가 원래, 이북에서 아프리카에 있는 양반을 포섭한 거잖아요. 그런데 김순권 박사가 거부를 했어요. 처음에는 그랬다가 나중에 생각을 바꾸면서 스스로 이북으로 간 거잖아요, 그때는 또 분위기도 좋았고요. 그런데 이 양반이 가서 슈퍼 옥수수를, 아프리카에서 만든 슈퍼 옥수수를 거기다 이식했는데 이게 비료가 무지하게 필요한, 옥수수 자체가 비료가 무지 필요한 작물이에요, 특히 질소가 필요해요. 중국에서는 만주 벌판 텅텅 비었던 땅에다 옥수수를 쫙 심었어요. 그 바닥에 하얗게 비료를 뿌려놓았지요. 그렇게 해야 생산이 돼요. 근데 이북에서는 안 되거든요. 이북에 비료가 제대로 공급이 안 되니까 슈퍼 옥수수도 맥을 못 추었던 거지요. 그러니까 이런 방법은 틀렸다는 거예요. 김순권 박사도 이게 잘못이라는 걸 알고 철수해버린 건데, 우리가 북에 대한 그런 생각을, 이 자본주의의 욕망을 그대로 투사해가지고 하는 거는 진짜 문제가 많겠지요. 그래서 다른 방법들을 생각해내야 되는데, 그런 철학적 단초를 만들어내는 것도 우리 성향숙 시인 같은 분들이 해내야 되는 거라는 거죠.

사회자; 선생님 저도 시를 쓰는데 왜 성 선생님한테만…(일동 웃음)

선생님들 말씀 들어보니까 통일문제도 그렇고 생태문제도 그렇고 정말 아주 쉬운 문제는 아닌 것 같아요. 많은 고민도 필요하고 정말 철학적인 관점도 필요하고 그런 것 같습니다. 그래도 어쨌든 대한민국에서는 통일문제와 생태문제를 가장 구체적으로 체험할 수 있는 그런 지역이 경기도권이 아닌가 하는 생각이 들어요. 아까 한 선생님이 말씀하셨듯이 경기도 서남부권에, 우리 〈화성작가회의〉도 있는 곳인데, 거기 무장 공비가 여러 차례 침투를 했다는 얘기들도 참 많고, 무장 침투를 했는데 어느 집에 들어가 보니까 작은 아버지 집이더라, 그래서 두 사람 다 끌려갔다, 뭐 그런 얘기들이 있어요. 우리 〈화성작가회의〉가 화성시 서신면 백미리 쪽에 지역 탐사를 간 적이 있었는데, 거기에서 마을 사람이 그런 얘기를 해주더라고요. 어쨌든 경기 서남부권도 그렇고 경기 북부 지역도 그렇고 통일 문제에 대해서 가장 민감하고 구체적으로 받아들일 수 있는 지역이 아닌가 싶어요. 김남일 선생님과 한도숙 선생님 말씀을 들어보니 그냥 통일, 통일한다고 해서 그게 제대로 통일문학이 되는 것도 아닌 것 같고, 통일, 통일한다고 해서 그게 제대로 통일이 되는 것이냐라는 문제에 대해서는 조금 더 많은 고민이 필요할 것 같습니다. 어떤 방식으로 전개가 돼야 하는지에 대하여 경기지역에 있는 작가들이 고민을 해보아야 할 의무가 있다는 생각이 들기도 합니다. 그런 의미에서라도 '경기작가'는 반드시 추진돼야 한다는 생각을 또 다시 하게 됩니다.

한도숙; 그 부분에 대해서 구체적으로 좀 말씀을 드리면, 지금까지 우리가 통일이라는 얘기를 하려면, 이념 대립이라고나 할까 이런 부분들에서, 묻힌 건가 묻어버린 건가 하여간 그런 분들이 계시는데, 예를 들면 지금 안산에는 상록구가 있죠. 심훈 그분도 약간은 사회주의 물이 들었던 분인 걸로 아는데, 그분을 대상으로 한 백일장도 있고 여러 가지 하더라고요. 그 다음에 또 양평에는 몽양 선생 기념사업부가 있지만 그런 거는 또 약해요. 또 여주 지역에도 김삼룡 선생이 활동을 하셨습니다. 홍일선 지회장님도 박승극 선생 평전을 지금 쓰고 계시는 걸로 알고 있는데, 박승극 선생 동생분이 왔다가 만나고 간 뒤 10년이 지나서 발설을 했다가 끌려가서 치도곤을 당하는 그런 일들도 있었고, 그런 게 많이 있죠. 박팔양 선생은 지금 기념사업회가 있었다고 얘기를 듣긴 했는데 없는가 봐요. 이렇게 우리가 꺼내지 못한 부분들을 꺼내서 그것들이 공개되고 인정되면 그게 통일의 어떤 당위성이랄까 이런 것들을 만들어내는 데 상당한 도움이 되지 않을까 하는 그런 생각도 듭니다. 근데 지금은 그런 사람들에 대해서 얘기를 못 하죠. 작가들이 용기가 없어서 그래요. 장주문 선생도 박승극 선생하고 같이 활동했던 분이에요. 18년 동안 감옥살이를 하다가 아드님이 "아버지 내가 효도 좀 하게 제발 좀 전향 좀 하세요, 전향하면 풀어준대요." 라고 했대요. 그래서 전향을 했다는 거 아닙니까. 『역사비평』 85년도 8월호인가 9월호에 이 양반 구술이 실려 있어요. 그 제목이 「남로당의 분해 과정」이었어요.

김남일; 그분 이름이 뭐라고요?

한도숙; 장주문. 돌아가신 이런 분들도 좀 끄집어내는 것이 우리가 얘기를 해야 될 진짜 중요한 우리 경기 문학의 재료다, 라는 생각이 들어요. 통일의 어떤 기반 같은 걸 만들어낼 수 있는, 이런 게 일반화되어야 통일이라는 얘기도 쉽게 오갈 수 있을 텐데요. 요새는 국가보안법 때문에 고생하는 사람들이 많다보니까 저도 가끔 글을 쓰면서 자기 검열을 하게 돼요. 나는 묻혀있는 사건 중심의 사람들도 좋은 경기 문학의 재료가 될 것이라고 생각합니다.

박설희; 한도숙 선생님 말씀 듣다 보니까요, 우리 경기 문학에서 해야 할 제일 우선적인 일이 〈경기 지역 제대로 알기〉일 것 같아요. 통일문제하고 생태문제 말씀하셨는데 저는 전에 사할린에 갔다가 그 1세대 중 일부가 안산하고 김포에 정착을 하신 분들이 있다는 것을 알았어요. 고려인들도 일부 정착해서 경기도에 거주하고 있거든요. 또 이주 노동자들이 가장 많이 있는 곳이 경기도잖아요. 그래서 내 지역에 과연 어떤 사람들이 살고 있고 지금 어떻게 돼 가고 있는지 그 부분에 대한 공부부터, 실태조사부터 아니면 어쨌든 그것이 문학으로 승화되는 과정까지 그게 더 필요하겠구나, 참 할 일들이 많구나, 라는 생각을 하게 됐습니다.

사회자: 그런 것 같아요. 제가 〈화성작가회의〉를 운영하면서 화성의 여기저기를 많이 다니고 있는데요, 화성만큼 문화적, 문학적인 토대가 될 수 있는 자원이 이렇게 많은 곳이 또 있을까라는 생각을 했어요. 제가 한 10년 전쯤에 화성으로 이사를 왔는데 어디를 가도 다 문학화될 수 있는 그런 자산이 엄청 많더라고요. 근데 왜 작가들이 안 움직일까라는 생각을 했거든요. 근데 이것은 사실 비단 화성만의 얘기는 아닐 것 같아요. 시흥에 가도 그럴 것이고, 동두천에 가도, 김포에 가도 그럴 거예요. 그런데 구체적으로 지역적 소재를 가지고 작품화하는 것에 대해서는 많은 작가들이 꺼려하는 것 같아요. 아까 말씀하셨다시피 외곽이기 때문에, 외곽이라고 하는, 어떻게 보면 피해의식이라고 할까요, 그런 강박 관념 같은 것이 있는 것 같아요. 예를 들어서 아까 장주문 선생 얘기를 시로 담는다고 하면 너무 지엽적이고 너무 작은 얘기 아니냐라는 지탄부터 받게 될까 봐 꺼려한다는 생각이 들어요. 그런데 우리는 지역문학이 결국은 세계 문학을 선도하는 경우를 많이 봐왔고 그런 의미에서라도 경기도는, 경기 문학은 정말 무궁무진한 자원들을 갖고 있는 곳이 아닐까요. 특별한 특수성, 전 세계적으로 봤을 때 이렇게 한 나라를 가르는 접경지를 갖고 있는 이런 곳이 없으니까요. 전 세계에서 유일무이한 곳이고, 그럼으로 인해서 파생된 전쟁 관련 소재들이 다양하게 분포해 있고요, 정말 경기의 문학이 제대로만 활성화되고 관심의 대상이 된다면 어쩌면 세계 문학을 선도할 수 있는 아, 그런 큰 저수지 같은 그런 곳이 아닐까라는 생각을 하게 됩니다.

지금까지 우리는 '중심'과 '주변'이라는 관점에 대한 논의에 이어, 경기권역이 지니고 있는 지역적 특수성에 기반한 분단문제, 통일문학의 가능성에 대하여 대화를 나누었는데요, 그렇다면 그 선행조건들은 어떤 것들이 있을까요. 아까 박 선생님이 경기도의 '실태조사'가 먼저라는 말씀을 하셨지만 생태문제와 관련지어 생각해본다면요?

윤한택; 몇 년도인가요, 1999년인가 2천 년인가? 『경기문학지도』가 나왔지요?

김남일; (『경기문학지도』 1, 2권을 꺼내 보이며) 이게 그때 유일하게 남은 업적이지요. 2000년도네요. 경기도에 대해서 우리는 공부해야 될 게 꽤 많아요. 조금 전에 박설희 선생님 얘기한 것처럼 그런 흔적들이 다 남아 있거든요. 특히 이 책에 보면 농민, 이문구 선생이 쓰신 『우리 동네 발안』 같은 경기도 농민들 이야기, 농촌 공동체가 어떻게 분해되고 있는지에 대한 얘기가 실려 있어요. 인천도 예전에 경기도였잖아요, 은강이라고 했었죠. 조세희의 「난장이가 쏘아 올린 작은 공」의 인천 공단 지역의 무대도 그렇고 경기도에 있는 여러 공단 지역들이 많은 작품들의 배경이 되었지요. 그 다음에 직접적으로 통일문제하고 분단문제하고 연결될 수 있는 게 동두천 파주 이런 데지요. 김명인의 「동두천」이라든지 조해일의 「아메리카」, 천승세의 「황구의 비명」 등 이런 작품들이 좋은 예가 될 거예요. 사실 우리는 후배 세대들하고 거리감이 있고, 후배 작가들하고 바로 이런 이야기를 나눌 기회도 점점 없어지는 것이 아쉽지요. 통일에 대하여 제가 아까 부정적으로 본다고 한 뜻을 여러분들이 잘 이해해주시면 좋겠어요. 좋은 통일을 하자는 뜻이죠. 그걸 위해서라도 이런 공부를 할 필요가 당연히 있는 거죠. 선배 작가들이 어떤 작품들을 써왔고 그 속에서 우리 경기문학이 어떤 방식으로 이런 주제들을 표현할 수 있는가에 대하여 충분히 공부할 수 있을 것 같습니다.

화성 이야기가 나왔는데 매향리 같은 경우 그때가 몇 년도입니까? 그때 폭격, 사격장 반대 운동하러 처음에 막 몰려갔었어요. 최두석 선생이랑, 〈자실위〉였던 걸로 기억나는데, 그렇게 해서 떼로 몰려가 데모도 하고 그랬지요. 그때부터 되든 안 되든 무조건 쓰고 그랬어요. 한 번 써서 좋은 작품이 나오지는 않죠. 현장을 한 번 갔다 와서 열심히 썼는데 이게 잘 안 되더라고요. 그렇지만 그렇게라도 해야 되는 거죠. 자꾸 하고, 하다 보니까 나중에 최두석 선생 같은 경우는 그걸로 서사시집도 내고 그랬던 기억이 나요. 그런 식으로 그런 것들이 쌓여서 결국 매향리는 평화의 상징으로 바뀌었다고 생각해요.

그러니까 김수영 이야기처럼 물방울이 바위를 뚫는 게 바로 시이고 그 역할일 수 있잖아요. 그런 역할들을 경기도에 사는 시인들이나 저희들이 해나갈 수 있을 거라고 봅니다.

이왕 말이 나온 김에 마무리하는 말로 몇 가지만 더 얘기할게요. 예를 들어서 '수업'이라고 하면 저도 굉장히 싫어했던 작가인데요, 나혜석 씨, 놀러나 다니고 세계 일주나 하는, 하여튼 부르주아 여성으로 알고 있었는데 나중에 봤더니 감격적이더라고요. 이런 여성이 있다는 거, 그러니까 우리 페미니즘 운동사에 가장 독보적인 존재로서 당대 식민지 사회 속에서 여성 인권의 문제를 「경희」라는 작품을 통해 탁월하게 보여줬다는 말이에요. 그런 작품 같은 것을 한번 읽어보면 눈이 다시 뜨일 것 같아요. 아까 얘기했던 화성 이문구 선생님의 「우리동네」 연작을 읽어보면 70~80년대에 농촌 공동체가 어떻게 해체되는가, 그 아름다운 정서나 언어들이 어떻게 파괴되는가를 알 수 있을 것 같고요, 남양주 박영환의 「왕릉일가」 이런 거 보면 시골에서 이주한 사람들이 어떻게 도시 외곽에 정착하는가, 이런 과정들이 잘 나타나있지요. 한 가지만 더 들자면 기형도 시인의 시 같은 경우는 안양천변의 삶에 대해서 잘 보여주고 있고, 남양주 사릉 같은 경우는 이광수가 식민지 말기에 거기에 도피해서 살았던 곳이잖아요. 그런 걸 통해서 우리가 제국주의 침략 하에서 작가들이 어떤 삶을 가져야 되는가도 알 수 있지요. 『경기문학지도』에서 그런 것도 공부할 수 있어요. 거기에 보면 다 나와요. 그런데 좀 바꿔야 될 부분도 있어요. 좀 못 마땅한 부분이 있거든요.

『경기문학지도』를 작업할 때 제일 큰 문제점이 뭐였느냐 하면 지방의 작가들이 자기 이름도 좀 넣어달라고 하는 요구였어요. 그런 거 다 무시하고 해야 하는데 이 사람들도 절대 안 물러서지요. 그러다 보니 이게 잘 안 되는 거예요. 그냥 이런 걸 다 빼버리고 그 지역을 대표할 훌륭한 작가들 몇 명으로 해서 좋은 책 만들고 그래야 되는데 그렇게 하질 못했지요. 그래도 어쨌든 이런 데이터베이스가 있으니까 이걸 이용해서 후배들하고도 이야기를 할 수 있지 않을까 생각합니다.

윤한택; 제가 이어서 경기도 역사와 관련해서 소개를 좀 해드려야 될 것 같은데 혹시 홈페이지에 들어가면 있을지 모르겠습니다. 『경기도문화유산콘텐츠』라는 책이 있습니다. 그건 각 분야의 전문가들이 역사문화자산에 대하여 전부 다 데이터베이스화해서 만들어놓은 책이거든요. 그게 참고가 될 것 같아요. 구석기부터 시작해서 삼국시대, 고려, 조선, 일제 강점기 시대 때, 그리고 그 이후 현대까지 이르는 경기 지역의 역사적 의미에 대해 개설도 돼 있을 거예요. 참고하시면 좋을 것 같아요.

사회자; 〈경기문화재단〉에서 만든 건가요?

김남일; 그때 작업들을 많이 해놨죠. 좋은 데이터베이스가 굉장히 많아요. 근데 그게 서로 공유가 잘 안 되는 것 같아요.

박설희; 아까 말씀하신 『경기문학지도』를 참고해서 〈경기 천년 아카이브〉를 한 적이 있어요. 저도 그때 참여했는데 그 후에 경기도로 이주한 젊은 작가들이 되게 많은 거예요. 그래서 이 내용에서 조금 더 추가된 작가들이 있었어요. 더 추가된 내용, 그것도 아마 경기문화재단 어딘가에 있을 거예요. 〈경기 천년 아카이브〉 같은 자료들, 그리고 그 이후의 자료들이 거기에 있을 겁니다.

윤한택; 제가 음, 욕먹을 각오를 하고 얘기를 하나 더 해야 될 것 같습니다. 지난번 애기봉 민예총, 그때 행사에 갔다 오면서 보니까 커피 자판기, 〈커파고〉라고 했습니다만, 그러니까 커피의 알파고, 거기 가면 당연히 분단 문제를 생각해야 되고 통일 문제를 생각해야 되는데, 저는 오히려 그게 보입디다. 그 뒤에 또 강원도 지역을 다녀오면서 부론면에, 그러니까 이인휘 작가하고 용환신 시인이 있는 곳, 어느 시골 식당에, 거 뭡니까,

김남일; 자판기 알파고는 뭐예요?

윤한택; 그러니까 기계가 커피를 갖다 주는 거예요. 만들어서 날라다주기까지. 그래서 이런 문제, 그러니까 자본주의의 탐욕성, 요새 현대 자본주의를 '디지털 자본주의'라고 부르는데 그런 연구 성과들은 꽤 많이 나와 있습니다. 기존의 포스트모던이 신자유주의에 먹히면서 부정적인 측면들이 드러나기

시작했는데 그게 뭐냐 하면 하나는 '복고주의'이고 또 하나는 '기술경시'지요. 소위 인문학, 인문주의가 어쩌면 그 부분을 너무 경시한 것 아닌가 하는, 이에 대하여 고민이 좀 필요한 것이 아닌가 하는 생각이 들어요. 물론 지역성에 대한 얘기 자체를 부정하는 것은 아닙니다마는 그런 고민까지를 엮어서 해야 하는 것이 아닐까요. 노동기계가 우리 사회를 지배하게 될 텐데, 앞으로 노동기계와 인간이 어떤 식으로 공존할 것인가에 대한 문제에 대해서도 근본적으로 고민을 해야 된다는 것입니다. 그래야 지금 우리가 제기해 왔던 여러 가지 문제들, 생명 문제라든지 통일 문제라든지 기후 문제라든지 기타 문제 등에서 대중적으로 전달이 잘 안 되는 이 측면에 고민의 깊이가 더 해지지 않을까요. 사회주의와 자본주의가 어쩌고 하는 걸 뛰어넘을 수 있는 어떤 전망까지 나오려면 그 고민을 좀 추가하면 좋겠다는 거지요.

사회자; 예, 선생님 말씀 들어보니까, 이런 주제를 가지고 얘기를 하는 게 바로 미래지향적이라는 생각만 했지, 거기에 디지털 기술이라고 하는 표현이 들어가니까 제가 흐름을 오히려 복구 지향 쪽으로 잡고 있었던 것이 아닌가 싶은 생각이 듭니다. 새로운 자본주의의의 도래, 4차 산업혁명이라는, AI라든지 IT 산업이라든지 하는 것 때문에 참 많이 정신적으로 황폐해지는 그런 것이 곳곳에서 노출되고 있는데 그런 것에 대해서 미처 생각을 하지 못했던 부분을 잘 짚어주신 것 같습니다.

성향숙; 홍일선 선생님은 '오래된 미래' 얘기를 하시는데, 그러니까 오래된 미래라고 하면 생태하고도 많이 관련짓잖아요. 그래서 그분이 오래된 미래라는 말씀을 많이 하신 것 같은데 디지털 자본주의나 이런 것들이 노동문제도 그렇지만 생태 문제하고도 많이 연관되는 거 같아요. 그래서 노동기계와 인간이 어떻게 공존할 수 있는가? 이런 문제에 우리가 좀 고민을 해야 될 때가 온 거 같긴 해요.

한도숙; 네, 생태 문제. 저는 이게 처음 등장할 때 아주 순수하게 지구환경의 변화, 기온 상승이라든지 이런 걱정에서 시작이 된 거로 보질 않아요. 돈벌이의 수단으로 등장한 것 같다는 거예요. 그러니까 새로운 먹거리가 된 거지요. 이미

얘는 출발부터 자본의 욕망에 포섭된 상태로 탄생된 거죠. 지금 우리는 생태에 대하여 제대로 이해를 잘 못하고 있는 측면이 많아요. 생태라고 하는 것이, 쉽게 얘기하면 그냥 먹이사슬의 어떤 순환, 선순환 그냥 그 정도로 생각을 하는 경우들이 많이 있는데, 내가 판단할 때는 반자본주의라고 하는 개념이 포함돼 있어야만 생태라고 볼 수 있을 것 같아요. 그래서 지금 우리 주변에서 사라져버린 〈농민문학〉, 이게 사라져버렸잖아요. 어느 순간에 〈농민문학〉이 없어졌어요. 80년대만 해도 〈농민문학〉이라고 하는 부분이 많이 얘기가 됐었는데 지금은 전혀 없어진 같아요. 이런 것들도 제가 볼 때는 포섭된 자본주의에 의해서 만들어진 그런 어떤 과정들이었다고 보는 거죠. 그래서 경기도라고 하는 천만이 몰려 사는, 그리고 자본주의의 어떤 극대화된 꼭짓점, 지금 AI니 디지털 자본이니 말씀하시는데, 그런 것들이 총체적으로 펼쳐져 보이는 곳이 경기도라는 거잖아요. 이런 곳에서 우리가 생태문학? 이렇게 얘기할 수 있는 게 뭐가 있을까 그런 생각을 많이 해요. 아까 우리 사회자님께서 말씀하신 것처럼 서해안 화성의 갯벌 이렇게 들여다보면 그게 생태냐? 아니라는 거예요. 삶의 고리 고리를 다 연결하고 있는 그런 것들이 하나의 생태인데 그런 생태로서의 삶을 문학을 하는 사람들이 좀 앞서서 끌고 가야 되는 거잖아요. 그런 것들을 정립해 내야 되거든요. 근데 지금 아마 그쪽으로 접근하고 있는 작가들이 별로 없죠. 생태를 얘기하자 그러면 어떤 습지, 아까 여기 보면 공룡알 나온 그런 데 가서 생태 얘기를 하는 거, 그러면 그거는 생태가 아니라 고립이죠. 고립된 곳에 있는 생태가 올바른 생태냐, 아니라는 겁니다. 전체적으로 그것들이 우리 삶과 유기적으로 연결돼 있어야만 이게 생태라고 얘기할 수 있는 거지요. 그렇기 때문에 철학적 담론이라고 해야 할까, 통일은 통일대로 생태는 생태대로 이렇게 토론을 따로 따로 분화시키는 것에 대해서도 고민이 좀 필요할 것 같습니다.

사회자; 네, 선생님 말씀에도 충분히 일리가 있는 것 같습니다. 선생님들 말씀을 지금까지 쭉 들어봤는데 어떤 면에서는 되게 답답하기도 하고, 어떤 면에서는 뭔가 해결책이 보이는 것이 아닌가 싶은 생각이 들기도 합니다. 아직 갈피를 잡지는 못하고 있습니다만, 이런 논의들이 어쨌든 계속되고 또 그런 바탕 속에서 문학적인 작품들이 출현을 하게 된다면, 통일을 반대하는 쪽도 있고 또 찬성하는 쪽도 있는 것처럼, 생태 문제도 역시 마찬가지일 것 같습니다만, 어떤 식으로든 이런 것들이 문학적으로 소재화되고 주제화되다보면 더 바람직한 해결책들이 등장하지 않을까라는 긍정적인 전망을 해봅니다. 우리를 위해서도, 차세대를 위해서도 그렇게 되어야 하지 않을까하는 생각이 듭니다.

하여간 선생님들 말씀을 듣다 보면 뭐, 2박 3일 얘기를 들어도 놓치고 싶지 않은 그런 말씀들이 참 많습니다. 벌써 생각보다 시간이 많이 지났는데요, 이제 정리를 하는 식으로 말씀들을 해주시면 좋겠습니다. 먼저 한도숙 선생님부터 오늘 좌담회의 의미 뭐 이런 것들을 포함해서 포괄적으로 좀 짚어주시면 좋겠습니다.

한도숙; 글쎄요. 저는 이 자리가 굉장히 조심스러운 자리라고 생각을 합니다. 왜냐하면 경기 지역의 많은 작가들이 우리 이야기를 듣고 참고하게 될 텐데 함부로 떠들어서는 안 될 것이라는 생각을 했습니다마는 또 이렇게 얘기하다 보니 이게 터진 입이라고 줄줄줄 나오네요. 어쨌든 저는 이런 토론이 자주 좀 있었으면 좋겠어요. 왜냐하면 작가들이 이렇게 서로의 생각들을 고루 나누고 공유하는 게 필요한 시점이기 때문입니다. 작가들이 가만히 보면 고독하게 혼자서 글을 쓰는 경우가 많이 있더라고요. 근데 사실 이렇게 많은 사람들이 생각을 공유하고 유통하는 그런 과정 속에서의 행위들도 어쩌면 하나의 생태라고 볼 수 있거든요. 그런 역할을 우리 경기 작가회의가 해내야 할 일이지 않나 이렇게 생각을 합니다. 이런 자리는 좀 자주 있어야 되고, 그리고 더 많은 다양한 사람들이 이야기할 수 있는 공간을 열어주는 것이, 오늘 같은 경우도 시간 있는 분들은 나오세요, 해서 저쪽에 앉혀놓고 토론을 하면 더 좋지 않았겠나 싶습니다. 물론 이게 지상 토론이기 때문에 제약이 있겠습니다마는 앞으로는 좀 그렇게 지향했으면 좋겠어요.

성향숙; 저는 아무 준비도 없이 이렇게 나와서 앉아 있었는데요, 너무 좋은 시간이었던 것 같습니다. 좋은 말씀들을 많이 해주셔서 많이 배워가는 것 같고요. 우리는 일단 존재 자체가 어떤 흐름 위에 올라탄 존재들인 거잖아요. 그러니까 어떤 변화 속에서 우리가 생존하는 건데, 그런 변화는 기정사실이고 거기에 우리가 어떻게 대처하느냐가 더 중요할 것 같아요. 그래서 '경기문학'도 그 변화에 부응하는 그런 문학이 되었으면 좋겠다, 이런 생각을 했습니다.

사회자; 저는 『경기문학지도』라고 하는 책을 보면서 좀 흥분이 되기도 하는데요, 이 책은 지금 김남일 선생님이 갖고 계신 거죠? 저한테 주실 수 없는 거죠?(일동 웃음)

김남일; 여기 '경기문화재단'에도 있을 거예요. 제가 참고를 하는 책이라 지금 드리기는 좀 그러네요.(일동 웃음)

사회자; 이 두 권의 책을 읽으면서 공부를 좀 하고 싶어요.

박설희; 그 책이 '경기문화재단'에 있는지 확인해서 제본을 좀 해도 좋을 것 같아요. 같이 나눠보는 것도 좋을 거 같고요.

김남일; 아, 다시 만들어야 되는데 그러려면, 못 마땅한 게 뭐냐면, 너무 많은 사람 이야기를 하게 된다는 거예요. 문학이라는 게, 여러분도 아시다시피, 훌륭한 사람, 뛰어난 사람 중심으로 흘러갔어요. 사실 나도 그거 싫지만 결국 유명한 작가 중심으로 가는 거거든요. 하지만 또 우리 같은 사람들 이야기도 중요하잖아요. 그걸 다 챙겨주다 보니까 책에 집중을 좀 못했던 것 같아요. 저 책은 저거대로 의미가 있으니까 데이터베이스로 남겨두고, 외부 사람들이나 우리들이 보기 위해서도 아주 훌륭한 작가들 중심으로 한 권 정도 새로운 『경기문학지도』를 만들면 좋겠어요. 그리고 요즘 종이책으로 만들면 누가 그걸 챙겨요. PDF 파일로 만들거나, 혹은 그게 뭐예요, 요새 접는 거 있잖아요, 그 팸플릿 같은 거, 그걸로 만들어서 뿌리자고 그렇게 했는데 그건 못했거든요. 근데 지금은 얼마든지 할 수 있잖아요. 『경기문학지도』를 이렇게 접어서 뿌리고 그걸 갖고 다니면서 자동차 있으니까 자기가 그걸 보면서 탐방도 할 수 있고요.

성향숙; 선생님, 여기 알라딘에 있네요. 만 오천 원.

김남일; 저도 마무리로서 이야기하자면, 아까 처음에 얘기했던 것, 그러니까 서울 경기도에 살면서 서울과 서울의 외곽 지역에 있는, 내 스스로가 경기도에서 자부심을 갖지 못하고 그렇게 살아온 측면이 있는데, 이런 공부를 통해서 우리가 중심과 주변에 대해 새로운 관계 설정이 필요하다는 것이고요. 오에 겐자부로라는 일본 작가가 노벨상을 받고 나서, 그분이 김지하 선생을 굉장히 존경스러워했는데요, 그래서 감옥에 있을 때 석방 운동 등을 주도했고요, 그리고 96년인가 95년도에 노벨상을 받고 그 이듬해 바로 한국에서 '크리스찬아카데미'인가 《신동아》에서 좌담회를 했어요. 김지하 선생님하고 오에 겐자부로가 만나서 대담을 하는데 거기 있다가 저는 굉장히 충격을 받았습니다.

김지하 선생은 오에 겐자부로 선생이 노벨상을 받고 그러니까, 이제 21세기의 새로운 형성이 동아시아 지역으로, 동북아시아로 올 거라고 했지요. 우리도 이제 이 새로운 역사를 맞을 준비를 하자, 동아시아가 세계사의 중심이다 라고요. 그 소리를 듣고 나서 오에 겐자부로가 뭐라고 그러냐면, 충격적이었어요. "오, 그렇습니까? 저하고 생각이 전혀 다른데요." 이 사람은 불문과 출신인데, 자기는 한 번도 자기가 세계의 중심이라고 생각하지 못했고, 동아시아가 세계의 중심이라고 생각하지도 않았고, 세계의 모든 마을이 다 중심이라고 생각했다는 거예요. 동아시아를 그렇게 확대해서 생각하는 게 좀 불편하다는 느낌을 이야기한 거죠.

그러니까 지금 우리가 서울과 지역에 대해서 관계를 재설정하고 이런 문제를 이야기하면서도 경기도가 최고다, 또는 경기도야말로 우리 문학의 모든 것이 전부다, 이런 자부심을 갖는 것도 중요하지만 배타적이어서는 안 된다는 거예요. 경기도도 수원을 경기의 중심으로 생각해서도 안 된다는 거지요. 각 지역들은 또 각자 다른 거고 서로의 관계를 잘 생각해서 조화롭게, 각자가 자기가 서 있는 곳이 다 중심이니까, 그런 공부를 열심히 하고 그 바탕 위에서 경기도 문학을, 자기 문학을 잘 수행해 나가는 게 '경기문학'이 나아갈 길인 것 같아요. 이 자리가 그런 기회가 됐으면 싶습니다. 제가 무슨 말을 하고 있는지…

사회자; 하하, 저는 정확하게 잘 알아들었습니다.

윤한택; 제가 대학에서는 경제학 공부를 하고, 그 다음에는 역사학 학위를 받고 그랬는데요, 경제학 공부를 했던 사람들과의 관계는, 아직 현장에서 노동운동을 하는 선배가 있는데요, 매주 원격으로 토론도 하고 그러는데, 얘기가 깊게 들어가지 않아서 토론이 안 됩디다. 그래서 그쪽과의 관계도 사실 상투적으로 된 상태입니다. 사학 쪽에서 제가 학위를 받았습니다마는 국경 문제에 관련해서 아까 말씀하신 대로, 우리 고려 국경이 현재 있는 압록강 두만강이 아니고 아주 많은 사료를 통해 '요하'라는 주장을 했는데도 불구하고 학계에서는 일체 안 받아들입니다. 그리고 나서 그냥 이념적으로『환단고기』얘기를 하며 몰아붙여버려요. 그래서 그쪽에서도 지금 저는 거의 추방당한 그런 상황입니다. 그런데 제가 이쪽에서 밥을 벌어먹어서 그런지, 어쨌든 이쪽 사람들하고 관계를 맺어 보니까 인간적 순도가 가장 높은 사람들이 문학하는 사람들 아닌가 하는 생각을 하게 돼요. 아까 박현채 선생님 얘기를 했습니다마는 왜 그분이 자꾸 시인들과 어울려 놀려고 했는지를 좀 알 거 같습니다. 현재 여러 가지 문제가 있어왔던 부분과 관련해서 작가회의 경기지회가 창립되고, 이런 움직임 속에서 이런 저런 역량이 잘 쌓여서, 그 속에서 제가 같이 놀 수 있는 공간이 만들어진다면 얼마나 좋을까라는 생각을 오늘 토론을 하면서 해보기도 한 시간이었습니다.

사회자; 아, 그러신가요, 근데 선생님한테 '경기작가창간준비호' 원고청탁 안 갔는가요?

윤한택; 전에 써놓은 게 있긴 한데 그냥 보내드릴게요.

사회자; 그렇게 자꾸 참여하시면서 여기서 노시면 되겠지요 뭐. 그 다음에 인은주 선생님은 오늘 토론을 어떻게 생각하시는지요.

인은주; 저는 부담 없이 발언을 안 해도 돼서 편안하게 공부 잘했습니다.(웃음) 아까 기침이 나서 잠깐 나갔다 왔는데, 그 사이 더 중요한 말씀들을 나누지 않으셨을까 걱정이 될 만큼 산교육, 살아있는 교육을 받은 것 같아요. 좋은 말씀들 감사드립니다.

박설희; 저는 아까 분단과 주변에 대한 말씀들을 나누시는 가운데 문화 권력에 대한 내용에 대해서 많은 생각을 하게 되었습니다. 우리 안의 파시즘에 대한 생각을 잠깐 하기도 했습니다. 우리 안의 파시즘과 제 안에 있는 파시즘에 대해서. 네, 아직도 계속 거기에 지금 생각이 머물러 있어요. 그리고 우리〈

경기지회〉가 이렇게 같이 모여서 해야 될 많은 일들이 있다는 게, 제가 생각지도 못했던, 그리고 오늘 그걸 다 들을 수 있었다는 게 너무 다행이라는 생각입니다. 아무튼 이왕 〈경기지회〉를 시작했으니까 유종의 미를 거두었으면 하는 바람입니다.

사회자; 네, 이제 대담을 마쳐야 할 시간이 된 것 같습니다. 긴 시간 동안 참여해주신 선생님들 모두 고맙습니다. 우리는 이 대담을 통해 '고향'이 갖는 의미와 그에 따른 중심문학과 주변문학의 관계, 경기권역이 지니고 있는 지역적 특수성에 기반한 통일문학과 생태문학의 가능성에 대하여 알게 되었습니다. 또한 '경기문학'이 경기문학답기 위해서는 지금까지의 경기도 역사와 경기문학에 대한 많은 공부가 필요하다는 것에 대해서도 공감을 하게 되었습니다. 지역 문학으로서의 '경기문학'이 배타적이지 않으면서도 세계문학을 선도할 수 있는 역량을 갖추어가길 기대하게 됩니다.

제가 선생님들보다 공부가 짧아서 사회가 매끄럽지 못했던 점에 대해 죄송스러운 마음입니다. 저는 선생님들의 말씀들 도처에서 '경기문학'이 나아갈 방향에 대해 많은 시사점을 얻었습니다. 이 글을 읽는 독자들도 충분히 그럴 것 같습니다.

선생님들을 만났다는 게 큰 영광이고 앞으로 자주 뵙기를 청합니다. 한도숙 선생님과 윤한택 선생님이 말씀하셨듯이 이런 기회가 자주 만들어지면 좋겠습니다. 늘 건강하시고 행복하시길 바랍니다. 감사합니다.(일동 박수)

■특집-기후 위기와 문학적 대응

코로나19, 이후 한국 농업의 방향

한 도 숙

들어가며

농업의 본질은 태양 에너지를 식물성 유기물로 농축하고, 이를 다시 단백질로 전환시켜 우리의 먹거리를 생산하는 것이다. 수렵과 어업도 태양 에너지가 동물 단백질로 전환된 먹거리를 생산한다는 의미에서 농업과 본질은 같다.

'$6CO_2+12H_2O+빛 \rightarrow C_6H_{12}O+6O_2+6H_2O$'으로 표시되듯, 식물의 잎에서 엽록소가 여섯 개의 이산화탄소 분자와 열두개의 물 분자를 결합시키고 태양광선을 받으면 포도당이 만들어진다는 것이다. 그러니까 포도당이 만들어지는 것은 순전히 햇빛에 의해서 일어나는 일이다.[1]

그럼에도 불구하고 우리는 지금까지 인류의 과학적 성과로 농업을 발전시킨 것으로 착각하고 있다. 아울러 이런 과학적 성과들이 인류를 끊임없이 괴롭혀온 감염성 질병을 영원히 사라지게 할 것이라는 신화를 믿어왔다. 사회, 과학, 기술적 진보에 대한 거의 종교적 믿음이 20세기와 21세기는 우리를 오류에 빠지게 했다. 문제는 근원적으로 해결하기 어렵다는 점이 분명하

---

1) 아노카렌, 『전염병의 문화사』, 사이언스북스, 2001.

다는 것이다.[2]

동력, 기계, 전기, 전자 혁명으로 최근 수십 년 사이에 인류의 삶은 혁명적으로 변하였고, 최근에는 ICT 기술과 인간의 지능을 뛰어넘는 AI의 등장으로 호모사피엔스가 드디어 신의 경지에 이르는 상황이 되었다고 선언하기에 이르렀다.[3] 2020년 들어 백신의 개발 성공을 두고 드디어 인류가 반격을 시작했다는 과학계의 환성이 가시기도 전에 바이러스는 변이하기 시작했고 인류는 갈팡질팡하는 대응체계 속에서 혼돈의 날을 거듭하고 있다.

무엇이 문제였는가? 문제는 생태계의 고장이다. 그렇다면 답은? 고장난 생태계를 복원하는 길밖에 없다. 그 중에서도 가장 밀접하다고 할 수밖에 없는 농업의 문제를 이야기하려고 한다.

코로나19 이후 한국 농업의 방향

코로나19 사태는 수많은 생명을 빼앗아가고 사회, 경제, 산업과 식량 및 농업부분에도 큰 영향을 미치고 있다. 일부 국가들은 식량 수출을 중단하였고 물류 측면에서는 이미 상당한 문제가 발생되고 있다.

코로나19로 만성기아에 고통받는 사람들은 생계와 식량 이용에 잠재적인 혼란과 위협을 겪을 수 있다. 계절근로자와 같은 농업노동자의 자유로운 이동을 막는 조치로 식량생산에 영향을 끼쳐 전 세계 식품시장 가격에 파동을 내고 있다.

우리나라의 식량 자급률은 OECD 회원국 중 최하위권이지만 2022년 식량

---

2) 유발 하라리, 「호모데우스」, 김영사, 2015.
3) 2017년 기준 우리나라 식량 자급률은 OECD 회원국 중에서 최하위권이다. 최근 3개년(2013-2015년) 평균 전 세계 곡물자급률은 102.5%이다. 호주 275.7%, 캐나다 195.5%, 미국 125.2%로 세계 평균보다도 높다. 우리나라 자급률(사료용 포함)은 전체 23.4%이다. 이중 쌀 94.5%, 보리쌀 24.9%, 밀 0.9%, 옥수수 0.8%, 콩 5.4%, 서류 95.2%, 기타 9.3%이다.

자급률 목표치[4]를 하향조정하였다. 현재 코로나19의 위협과 함께 급격한 기후변화의 위기 속에서 식량자급에 대한 정부의 잘못된 정책 방향은 재점검되고 평가되어야 한다.

한편으로는 지속 가능한 농업으로 대대적 전환이 필요한 때이다. 지금의 증산을 중심으로 하는 수탈식농업으로는 농업이 환경파괴범의 중심에 서게 될 것이므로 생태환경을 중시하는 친환경적 농법으로의 전환이 필수적이다.

여전히 끝나지 않은 코로나19로 인한 전체 영향을 평가하기에는 너무 이르지만 국가 차원의 안전망 강화와 함께 식량주권을 강화하고 지속 가능한 농업으로의 전환에 대한 중요성은 충분히 인식하게 되었다. 코로나19로 인한 위기는 낮은 식량 자급률을 가진 우리나라의 농업문제 뿐만 아니라 취약계층을 위한 공적체계의 필요성도 제기하였다. 생산자와 소비자가 스스로 생산과 소비의 체계를 결정할 수 있는 식량주권의 실현을 준비할 때이다.

식량 주권

지난 2008년 세계 식량위기 당시 33개 국가가 식량 수출을 금지하였고 식량가격이 폭등하며 식량 불안 위기는 몇 년 동안 지속되었다. 그 당시 주요 곡물 생산국의 가뭄과 유가상승 등으로 비료, 식품 운송 비용 등의 상승을 불러왔고 세계 식량 재고 감소와 식량 가격의 상승을 불러왔다.

코로나 19사태로 2020년 3월 중순부터 식량수출을 제한하는 국가 수가 증가되며 짧게는 6일에서 길게는 180일이 넘는 기간 동안 수출 금지 조치를 단행했다. 현재 34개국 57건의 식량 수출을 제한하고 있다.

세계적 위기 속에서 자국의 자립된 힘이 없으면 국민들의 건강과 안전을 지킬 수 없다. 생존에 가장 기본이 되는 식량 또한 마찬가지이다. 우리 스스로 식량을 안정적으로 공급할 수 있는 시스템 마련이 가장 최우선되어야 한다. 외

---

4) 재료와 기술을 최대한 투입하여 생산량을 최대한으로 높이는 농업 방식. 결국 생태계 파괴, 토양력 저하, 산성화와 이산화탄소 발생 등의 문제 발생.

부에 의존하면 할수록 스스로 일어설 힘을 잃어버린다.

식량 자급의 중요성은 이미 여러 나라의 경험을 통해서 증명되었다. 필리핀은 1970년 쌀 생산대국에서 2000년대 이후 생산기반이 급속히 상실되어 애그플레이션[5] 시기 식량 폭동을 경험하였다. 이후 쌀 자급률을 90%선으로 회복시켰다.

이집트는 1960년대 미국의 원조에 의지하며 식량 자급률이 급격히 하락되었고 애그플레이션 시기 식량폭동 경험이후 밀 자급률을 50% 수준으로 회복하였다.

먹거리 공적 영역의 확대

자주적인 농업생산을 위해 먹거리의 안정적인 국내 생산·공급 기반을 강화해 농민이 안정적으로 생산에 전념할 수 있는 제도적 장치를 마련해야 한다. 농민이 농사지을 수 있는 권리를 보장해야 하며 안정적인 식량공급을 위한 농지보호정책이 필연적으로 뒤따라야 한다.

식량자급율 22%인 상황, 특히 밀 같은 경우 99%를 수입에 의존하며 매년 1조원이 넘는 물량이 수입되고 있다. 따라서 이런 위협적인 상황을 타개하기 위해선 주요 농산물의 생산 공급기반을 강화해야 한다. 자급 기반 유지를 위해 정부수매, 농협계약재배의 확대를 통한 가격을 보장할 수 있는 기능이 마련 되어야 한다.

친환경 농업

우리 몸의 건강은 생태계의 건강과 분리하여 생각할 수 없다. 우리는 지금까지 필요 이상으로 개발하여 풍요롭게 소비하는 왜곡된 건강을 추구하며 살아왔다. 젊어 보이는 외모를 건강의 기준으로 삼으며, 미용과 건강기능식품에 돈을 쓰고 있다. 왜곡된 건강 관념을 소비로 채우기 위해 농산물까지도 획일

---

5) 농업이라는 뜻의 Agriculture와 인플레이션(inflation)의 합성어로 농산물 가격의 급격한 상승이 일반 물가의 상승을 일으키는 현상.

화, 규격화하였다. 그 결과 농업 생태계는 병해충에 취약해졌고 질병 근원론에 기반한 병해충 농약 방제기술에 의존하는 농사를 짓고 있다.

합성농약과 화학비료에 적응하도록 개발된 한두 품종이 균일 분포를 이루는 즉 단작화는 농업 생태계에 기대어 사는 인류를 어디로 안내하고 있는가?

농업 생태계는 다양한 생물들이 경쟁의 전장이 아닌 협력의 그물망을 이루었을 때 건강해진다. 자연생태계가 이루는 건강한 균형을 농업 생태계에 구현하기는 어렵다. 하지만 농민, 종자, 윤작, 혼작 경축 혼합, 토양 유기물, 천적 서식처 등 여러 가지 노력을 통해 농업생태계가 건강한 균형을 이루도록 노력하면 농업과 먹거리 체제는 바르게 회복할 수 있다.

생태계와 공생, 지속가능 협동과 조화 적정생산, 분배의 균형, 계층간 공생 등 긍정의 형질로 이루어진 경제체제를 세워야 한다. 신자유주의를 무덤에 묻고 새로운 희망의 경제체제를 키워나가기 위해서는 농민과 소비자, 시민들의 인식 전환이 필요하다.

농업 생산 방식 전환

인정하기 싫겠지만 현대의 농경 방식은 기후위기의 주범임을 인정해야 한다. 현대농업은 흙이 원래 함유하고 있던 탄소의 절반 정도를 대기로 날려버렸다.

평균 토양 탄소량은 약 6%에서 3% 이하로 떨어졌다. 이는 트랙터 경운과 합성비료의 사용 이 두 가지가 결합되어 벌어진 일이다.

흙이 갈아 엎어져 공기와 만나면 그 안에 든 유기물은 더 빨리 부패하며 이산화탄소를 방출한다. 화학비료의 과도한 사용은 토양 건강의 핵심인 미생물이 설 자리를 잃게 하였으며 비닐 멀칭은 그 비닐생산으로 인한 탄소배출 문제와 더불어 토양 유기물과 탄소의 극단적인 상실을 불러왔다.

산업혁명 이후 이뤄진 농지 개간 및 농업을 위한 경작으로 전 세계의 토양으로부터 136Gt(1Gt=10억톤)의 탄소가 배출되었다[6]고 한다. 이는 지구상의 다른 모든 온실가스 배출을 줄여도 기후 안정을 위해 줄여야 할 CO_2 가스의 양 '106.24Gt'보다 많은 양이다.

토양에는 무수히 많은 균류와 박테리아가 서식하며 먹이활동을 한다. 이들의 먹이 활동이 유기물을 분해하고 식물의 양분을 만들어 낸다. 또 광물질은 미량 원소를 공급하는데, 탄소는 미생물의 중요한 먹이이기에 토양생태계를 활성화하는 핵심이 된다. 즉 토양의 탄소는 식물을 기르는 원천이라는 말이다.

토양 탄소의 회복은 온실가스의 감축이고 생태계의 회복이며 관행농 못지 않게 다수확을 보장함이 전세계에서 실험되고 증명되고 있다.

이제 토양에 유기물을 공급하여 탄소를 충분히 공급하고 생태계 유지를 위해서 경운을 하지 않는 방식에 대해 고민해야 한다.

우리도 경운과 석유부산물인 농약과 비료 투입으로 토양탄소를 온실가스화 시키는 농사를 폐기해야만 한다. 탄소 축적과 생태 다양성을 기반으로 한 농사로 전환해야 할 때인 것이다.

IPCC 유엔 기후 보고서 중 '기후 변화와 토양에 관한 특별 보고서'에서도 '땅을 살리면 매년 인류가 만들어낸 온실가스 1/3을 그 땅이 흡수할 수 있다'고 보고하고 있다.

이를 위해서는 정부의 다양한 정책들이 뒷받침 되어야한다. 예를 들면 토양의 '유기물함량 증가' 혹은 '탄소 축적'에 따른 인센티브로 농민기본소득과 연계하는 방식을 생각해볼 수 있다. 또한 전환기에 일시적인 소출 감소를 대비하는 지원책과 농생태학, 보존농업, 퍼머컬쳐, 탄소농업 등 생태농업을 하는 농민 육성과 확산 정책도 중요하다. 전환된 농사를 짓는 농경지를 늘리기 위한 농지정책, 다양한 작물의 새로운 농사를 위한 연구 실험, 농민 대상 교육과 모임의 장려 대책 등이 포함된다.

[6) ipcc ; 정부간 기후협약국제기구 기후 변화와 토양에 관한 특별 보고서.

식량위기 극복의 최일선에 서 있는 농업과 농민에 대한 시각

이제껏 농업은 돈 안되는 산업으로 여겨져 모든 국가 경제 정책에서 뒤로 밀렸고 농민의 노동은 무가치한 일로 치부되어 왔다.

이제 농사의 행위는 근본적으로 자연섭리를 따라가며 공생하는 인간의 생명유지 활동임을 확인하고 인정받아야 한다. 그런데 농촌은 쇠퇴를 넘어 소멸을 앞두고 있다.

농업으로는 먹고 살기 힘들고, 교육, 보건, 복지 등 농촌의 삶의 여건은 취약하니 농민의 자녀는 떠나고 새로운 농민의 유입은 더디다. 이제 농민의 삶이 지속가능하도록 보장하는 정책이 시급하다.

적절한 규모의 농사를 짓는 농민의 기본생계를 보장(농민 기본소득 연계)하고 삶의 여건을 지원해서 '있는 농민' 떠나지 않도록 해야 하고 '새 농민'의 유입과 정착의 기반을 제공해야 한다.

50%에 가까운 비농민 소유의 땅을 헌법에 명시된 '경자유전' '농지농용'의 원칙에 따라 농지의 공공성을 강화하고 전업농, 신규창업농, 청년농에게 안정적으로 농지를 공급하는 정책도 필요하다.

우리는 돈과 편리만을 무분별하게 추구하다가 결국 지구 생태계 균형을 무너뜨리고 절벽 끝에 서 있는 것이다. 그것이 코로나19이다.

생태 농업으로의 전환

1997년 김대중 정부가 들어서자 농산물 수입 폭풍이 몰아쳤다. 정부는 농업의 지속가능한 발전을 도모하고 시장의 차별화를 통해 국내농업을 보호하려고 친환경제도를 도입했다. 즉 기존의 농산물 인증제도인 유기농과 무농약 농산물에 더해 전환기 농산물과 저농약 농산물까지 4단계로 나누어 농민들을 유기농이나 무농약 재배로 유도하는 정책이었다. 저농약은 농약과 비료를 반으로 줄여 살포하며 토양을 지키기위해 제초제를 사용하지 않는 조건이었다. 그러나 이 정책은 15년이 지난 후 폐지되고 말았다. 정책의 후퇴였다. 저농약 농산물 생산 농가들은 우수농산물(GAP)[7]로 옮겨가거나 관행으로 돌아갔다. 지속가능한 농업의 전제는 생태 친화적 농업으로 가는 게 옳다. 그럼에도 거대자본들의 틈바구니에서 생태친화적 농업이 살아남기란 쉽지 않다. 정부가 정책적으로 지원하지 않으면 자본적 수탈농법에 함락 되고 말 것이다. 이는 환경파괴는 물론 탄소 배출에도 악영향을 미치기에 코로나와 같은 질병에 노출 되는 결과를 만들 뿐이다.

우루과이 전 대통령 호세 무히카는 유엔에서 "우리 앞에 놓인 큰 위기는 환경의 위기가 아닙니다. 그 위기는 정치적인 위기입니다."라고 말했다.

"미국에 의해 경제 봉쇄 당시 쿠바의 농업은 사탕수수, 커피, 담배 등 수출용 농작물의 대규모 단작에 치우쳐 10%대의 자급율이었지만, 농업 중시 정책, 도시농업의 확산, 석유의존도를 줄인 생태농업으로의 전환으로 100% 자급률을 이루었다."[8]

식량 주권 강화

먹거리는 다양해졌고 자유롭게 거래할 수 있지만 1억명이 넘는 수많은 사람들이 굶주림으로 고통받고, 먹거리 불평등 또한 심각한 수준이다. FAO에서 발표한 통계자료를 보면 경제발전, 또는 무역자유화가 아무리 촉진되어도 이러한 문제가 자동으로 해결되는 것은 아님을 일깨워 주고 있다. 높은 식량자급률은 선진국의 조건 중 하나가 되고 있다. 세계 식량 거래에서 높은 점유율을 갖고 있는 주요 수출국가들은 위기 속에서 더욱 힘을 갖게 된다. 코로나 19 이후 우리는 식량주권과 국민영양을 위협받지 않는 길을 준비해야 한다.

---

7) Good Agricultural Practices 의 약자로 '농산물 우수관리 제도' 농산물의 생산에서 판매에 이르기까지 모든 과정에서 안전 관리체계를 구축해 소비자에게 안전한 농산물을 공급하기 위한 인증제도임. 그러나 허용치내의 모든 농약, 제초제, 비료 등은 사용 가능함.

8) 곡성군 농민회 소식지 2021.7월호.

자국 스스로 자주적인 힘을 갖지 않으면 언제든지 식량위기의 위험에 빠질 수 있다. 코로나19와 같은 새로운 전염병의 발병과 급격한 기후변화의 위기 속에서 자유무역에 모든 것을 맡기는 것은 더 이상 대안이 아니라는 것을 깨달았을 것이다. 여전히 끝나지 않은 코로나19로 인한 전체 영향을 평가하기에는 너무 이르다. 그러나 국가 차원의 안전망 강화와 함께 식량주권을 강화해야 할 중요성은 충분히 인식하게 되었다.

나가며

현재 농민·농업·농촌은 벼랑 끝에 내몰려 있다. 농민들이 느끼는 것은 위기를 넘어선 절망과 두려움이다. 농산물 시장개방의 확대 속에서 수입농산물이 농민들의 생존권을 위협하고 있는 상태에서는 그 무엇도 지속가능할 수 없다.

농업에서의 지속 가능성에 대한 논의들은 진작부터 있어 왔다. 신자유주의라는 거대한 틀에서 농업자본은 주목받지만 무차별적 자본 앞에 환경이니 생명이니 생태니 하는 것들은 별나라 이야기로 치부되어 주목받지 못하고 있는 것이 사실이다. 그런데 코로나19를 비롯한 인류를 괴롭히는 감염병의 잦은 발발은 생태환경파괴에서 비롯되고 있다. 모든 생명체들이 함께 살아가야 하는 땅별에서 오직 인간만이 자신의 욕망을 채우려 생태 환경파괴를 일삼고 있는 것이다. 중요한 것은 그것을 모르고 있는 인간의 오만이다. 실제로 친환경 농산물 인증을 폐기하면서 새로운 인증제도인 GAP를 학교급식 당사자들에게 설명하는 자리에서 "농약은 과학이다"라는 말을 했던 관리가 있었다. 이런 자본의 앞잡이들이 농정을 좌지우지하는 상황에서 기성세대가 무엇을 잘못하고 있는지 깊은 반성이 필요하다. 툰베리[9]가 유엔에서 지구생태계를

---

9) Greta Thunberg, 2003년 1월 3일생. 스웨덴의 환경운동가다. 2019년 전 세계적인 기후 관련 동맹휴학 운동을 이끈 인물이다 2019년 노벨 평화상 후보로 선정되었었다.

걱정하며 기성세대를 비난한 것은 좋은 예이다. 이제 농업은 약탈적 성장보다는 지속가능성에 초점을 맞추어야 한다. 농민이 농민다워져야 하고 농사가 농사다워져야 한다는 것이다. 이것들에 대한 논의는 닐레니 선언[10]이 이미 제출한바있고 이 선언은 유엔 농민노동자 권리선언[11]으로 구체화 되었다. 무엇을 어떻게 해야 할 것인지는 유엔 농민노동자 권리선언이 지표가 될 것이다.

한도숙 시집 『며느리밑씻개』 출간하며 작품활동. 시집 『딛고 선 땅』 외 2권, 컬럼집 『농사의 종말』 외 공저 다수.

---

10) 2015년 2월 27, 아프리카 말리의 닐레니(Nyeleni)에 80여개국에서 농어민 및 수렵활동을 하는 원주민 공동체 그리고 도시민들이 모여 '국제농생태학포럼'을 개최. 초국적 신자유주의 경제체제에 대한 농생태학적 비판과 환경친화적이고 지속가능한 방식의 식량주권의 중요성을 선언.

11) 선언은 오랫동안 유엔 인권이사회를 중심으로 논의돼 왔고 수많은 협상과 타협이 있었다. 전 세계 농민들과 농촌에서 일하는 사람들의 권리 신장에 이바지하는 선언이지만 국내에서는 크게 알려지지 못했다.

■특집-기후 위기와 문학의 대응

하늘 동업 농사의 위기

이 덕 규

나는 정말 운이 좋은 농사꾼인가?

사람들은 태어난 곳에서 농사지으며 노후를 맞고 있는 내게 운이 좋은 사람이라고 한다. 60년 남짓 개발의 가능성이 무제한적으로 열려있는 수도권의 한 지역에서 농農의 삶을 살아냈다는 것은 굳이 말하지 않아도 적지 않은 유혹과 풍파를 겪었다는 뜻이다. 대대로 물려받은 작은 문전옥답과 선영을 터전 삼아 살아온 것이 무슨 자랑이 될까마는, 그동안 웬만한 뚝심으로는 버티기 어려운 시절이었고, 여전히 힘에 겨운 개발의 바람은 기세등등하게 불어 닥치고 있다. 주변을 돌아보면 너무 많은 소중한 것들이 사라졌다. 친구들이 고목처럼 쓰러지거나 뿔뿔이 흩어졌고 생전 보지도 듣지도 못한 '도농복합시'라는 명칭으로 지역 색이 어느새 확 바뀌어버린 오늘 나는 정말 운이 좋은 농사꾼인가?

신작로가 왕복 4차선으로 확장되면서 마을 앞으로 큰 길이 뚫렸고, 제풀에 쓰러진 빈집 자리와 산자락을 후벼 판 자리에 크고 작은 공장과 건물이 우후죽순처럼 밀려들어왔다. 대부분의 지형은 옛적 그대로지만 여울져 흐르던 시냇물은 보를 막아 '수자원'이 되었고, 어쩌다 고향에 들른 사람들이 올해엔 쌀이 몇 가마나 나왔느냐고 묻던 구례울 여덟 마지기 상답은 이제 평당 얼마나 하느냐고 묻는 시절이 되었다. 뒷산에 올라 여기 저기 어림으로 옛 흔적을 더듬으면 불과 반세기 전 어린 아이들의 왁자했던 소리가 아득하다.

아침 6시면 나는 매일 들판으로 나간다. 이천 여 평 남짓 논농사 물꼬도 보고 그 옆에 백 여 평 밭작물들의 안색을 살피러 간다. 올 봄은 유난히 가물고 냉해까지 겹쳐 일찍 모내기 끝낸 논의 어린모들이 시름시름 머리를 앓다가 간신히 깨어났다. 일 년 농사의 시작이 삐걱거리더니, 역시나 이어서 긴 가뭄으로 밤샘 양수작업과 밭작물에 물대는 일로 봄 한철이 다 지나갔다. 그리고 바로 긴 장마와 국지성 호우와 폭염이 지속되고 있다. 각종 작물은 갈수록 예측할 수 없는 자연의 변화에 적응하기가 버겁다. 그러니 억지로라도 결실을 보기 위해 맹독성 농약과 화학비료는 물론 온갖 수단과 방법을 가리지 않는 것이 농업의 현실이다. 관행적 농사법을 따르지 않으면 이제 모든 작물은 결실을 보기 어렵다. 이미 씨앗은 보존하지 못한 지 꽤 되었다. 집 주변에 군것질로 심은 과실나무들조차 이제는 살충제와 살균제 없이 단 한 알의 성한 열매도 건질 수 없다. 이것이 농사의 새로운 지표가 된 지 오래다. 여느 시골길을 달리다 잘 여문 곡식이나 깨끗한 과실이 주렁주렁 매달린 것을 보면 대부분 그 배후에 일체의 생명을 거부하고 오로지 사람만을 위한 자본의 막강한 배후 세력이 있다는 것을 알아야 한다.

생물 다양성 시대 이미 끝나

현재 우리나라의 일반화된 농사법인 농약과 화학비료에 의존하고 있는 들판의 생태계를 깊게 들여다보면 경악스럽다. 그러니까, 우리들의 할아버지나 아버지가 재래 농법으로 짓던 유년의 들판과 지금의 들판은 완전히 다른 들판이다. 우선 공기가 달라졌다. 맑고 풀 향기로 가득했던 들판의 공기는 수시로 농약 냄새가 진동한다. 농사꾼의 촉으로 감히 말하건대, 60년대 우리나라 들판의 풍요로웠던 생물다양성의 개체들은 거의 전멸했다. 기껏해야 20% 정도가 남아서 들판 너머 하천이나 마을 뒷산으로 몸을 피신했다가 다시 들판으로 나와 죽어가는 과정을 반복하고 있다. 자세히 들여다보면 곡식들이 자라는 논밭은 마치 지뢰밭처럼 삼엄하다. 사람을 위한 농작물 이외의 어떤 출입도 막겠다는 농약군軍이 그 많은 생명의 보고였던 들판을 밤낮으로 사주경계하고 있는 것이다. 예전의 들판은 보이지 않는 수많은 생명들의 울력과 아버지들의 노동이 유기적으로 맞물려 관계하면서 곡식이 여무는 구조였다면 지금은 오로지 농작물 이외의 모든 생명을 거부하는 마법 같은 농약과 화학비료의 독점 구조로 바뀌었다. 아이러니한 것은 실로 많은 양의 농약과 화학비료가 매년 살포되어 죽어버린 땅에서 알곡들이 쏟아져 나오는 풍경은 경외스럽다.

  2020년 별나게 따뜻했던 겨울을 보내고 그해 여름 창궐했던 벌레들의 습격을 기억한다. 춥지 않은 겨울이 얼마나 무서운 것인지, 따뜻했던 겨울은 바로 다음 계절에 재앙으로 다가온다. 그해 쌀 소출이 20~30% 정도 줄었지만, 그 누구도 그 사실을 심각하게 말하거나 보도하는 언론은 없었다. 쌀 말고도 먹을거리가 넘쳐나기 때문인데, 이 풍요로움이 과연 언제까지 이어질 수 있을까, 식량 자급율 세계 하위권인 우리나라의 넘치는 먹을거리 현주소는 마치 한 가족이 차에 식량을 가득 싣고 목적지 없는 황량한 피난길을 떠나는 형국처럼 불안하다. 세계의 먹을거리 균형은 머지않아 완벽하게 깨질 것이다. 척박한 아프리카의 고혈을 짜먹던 서유럽과 그 밖의 패권주의 국가들의 기후위기로 인한 식량전쟁이 현실화 될 가능성이 농후하다. 기후위기는 곧바로 식량위기로 직결되고 식량위기는 바로 무력전쟁으로 직결되는 무서운 동물적 논리가 그 속에 숨어있다. 자연 재앙과 함께 닥쳐올 무서운 살육의 시나리오가 '기후위기' 라는 암실 속에서 조용히 씌어지고 있는 것이다.

농민운동 이대로 좋은가, 친환경 소농을 꿈꾸다

  나는 한때 아주 감상적인 상상력으로 도시와 농촌의 뒤집힌 처지를 그려본 적이 있다. 어느 순간 자본의 종말에 다다른 사람들이 유령 도시를 버리고 먹을 것을 찾아 시골로 시골로 내려오는 상상이다. 뒤늦게 그들은 플라스틱이나 pc나 휴대폰을 먹을 수 없고, 자동차를 먹을 수 없고, 샴푸를 먹을 수 없고, 수세식 양변기를 먹을 수 없고, 냉장고나 키친 세트를 먹을 수 없고, 그 많은 주식과 숫자를 먹을 수 없다는 것을 깨닫는 상상. 결국 그들은 서투른 농사법을 배우며 맨손으로 벌레를 잡고 나무껍질과 나무뿌리를 캐먹으며 누에를 먹이고 물레를 돌리고 삼베를 짜는 법을 배우며 아이들에게 구황식물에 대해 가르치는 엉뚱한 상상. 이 엉뚱한 상상 속에서 나는 현장의 농부로서 구휼의 목민관이 되어 대활약을 펼치는 상상. 역사 이래 제대로 된 대접 한 번 받아보지 못한 농부들이 새로운 나라의 기득권으로 우뚝 서는 상상. 우리들이 꿈꿔왔던 소농 구조의 공동체가 부활하는 상상. 농부들이 사회의 주구성원이 되고 그들에 의해 국가가 운영되는 아름다운 상상.

  우리는 과거 산업의 구조를 마치 삶의 질을 구분하는 계단식 구조로 이해했다. 서비스가 주를 이루는 3차 산업은 1차 산업에 비해 세련되고 고급화된 삶의 질을 제공하며 그 업종에 종사하는 사람들은 화이트칼라로 분류되었다. 따라서 1차 산업인 농업과 임업, 수산업은 배우지 못한 사람들의 전유물로서 해도 그만 안 해도 그만인 낙후된 산업의 상징처럼 인식되었다. 2차 산업인 공업의 육성책으로 사람들이 도시로 빠져나가고 농촌은 더 피폐해졌다. 결국 텅 빈 1차 산업의 무대인 농촌은 고사 직전에 화석연료의 급진적 사용과 더불어 대농의 등장으로 농약 범벅의 농사법으로 전환되었다. 산업화 이후 일손이 부족한 농촌을 살려낸 화학 농법이 결국 강과 바다를 오염 시키고 이산화탄소 농도를 최고치에 다다르게 하는데 큰 역할을 했다는데 의심의 여지가 없다. 앞으로 4차 첨단산업으로 번 돈을 몽땅 1차 산업인 농업과 임업을 친환경적으로 되돌리는데 쏟아 부어도 끝내 돌이킬 수 없는 절체절명의 시간이 다가오고 있다.

  혹자는 '농약과 화학비료를 쓰지 않고 무엇으로 그 많은 노동력을 대체할 것인가'라고 묻지만, 선험적 차원에서 우리 인류는 수천 년을 농약과 화학비료 없이 순수 노동력만으로 살아왔다. 노동력은 산업구조의 전략적 후퇴나 조정에 따라 얼마든지 되돌릴 수 있다. 산업혁명 이후 불과 이백여 년 만에 지구는 돌이킬 수 없을 만큼 망가졌다. 50여 년 전의 청정한 농사법을 기억하고 있는 나는 그 이후 최근까지 화학농사법으로 땅을 망가뜨린 당사자이다. 망가지며 떨어지는 다디단 열매를 편안하게 누워 받아먹은 마지막 착취자이다. 농민들이 그동안 생존권 투쟁에 많은 열정을 쏟아 부었지만, 정작 관행 농업이 기후위기에 지대한 영향을 미쳤다는 사실을 아는 농부는 그리 많지 않다. 제도적 생존권 투쟁에 매달리는 동안 한쪽에서는 자연이 인간 삶의 근간을 뿌리째 흔드는 심각한 지경에 이른 것이다. 농민 운동의 방향은 이제 선택의 여지가 없다. 추락하는 쌀값에 대한 보장이 아니라, 땅을 죽이는 농법에서 생명을 기르고 상생하는 구조의 획기적인 친환경 농법에 대한 근원적인 설계와 투자만이 농민은 물론 모든 생명들이 살 길이다. 떠난 생명들을 다시 모셔오는 일은 결코 쉽지 않은 노력과 시간과 예산이 드는 일이다. 너무 멀리 가버렸기 때문에 혁명적인 농사법의 전환 없이 인류의 미래는 없다. 후쿠오카 마사노부의 『짚 한 오리기의 혁명』은 그런 의미에서 실천적 구체적 방법론을 제시한 좋은 예이다. 1가구 당 1단보(300평) 갖기 운동은 친환경 윤작 주말 농사만으로도 식량은 물론 과일과 채소를 자급자족할 수 있으며 전 국민의 소농화를 충분히 가능케 할 수 있다는 소박하지만 혁명적 발상이다.

큰바보土愚의 무서운 침묵

흙의 본질은 '큰바보'土愚에 있다고 한다. 어떤 아픔이나 고통, 슬픔, 기쁨조차도 표현하지 않는 크나큰 침묵의 긍정이 흙의 본질이라고 한다. 지속가능한 생물다양성의 조건은 흙과 사람이 직접 손을 맞잡지 않으면 불가능하다. 몸에 흙을 묻히고 흙과 소통한 사람만이 흙의 속 깊은 고민을 들을 수 있다. 인간은 흙 위에 살면서 흙의 본질을 외면했다. 흙을 정말 바보 취급하고 함부로 대하고 이용했다. 그동안 큰바보의 위대한 침묵 속에서 끓어오르는 분노의 메시지를 읽어내지 못했다. 속으로 곪아가면서도 말하지 않은 어머니의

쓰라린 품을 알아차리지 못했다. 농사는 하늘 동업이다. 땅이 아프다는 것은 하늘 어딘가도 아프다는 말이다. 기후위기는 하늘과 땅의 동업이 파국에 이르렀다는 말이고, 그 파국은 곧장 모든 생명에 직결되는 중한 이야기이다. 멀리 가지 않더라도 내 집 앞 텃논의 생태계 변화를 60년 가까이 직접 체험한 대한민국 중부지방 농부로써 말하건대 대멸종은 이미 시작되었고 진행 중이다. 과장된 예측일지 모르겠지만, 그 연장선에서 기후 위기 이후 닥쳐올 식량 부족으로 훗날 많은 사람들이 굶어 죽는 일이 생긴다는 것은 무서운 일이다.

인간은 유일하게 돌아보고 곱씹어보는 능력이 있다고 한다. 그럼에도 불구하고 그 성찰의 힘으로 산업화 이전인 단 50년을 되돌릴 수 없고 1.5도의 기온을 지키기 버겁다는 현실이 솔직히 믿어지지 않는다. 존폐의 갈림길에 임박해서도 자본의 브레이크는 좀체 작동하지 않는다. 인간의 뇌구조를 이해한다면 어쩌면 인류의 출현과 함께 지구 생명 6번째 대멸종의 시계는 이미 돌아가기 시작했던 것이 아닐까, 인류에 의한 홀로세 대멸종의 시계가 제로에 임박했다는 사실을 환기하면 불과 50년 전 내 유년의 앞 냇갈과 뒷산의 청정했던 생태계와 들판에서 다양한 생명들이 함께 울력하던 풍경이 파노라마처럼 스쳐 지나간다. 그것은 셀 수 없이 많은 생명들이 살아가는 지구라는 45억년의 역사 다큐 영화 속에서 지구와 내가 기억하는 아름다웠던 마지막 풍경일 것이다. 그 풍경 위로 지구 생명 대멸종의 엔딩 크레딧은 과연 올라갈 것인가? 모든 스텝과 감독 이외 출연진이 오직 인간이라는 종뿐인,

이덕규 1998년 《현대시학》 등단. 시집 『다국적 구름공장 안을 엿보다』, 『밥그릇 경전』 등 있음. 현재 경기민예총 이사장.

■특집-기후 위기와 문학적 대응

기후 재난과 문예 창작
-서정시의 몰락과 서사적 서정시의 탄생

한 명 환

1

　2009~2019까지 10년간 세계 7348 재난 사고 중 91퍼센트가 기후 관련 재난이었다. 국내 2022년 올 5월까지 강수량은 역사상 최저로 산불로 이어졌고, 7월 장마가 끝나자 8월 8일 하루에 서울에서만 381.5mm라는 집중폭우가 쏟아졌다. 연 평균치 20퍼센트가 몇 시간만에 내린 것이다. 우리나라 최근 50여년 간 재난 사고의 62퍼센트 이상이 2000년대 이후 발생하였는데, 2002년 태풍 루사는 4조 이상 피해를, 2003년 매미는 초속 60mm로 골리앗 크레인이 넘어지는 등 5조 이상 피해를 입혔다. 최근 2015~2022 년까지 기후 데이터를 보면 폭염, 장마, 산불 등 힌남노에 이르기까지 대부분 역대급인 경우가 많았다. 한반도 기후 위기는 2003년부터 징조를 보이기 시작하여 2015년~2022년 사이 더 심각해진 상황이다.
　기후 재난에 대한 경고는 2006년 미국의 엘 고어의 저서『불편한 진실』에서 시작되고 있었다. 엘 고어의 그린 운동은 부시 행정부 출범 이후 퇴색되어 미국은 기후협약에서 탈퇴하였고, 세계적으로 정치인들은 탄소 증가량 대책에 미온적이었다. 이산화탄소 증가량과 기후 이변의 함수관계는 과학자들 사이에 논란이 있었으나 최근 거의 분명해지고 있음이 확인된다. 지구상의 탄소량의 급증은 극지방의 온도를 높여 해류 기류에 영향을 준다. 따뜻해진 바닷물이 태풍에 에너지를 공급하면서 그 파괴력은 무시무시하게 커진다. 2021년 서울의 탄소량이 사상 최고의 정점을 찍었는데, 이는 올해 8월 8일 단 하루만에 서울에서 강우량 381.5mm로 기상대 관측 사상 최고를 기록한 것과 무관해 보이지 않는다.

　기후 변수는 일상생활과 기업 경영, 정치 경제 문화 거의 모든 면에서 이미 중요하게 영향을 미치고 있다. 일찍부터 경영 관점에서 날씨 마케팅, 주가 변동 등 기후재난 리스크를 중요하게 반영하고 있지만, 시스템이 미약한 영세 농업인들이나 저소득층은 기후 재난에 제대로 대응하기가 쉽지 않아 빈부 양극화는 나날이 심화 하고 있다. 기후 이변으로 인한 재난 사고 구조는 기후 이변- 재난 발생- 재난 사고 -구조 과정에서의 재난 파생으로 이어지면서 이런 일련의 현상은 뫼비우스 띠처럼 이어져 반복한다. 그로 인해 부의 양극화는 더욱 심화하고 있다. 재난특별지역을 선포해 재난 피해액을 어느 정도 보상해주면 그만이라는 식의 행정은 다음에 다가올 재해를 못 막을 수 없게 한다. 이른바 '추가 예산이나 예비비'로 재난 피해를 막는 것은 소극적인 자세로 근본적인 예방 대책이나 장기적 대비와는 거리가 멀다. 기후이변으로 인한 재난 사고가 나더라도 그때뿐 기후 이변 현상을 근원적으로 막으려 하지 않는 기후 재난 불감증은 그로 인한 재난 사고를 반복적으로 일으키게 한다. 대책이나 대비 전략을 전국적으로 확대하지 못한 이유는 무엇인가? 아마도 그 직접적 피해 대상이 취약한 중소기업이나 일부 서민층에만 해당된다고 보기 때문은 아닐까?

　김신윤주 감독은 「광주민미협 전시기획전- 기후 정의와 모두의 예술전」에서 '기후위기가 만든 불평등'에 관해 심각하게 문제를 제기한다. 2022년 9월 30일 광주광역시 가톨릭회관에 전시된 사진들은 서울 신림동 반지하 세 모녀 사망 사건처럼 기후 재난시대에 가장 취약한 계층의 고통에 대해 말해준다.

기후 재난은 결국 인간 삶의 불평등을 심화시킨다.

2

20세기만 해도 지구상의 기후 재난은 문학작품에서 펄벅의 『대지』나 스타인벡의 『분노의 포도』처럼 인간이 넘어서야 할 장벽, 역경의 대상으로 비치면서 그 결과는 인간에게 집단적 트라우마를 낳는 불가항력의 현상으로 비쳤다. 한국 근현대 문학 작품에서도 오랫동안 기후적 재난은 인간이 극복해야 할 자연 현상으로 본다. 그러면서도 기후 재난으로부터 벗어나기 위해서 임시적 단기적 급조된 방식을 지양하였다. 「관촌 수필」, 「우리 동네」 연작 소설들(이문구)은 저수지, 댐 건설 등 관 주도의 독재개발이 난개발이 되어, 농촌이 피폐하게 되는 급조된 새마을 운동을 비판한다. 낙동강 개발에 쏟아 부은 돈과 노력에 비해 오늘날의 더러워진 낙동강의 실태를 비교해 보면 급조된 개발의 허실을 알 수 있다. 재난을 막고자 한 댐건설이 오히려 기후 재난을 악화시키고 삶을 피폐하게 한다면 매우 아이러니한 일이 아닐 수 없다.

근대화 압축 성장기에 대부분 시인들이나 작가들에게 이상 기후 등 자연재해는 세상을 거쳐 가는 통과의례처럼 인식되던 때도 있었다. 해마다 찾아온 중국에서의 황사바람은 다소 봄 감기처럼 로맨틱하게 받아들여졌던 것 같다. 황사로 인해 목과 코에 이상 징후를 일으켜 감기를 앓던 현상은 종종 건강한 젊음을 잠시 쉬게 하는 로맨틱한 사랑앓이와 겹쳐 센티멘탈리즘에 빠지게 한다. '황사바람'은 서정적 자아가 '어찌할 수 없는 혼자만이 견뎌야 하는 고통' 혹은 '몸으로 지나는 기나긴 터널'(2006. 4. 18. 밀모래 블로거)처럼비유되기도 하였다.

최동호 「황사바람」(1976)은 산업개발 시대 황사의 의미를 되새긴다. '깊은 갈증의 밤을/ 만년필에/ 맑은 물처럼 담으면/ 사그럭거리는 모래 소리에// 이 한낮 / 황사바람이 창문을 때리니/ 해맑간 살결을/ 잔잔한 햇빛 속에 잠그면/ 거대한 강물이 소리 없이 흐른다'

빛과 어둠, 갈증과 물의 대위적 구조를(이광호 해설) 설정해 놓고 결핍 상황을 견디고 있는 젊은 날의 모습이 투영된다. 그것은 마치 강력한 동경과 욕망을 자극하는 것처럼 보인다. 황사는 성장기적 방황이나 막막한 안개처럼 젊은 날의 자아가 헤쳐나아갈 터널, 이문열의 「젊은 날의 초상」(1981)에서처럼 성장 소설적 시련과 유사하게 받아들여진다. 이들은 황사재난이 가져올 미래 상황을 잠수 실험용 모르모트처럼 촉수로 다가올 위기를 감지하지 못하고 일시적 국지적, 개인적 상황으로 인용되고 있는 것 같다.

7~80년대 분단문학 작가나 시인들에게는 황사바람이 반미, 독재에 항거하는 소재로 메타포화되었다. '한반도의 4월은 해마다 황량하다 /먼 타클라마칸 사막 고비 사막에서 찾아오는 황사바람 내내/ 진달래 개나리들이 무릎쓴채/아직도 그 모진 꽃들이 남아있다/ ~ 황사바람 속/ 1971년 4월 19일/ 그날/ 그날의 4월 혁명 기념의 젊은이들 모여들어/ 아직도 그 모진 꽃들로 나와 있다'(고은 「황사바람」 일부) '황사 -4월- 외세'의 연상 작용은 '중화주의의 바람'(박홍규)으로 표현되어 중국 개혁개방기 이후인 21세기 이후 미세먼지로 변질되어 앞으로 점점 커질 피해와 위기감을 감지한 것처럼 보인다.

자연현상으로서의 황사는 중국 몽골지역으로부터 근대화 이후 반복되어온 지구지역적 기후 재난이지만, 홍신선 「황사바람 속에서」(1996)는 황사의 의미가 좀더 거시적으로 사회화된다. '황사바람이여 지난 시절 그 4·19, 5·16, 5·17 속에/ 누가 장대높이뛰기를 하였는가/ 나는 어디에 고개 묻고 있었는가/ '라고 외치는 어조에는 운명을 거부하고 도도한 역사의 흐름에 몸을 맡기는 서사적 자아 의지가 스며 있다. 홍신선 시인의 장대높이뛰기와 같은 열망은 작은 자아(ego)의 대상이 아닌, 불타적 깨달음, 타자와의 합일의 욕망이 내면화되어 표출된다.

김기중의 「낙타가 오던 날」(2005)에서도 황사의 이미지는 낙타 울음소리와 함께 형상화된다. 황사로 인해 입 안에 서걱거리는 모래는 자아의 내밀한 정체성 변화를 일으켜 '낙타울음 소리 어디선가 들리는 듯 하였다.'고 한다.

「낙타가 오던 날」은 황사라는 현상에 머물지 않고 그 이국적 낯섦이 가져오는 내적 충격과 울림에 귀를 기울이고자 한다. 낙타 울음은 둥근 두 개의 혹으로 거친 사막을 건너야하는 고통의 시간을 예감케 한다.

박남희의 「폐차장에서」(1992)나 김기중 「음울한 새들」(1994)에서의 폐차장, 폐타이어들의 이미지들은 과소비로 치닫는 물질문명의 폐단과 결합되어 미래에 다가올 기후재난의 위기 상황을 예언한다. 이들 시어들은 20세기 말 총체적 삶의 상황을 눈여겨보고자 하였다. 까만 비닐 봉지들, 비닐하우스 등은 편리함과 함께 늘 주변에 한없이 쌓여 있던 것들이다. 이창동 영화「버닝」으로 영화화된 무라까미 하루키의 「헛간을 태우다」(1983)에서도 보인다. 금융 시스템 하에서 신용불량자들의 죽음 몰이로 연계되어 폐품과 '폐인'의 이미지가 겹쳐 표현되기도 했다. 전기철 「종이해바라기」, 「풍경의 위독」 등도 초첨단 지구촌의 풍경을 겉돎, 무기력, 시각 중심의 편집증 등으로 포착해 낸다. 이들은 유비쿼터스 시대의 삶의 전망을 정신분열적 현상으로 바라보았다. 『로깡땡의 일기』(2009)에서는 2차대전 후 사르트르 「구토」의 주인공이 초연결 시대에 호출되어, 첨단이 불러올 인간 실존적 위기감을 표상하기도 하였다. 생명을 잃은 꽃의 이미지를 자주 사용하여, 흑백 톤의 무채색이 지배하는 아이러니를 무겁게 형상화한다. 백색이 주도하던 이미지는 블랙 이미지로 대체되지만 운전자 없는 고속열차처럼 프로그램화된 시스템이기는 마찬가지다. 아무리 편리해지고 민주화되어도 뭔지 모르게 불안이 엄습한다.

3

최근 전쟁들의 양상을 보면, 자원전쟁적 성격을 띤다. 미국과 아랍문명권과의 전쟁과 최근 러시아 우크라이나 전쟁이 그렇다. 풍부한 석유자원과 밀, 그리고 가스량이 문제가 된 전쟁이다. 갈수록 자원의 부족으로 전쟁이 일어날 가능성도 크다. 전쟁으로 인해 화석연료의 소모는 가중되고 그 만큼 배출 탄소량은 심각하게 급증할 것이며 이로 인한 식량문제는 더 악화될 것이다. 그로인해 계속 분쟁이 일어날 것이다. 이 과정에서 탄소배출량은 지구 온난화를 가속하여 기후재난은 더 심각해질 수 있다. 대홍수, 대가뭄 끝에는 식량부족이 생기고 이를 확보하기 위해 식량 증진에 필요한 자원이 필요해진다. 결국 무기 양산과 기후 문제는 다른 일이 아니라는 것이다. 이런 현상은 하나의 악순환이라는 고리로 형성될 수 있다.

또한 일상 현실에서 이미 도시에 사는 사람들 대부분은 매일매일 기후 재난의 주범이 되어 있다. 비행기 운행, 택배 이용의 회수가 증가할수록 탄소 배출량이 급증한다. 최근 'RE 100' 탄소배출권 거래 결정은 그런 점에서 기후재난을 사전에 예방할 수 있는 정책으로 바람직한 일이라고 볼 수 있다. 9월 1일 캘리포니아 주의회는 기후정책에 540억 달러(75조원)를 쓰는 법안을 통과시켰다. 2045년까지 이산화탄소 배출을 멈추고 2035년부터 내연기관차를 팔지 않겠다는 것이다.

불평등이 심화하면 사회 구성원의 유대관계가 약화된다. 돈이 많아도 불행해지는 것이다. 지난 여름 8월 8일의 하루 폭우로 강남구는 최우람의 '작은 방주'(2022년 11월 국립현대미술관 전시된 공간 설치 작품)가 되어 물에 잠겨도 방주가 들어설 곳이 없게 되어 있음을 알 수 있었다.

글로벌리즘, 혹은 WTO 금융 시스템에서 소비가 미덕이라는 말이 그대로 부메랑이 되어 재난으로 돌아왔다. 과잉 소유, 과잉 소비는 이미 구조화되어 통제 불능 상태이다. 민영화는 과거의 공적 소유 영역을 침범한 지 오래됐다. 예를 들어 철도를 민영화함으로써 예산을 줄이는 것은 좋지만, 수익 경쟁으로 결국 사적 소비영역이 늘게 된다. 백숙과 치킨을 예로 들면, 백숙은 거의 버려지는 것이 없지만 치킨 소재 체인점들은 배달을 통해 부수적인 쓰레기들을 양산시킨다. 까페베네 프랜차이즈 커피점의 커피 소비량 세계1위인 한국 사회에서 최고의 기업으로 자리하고 있다. 2013년 이후 프렌차이즈가 아닌 적잖은 커피점들은 대부분 도산하였다. 진정한 행복감은 일시적이고 감각적인 도파민 분비에서 결정되는 것이 아니라고 한다. 세라토닌은 가족과 친구 간의 짧은 기쁨의 성취보다, 공동체에서의 깊은 상호 일체감이 즐거움과 보람을 느끼게 해주는 옥시토신 분비를 더 많이 시킨다고 한다. 개인보다 공동체가 함께 하는 즐거움이 더 깊은 행복감을 느낄 수 있게 하는 것이다. 우리는 비만과의 싸움에 시달리면서도 동시에 공동체 나눔, 소확행 실천으로 에너지 절약, 근검절약을 습관화 해야 한다. 작은 것에 감사하는 삶을 통해 과거의 가난한 시절의 지혜와 미덕을 다시 생각해봐야 한다.

최첨단 과학기술은 인간의 승리일 수 있지만 탄소 증가로 기후재난 요인을 급격히 증가시켜 결국은 반대의 결과를 가져왔다. 70년대 동네 골목 구멍가게 앞에 놓여 여러사람이 함께 사용하던 공중전화 한 대가 이제는 어른부터 아이까지 각각 한 대 이상 소유하고 있는 시대가 되었다. 그로 인해 파생되는 탄소 소비는 기하급수적으로 증가한다. 아무리 머리를 짜내 봐도 환경운동 캠페인만으로 기후재난을 막는 데는 한계가 있어 보인다. 기후 재난과 인류발전, 지구와 인간의 욕망은 본질적으로 반비례하기 때문이다. 태양을 중심에 두고 도는 지구의 기울기가 바뀌면서 사하라 사막이 생겼다면, 50억 인류가 지구상에서 동시에 폴딱 뛰면 지구 궤도가 바뀌어 사막화를 멈추게 할 수 있을 거라는 우스갯말이 떠오른다.

4

하종오의 「헌옷 도둑」은 동남아 출신 외국인 노동자들이 헌옷 수거함에서 헌옷을 훔쳐 재활용하는 동남아 외국인 노동자들의 이야기를 담고 있다. 홍신선 시인은 근대화의 우격다짐이 남겨놓은 상처와 흔적을 '황사바람 속에서' 확인하고자 하였다.

　　언젠가 풋딸기들이 뾰족한 궁둥이로 편히 주저앉을 것을 생각하는
　　나날의 이 도(도)와 궁행(궁행)은 얼마나 사소한가 거대한가
　　풀먹여 새옷 입듯이
　　마음 벗고 껴입는.

-홍신선,「황사바람 속에서」부분

  홍신선 시인이 말하는 시대의 장벽을 넘어 '마음 벗고 껴입는' 도와 실천궁행이 그대로 기후 재난 시대의 문학의 향방이 되고 있음을 알 수 있다. 최근 이러한 노력의 일환으로 2021년 출간된『기억하는 소설- 재난을 살아가는 우리들에게』소설집은 재난 문학에 대한 통시적 관점을 확보하고자 하였다. 조해진, 강인숙, 박민규 등 여섯 작가의 소설로 편집된 이 소설집은, 성수대교 붕괴, 삼풍백화점 붕괴, 대구지하철 화재, 서해 기름 유출 사고, 가습기 참사, 세월호 사고 등 사회적 재난에 대해 성찰하게 하였다. 이러한 기획은 재난시대의 학우들에게 읽힐 목적이라는 점에서도 그 의도가 돋보인다. 또한「자산어보」(이준익, 2021)로 최근 영화화된 정약전의 유배지에서 평등한 인간의 삶과 자연 생태계를 등치로 놓은 이야기 역시, 전지구적 생태계 복원의 이야기를 형상화한 것으로 볼 수 있다. 이 영화의 저본이 되어 준 한승원의『흑산도 하늘 길』(2005), 김훈의『흑산』(2011)은 죽음을 넘어선 구원으로서의 삶을 바다 생태계에 대한 전지구적 호기심으로 이어나감으로써 부귀영화를 꿈꾸는 인간 욕망의 허무함을 고발한 수작이라 할 수 있다. 기후 재난소재에 대한 창작적 동기는 전 지구에 대한 사적 전유專有로부터 벗어나야 한다. 기후 재난 소재에 대한 문예 창작적 공감대 형성은 서정적 자아의 서사적 연대성으로만 구체화될 수 있을 것이기 때문이다.

한명환 1992년《시와사회》에「고은론」으로 평론 등단. 2010년《시와문화》시 등단. 시집『수단의 아이스크림』, 평론『5·16 군정기(1961~1963) 신문소설의 대항적 서사전략 연구』외 저서 다수.

*민족의 현재
민족의 미래를
사유하고 지향하는 문학을 시작했습니다*

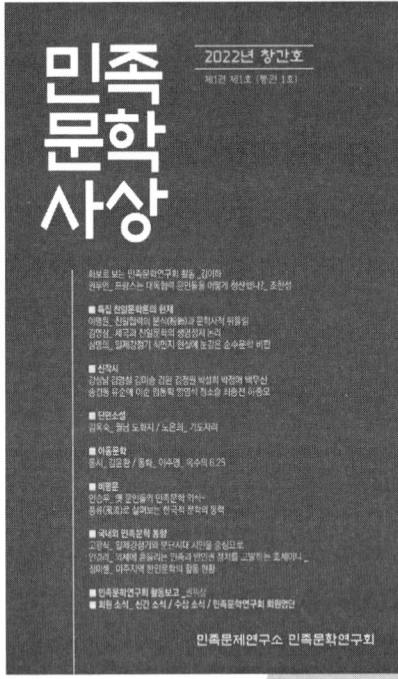

2022년 창간호 제1권 제1호 (통권1호)

화보로 보는 민족문학연구회 활동 _김이하
권두언_ 조한성_ 프랑스는 대독협력 문인들을 어떻게 청산했나?
■ 특집 친일문학론의 현재
이명원_ 친일협력의 분식과 문학사적 뒤틀림
김영삼_ 제국과 친일문학의 생명정치 논리
심영의_ 일제강점기 식민지 현실에 눈감은 순수문학 비판
■ 신작시
강성남 김명철 김미승 김완 김정원 박설희 박정애 백무산 송경동 유순예 이순 임동확 임영석 정소슬 최종천 하종오
■ 단편소설
김옥숙_ 월남 도화지 / 노은희_ 기도자리
■ 아동문학
동시_ 김유환 / 동화_ 이주영_ 옥수의 6.25
■ 비평문
안승우_ 옛 문인들의 민족문학 의식 – 풍류로 살펴보는 한국적 문학의 동력
■ 국내외 민족문학 동향
고광식_ 일제강점기와 분단시대 시인을 중심으로
안경라_ 외세에 흔들리는 민족과 반인권 정치를 고발하는 호세이니_
정미셸_ 미주지역 한인문학의 활동 현황
■ 민족문학연구회 활동보고 _권위상

□ 입금계좌 : KB국민은행 421701-04-215071 권위상(민족문학연구회)
□ 구 독 료 : 2년(4권) 구독 10만원
□ 문 의 처 : (04310)서울시 용산구 청파로47 다길27, 3층 민족문제연구소
　　　　　　 (민족문학연구회, 민족문학사상)
□ 전　　화 : 010-4644-0227, 010-8357-3423
□ 이 메 일 : minmunsa2022@naver.com

(사)민족문제연구소 민족문학연구회

회원 시

파도의 교실

강 기 원

썰물이 쓸어 갈 수 없던 것들이 해변에 남아 있다

엽낭게의 작은 발, 죽은 별, 부서진 화석, 어지러운 발자국……

혼魂으로 가득한 하늘
백魄으로 빽빽한 모래

저승의 여권을 가지고 파도를 배우러 해변으로 왔다
어제의 이야기를 삼켜 버리는* 파도

알비노의 눈동자 같은 금모래해변의 노을
물 없이 삼킨 캡슐이 가슴께에서 터지며
담즙 같은 쓴맛을 밀어 올린다
식도로 밀어 넣은 덩어리가 산산이 역류하듯

파도를 배우는 일은 나를 모르게 되는 일
몰라는 몰아沒我라고 누군가 말했지

물결과 바람은 따라다니며 발자국을 지워 주고

나는 계속 찍어 대고

가르치는 파도도 배우는 나도
해 저물도록 진도는 더디기만 해

풍장도 수장도 좋으나 아직은
집게발 없는 게처럼 누워 밤을 건너야 한다

*델리아 오언스 〈가재가 노래하는 곳〉 중

강기원 1997년 《작가세계》로 등단. 시집 『바다로 가득 찬 책』, 동시집 『지느러미 달린 책』 등 있음. '김수영 문학상' 수상.

미술 시간

강 성 애

그리고 싶은 것이 유일해질 때,
너는 공룡의 마음까지 만지작거린다
다리가 짧아져 네 곁을
떠나기 힘든 공룡,
초록색 등을 구부리고 이빨은
어디에 두는 게 좋을지 생각한다

선생님은 공룡에 대해 애도할 줄 모르고
사람들은 창밖의 가을을 색칠한다
오늘은 가을을 맘껏 그리라는 선생님
가을은 착하게 가만히 있는다
네가 생각한 공룡의 이빨은 벌린 입보다
짧은 다리 근처에 가시처럼 박힌다
공룡은 가을처럼 가만히 있지 않는다
다리에 불끈 힘을 올린다
무서워지고 있다

사람들 손에서 가을이 점점 완전해진다
은행잎의 정맥이 단풍잎 근처까지

길게 뻗어간다

너는 초록과 빨강의 경계를 넘나든다
공룡이 초록으로 얌전히 그려지면
빨강은 공룡의 입가로 과하게 몰려든다
그런 너를
선생님은 너의 공룡과 함께 멸시하고
힘이 불끈 난 너의 공룡이
선생님의 목덜미를 물끄러미 쳐다본다

미술 시간은 끝나가고
사람들의 가을이 밖으로 나간다

너는 짓밟히지 않은 시간 쪽으로
공룡을 풀어놓는다

강성애 2017년 《시로 여는 세상》 등단.

우리나라 사람들 얼굴이 보고 싶을 때

공 광 규

나는 광화문에 간다
꽃창포가 반기고
백리향과 물싸리가 반기는 곳

산수국은 가을을 기다렸다 시들고
구절초는 가을에야
오히려 환하다

우리 조상이 천산에서 올 때 들고 왔을 것만 같은
천산산맥 서쪽 침간산 기슭에서 만났던
파란 쑥부쟁이와 톱풀

우리나라 사람들 얼굴이 보고 싶을 때는
우리나라 꽃을 보러
광화문에 간다

조팝나무와 좁쌀풀
백당나무와
붉은 꽃봉오리를 매달고 있는 병꽃나무

가을이 와도 푸른 아기 손을 닮은 청단풍과
부산꼬리풀
쥐똥나무와 산딸나무

나뭇가지 꺾어
우리나라의 먼 미래까지 날아가도록
화살을 날리고 싶은 화살나무

우리나라 꽃
우리나라 나무
우리나라 얼굴들이 보고 싶을 때는

단풍취와 원추리도 있고
불두화와 용담도 자라는 광화문
조선어학회 한말글 수호기념탑 앞에

가장 환한 꽃가지 꺾어 바치고
혹독한 추위와 배고픔
그리고 모진 고문이라는 문장을 읽고 온다

공광규 1986년 《동서문학》 등단. 시집 『담장을 허물다』, 『서사시 금강산』, 『서사시 동해』 등 있음.

뿌리의 형식

권 성 은

뿌리는 어둠 속에서 비로소 형식을 얻었다
뿌리가 차고 어둔 물길에 느리게 다가가는 동안
하늘에서 뿌리까지 뻗어 내려온 햇살들은
수 천 수 만의 시린 어둠이 감내한 뿌리의 형식이다

뿌리내리지 못해서
지칠 수도 없었던 그늘은
남아 있던 몇 가닥의 바람을 모아
뿌리 둘레를 맴돌며
떠나지 못하고 있다

흙은 한 칸 한 칸 어긋남이 없이
층층이 고요하게 있을 필요는 없다고
하늘에서 내려온 햇살들은
눈이 먼 검은 새가 되어 중얼거렸다

새벽 안개는 그 사이 뿌리의 음성을 들었는지
새 울음소리 설 비친 어둠 밖으로 나가
푸른 물소리를 불러 모은다

어둠 속 뿌리는
한때의 이별도
서로가 그리워한 것마저도
감싸 안는 층층의 내면

저 하늘 구름 골짜기, 저 바다 파도마저
거역할 수 없는, 촘촘한 뿌리의 형식이다

권성은 2017년 무등일보 신춘문예 등단. 고양작가회의 사무국장. 독립운동가 막난 권오설 선생 기념사업회 추진 위원.

달의 궁전

김 두 례

오르기만 해도 숨찬 언덕
가까이에 있나 했더니
내려다보는 언덕 위 사람들은
상자를 겹쳐 쌓아
단숨에 하늘에 닿는 타워팰리스를 올려버린다

나도 그 높이를 따라잡느라
밤을 뒤적이며
보이지 않는 궁전을 위해 탑을 쌓고
햇살을 모아 기둥을 세우고
천정을 높여 별을 따 담는다

그 작은 탑을 지키느라 주위를 맴돌고
상자 속에 더 작은 상자를 채우느라
더 작은 상자들을 쌓는다

서로 어깨를 딛고 올라가느라
하늘로 하늘로 뻗는 상자들
텅 빈 위태로운 속

누구도 헤아리지 않는다

단단한 테두리가 되어줄 것 같은
겹겹이 푸른 벽이 부풀어 갇혀버린 날
가진 탑이 무너지는 줄도 모르는
달의 궁전을 보며

늘 보금자리를 바꾸는 새들은 무엇을 생각할까
제 깃털을 뽑아 지은 지상의 방 한 칸
봄이 오자마자
비워주고 다시 낯선 지역으로 떠나는

하늘이 무섭지 않게 쌓아 올린 바벨탑
누가 손가락 하나 건드리지 않아도
제 무게에 눌러 와르르 무너지는 걸 보며…

김두례 2019년 《시와문화》 등단. 시집 『바그다드 카페』 있음.

꽃잎의 후예

김 명 철

한바탕 돌풍과 빗발이 몰아친 후

바람 한 점 없이 맑고 고운 저녁이었다
황사도 미세먼지도 매우 좋음 수준의 저녁이었다

오래전 내 안에 피어있던 보라색 꽃이 뜬금없이 떨어진 후
꽃씨를 직접 심어 피어나는 꽃을 보고 싶었다
피어있는 꽃이 아니라 피어나는 꽃

사람들이 웅성거리고 있는 틈을 비집고 들어가 본다
세워 놓은 우편배달 오토바이가 쓰러져 있다 경사진 길
뒷걸음질 친 트럭이 밀봉된 사실들을 흩어놓았다

수십 장의 누런 고지서들과 수십 편의 시퍼런 시들이 뒤엉켜 아우성을 치고 언젠간 묶일 손발들이 오그라들고 있었다 겨울왕국에 사는 가난한 마녀의 허리가 이제는 굽을 대로 굽었겠다 저 높은 분을 따를 준비를 하세요 오지도 않았는데 떠난다고요? 당신의 꽃도 神도?

피어나는 꽃이 피어있는 꽃을 지나 피어있던 꽃으로 건너가는 것이겠지만

사나운 돌풍이나 황사나
시나 신 같은 것들을 뚫고 혹은 무너뜨리고
뾰쪽하게
피어나는 꽃을 보고 싶은
아무 생각이 없는 실물의 꽃을 보고 싶은
참 고운 저녁이었다

김명철 2006년 《실천문학》으로 등단. 시집 『짧게, 카운터펀치』, 『바람의 기원』, 시 이론서 『현대시의 감상과 창작』 등 있음. 현재 화성작가회의 회장.

먼 곳들이 돌아오는 시간

김 문

눈보다 먼저 달아나는 풍경들, 먼 곳들이 사라지는 때
볼록렌즈의 풍경들이 멀어져가는 시간을 부른다
언젠가 한 번 쯤 마주친 눈빛, 눈감아 외면했던 얼굴들이
바짝 다가와 있다

볼록렌즈는 태아의 방, 검은 물고기가 지느러미를 흔들며 지나간다
검은 사내가, 검은 꽃이, 그리고 검은 기록들이 상층부에서 나를 안내한다

렌즈는 풍성했고 안구는 건조했다
난감한 표정으로 어두운 귀를 밟고 서있는 눈
오랫동안 갇혀있던 난시의 문장들이 가늘고 긴 다리를 건너온다
눈眼길에도 수많은 골목이 있어
곡선을 달리는 바람은 제어를 놓치곤 한다
먼 곳의 것들이 먼저 들어오고 가까운 것들 창 밖에 몰려있는
읽혀지지 않는 원근의 페이지들
콧등에 전망 좋은 두 개의 창
몸을 나간 바람이 종일 돌아오지 않는다

지구본을 닮은 여자가 유리창을 읽고 유리창을 넘긴다
세계는 지금, 그녀의 귀에서 눈까지의 거리로 압축되는 중

김 문 2016년 《시와표현》 등단.

우리 야옹이*

김 영 욱

지난 추운 겨울 마을회관 앞 양지 쪽
담벼락 밑에 웅크리고 앉아있던
떠돌이 길냥이 새끼
너무 배고파 야옹, 야옹 우는 것 같아
야옹아, 야옹아 부르니
집으로 졸졸 따라서 온 야옹이에게
점심 먹으려고 남겨 둔 반찬 붕어찜 한 토막을 주었더니
냠냠 허겁지겁 맛있게 먹고는
몇 번이고 맴돌며 야옹거리며
대문 나서 저만치 갔다가
가기가 아쉬운 듯 되돌아와서

작별 인사라도 하듯 무릎에 뛰어올라
가슴에 안겼다가 얼굴 비비고 떠나간 야옹이

어느 날 저만치 봄이 오는 날
마을회관 앞에서 다시 만난 야옹이
어쩜 붕어찜 한 토막 먹던 일이 생각나는지
반갑다는 듯이 부르지 않아도 뒤따라온 야옹이

식객食客으로 눌러앉아 가지 않고 한 식구가 되더니
새끼 야옹이 네 마리를 낳아놓고
새끼를 다리로 껴안아 품 안에 품고
시간 맞춰 젖 물리고
혀로 얼굴 쓰담고 닦아 주고 털 고르고
배변 깨끗이 핥아내는 모성母性을 보며
나도 저렇게

왈칵
이 세상에 없는 어머니 생각이 났다.

*우리 야옹이 : 우리 야옹이는 마을을 떠돌던 길고양이로 우리 집에 와서 한 식구처럼 살면서 집 주변의 쥐도 잡고 뱀도 잡았죠. 그러는 동안 두 번 출산出産을 했지요. 그런데 두 번째 출산한 여섯 마리의 새끼 야옹이들이 서로 엉켜 뛰놀고 재롱을 부릴 시기에 이상한 일이 벌어졌거든요. 주일날 교회敎會에 가서 낮 예배를 보고 오니 새끼고양이 여섯 마리가 몽땅 없어졌지요. 어미 야옹이는 너무 슬프게 '애호애호哀呼哀呼' 울고 있었죠. 그런데 야옹이 집 주변을 살펴보니 생생한 돼지 삼겹살 조각이 있더라고요.

그러니 누군가 와서 삼겹살로 새끼 고양이를 꾀어서 납치拉致해 간 거지요. 그런데 다음날 납치된 새끼 한 마리가 천신만고千辛萬苦 끝에 돌아왔지요. 그 뒤 에미 야옹이는 새끼를 잊어버린 때문인지 며칠 밥도 안 먹고 있다가 돼지뼈따구, 닭뼈따구, 휴지, 담배 빈갑 등을 물고와서 자기 집에 쌓아놓는 등 이상한 짓을 하다가 사라졌지요. 지금은 납치되었다가 돌아온 새끼 야옹이가 어른 야옹이가 됐지요.

김영욱 1987년 시전문지 《민중시》로 등단. 시집 『거지여행』, 『칼날 위에서 춤 추는 대통령들』, 『다시 대죽리 모동헌에서』 등 있음.

낡은 콘센트

김 영 주

하나 남은 돌밭 문서를 꿩 채가듯 채간 사내가

간밤 스산한 밤 무슨 맘으로 기어들어와 지청구에 소박만 놓던 아짐과 살을 섞었을까 상기된 낯빛으로 술국을 끓이는 아짐의 콧노래 놀놀한데 베개 속에 꽁꽁 동여 날긋날긋한 지전 뭉치를 동상에 이몽한 사내 아짐 몰래 빼내 들고 걸음아 날 살려라고 똥줄 빠지게 줄행랑인데 안 돼유 안 돼 순금이 아부지이 그거마저 돌라가요 오매오매 정지 문턱에 치마폭은 왜 걸려갖고 낯 갈리고 무릎 깨지고 머리는 산발이고 새벽 안개 속으로 희뿌연히 사라지는 천하 난봉 홀태바지에 그렁그렁 매달린 채 갈갈이 찢어지는 아짐의 곡소리! 저 곡소리! 눈물 없이는 볼 수 없는 그날의 신파처럼 죽을둥 살둥 다리미 플러그를 그악스럽게 움켜쥐고는 죽어도 못 놓는다네 죽어도 못 놓는다네

오살헐! 쇠심줄 같은 징헌 놈의 콘센트

김영주 2009년 《유심》 시조 등단. 2016년 《푸른동시놀이터》 동시 추천 완료. 중앙시조대상 신인상 수상. 시조집 『미안하다, 달』, 『오리야 날아라』, 『뉘엿뉘엿』 등 있음.

산자들의 방백傍白

김 윤 배

이미 꽃들은 졌다
남긴 말들이 방백이었다

   피명의 말로 흩어진 모란꽃잎은 무심한 하늘을 노려보고 있다 진보라 빛 영혼을 위해 바람을 껴안고 빗소리를 키우던 모란의 말들은 누가 듣고 기록했는지 방울뱀이 모란꽃 그늘에서 오래 기다리다 떠났다 모란의 말들을 귓속에 넣고 차령을 향했을 것이다 불의를 만나지 않는다면 모란의 말들을 층층의 묘비명이나 어둠의 숲에 전할 수 있겠지만 숲은 숲의 말들로 충만 일지 모른다

모란의 말들을 사월의 꽃들이 지켜보고 있다
모란에게 주는 모란의 말이 죽음이라면 모든 방백이 어찌 삶일까
방울뱀이 모란 가지에 허물을 남기고 떠난 걸 늦게 알았다
허물이 방울뱀의 방백이었다

물의 골짜기에서 시작되는 곡성이 있다

산자들의 방백이다

김윤배　1986《세계의 문학》으로 등단. 시집 『강 깊은 당신 편지』, 『떠돌이의 노래』, 『굴욕은 아름답다』, 장시집 『사당 바우덕이』 등 있음.

주맹증晝盲症

김 윤 환

밤마다 불을 켜고

열락悅樂을 채우다가

하현달 엷은 미소

썰물로 사라지면

해가 코앞에 당도해도

살은 듯 죽은 듯

물 밖에 퍼덕이는

물도 모르고 땅도 모르는

눈먼 물고기

김윤환 1989년 《실천문학》 등단. 시집 『그릇에 대한 기억』, 『이름의 풍장』, 『내가 누군가를 지우는 동안』 등 있음.

Family

김 춘 리

배낭을 메고 이만삼천 년 전
호모사피엔스가 살았다는 빙하기를 찾았다

시간은 차갑고 빛나는 자궁 속에서 나오는 것일까

우리는 기차 안에서 조개껍질을 뒤집어쓴 신들이 천둥 사이로 바위를 집어 던졌다는 산스크리트어를 더듬거렸다
입속에서는 가물거리는 과거와 미끌거리는 현재가 얼음처럼 버석거렸다

우리는 천막과 냄비가 갖춰진 피난처에 대해서도 속삭였다
그것은 젖는 것, 번지는 것,
스며드는 것, 그리고
두 손을 담그는 것

수수께끼였지, 섬에 도착하면 땅이 울리지 않게 말발굽을 두꺼운 천으로 싸 매고 말에서 내려 걸어와야 한다는

우리는 신성한 암말에 대해서도 궁금해졌다

누군가 배낭 속에서 꺼낸 말가죽을 팽팽히 당겨 북을 치기 시작했다

털 한 줌을 불 속으로 던지는 의식

바닥에는 암말의 가죽이 깔려 있었다

그것은 젖는 것, 번지는 것
그리고
두려워지는 것

김춘리 2011년 국제신문 신춘문예 등단. 시집 『모자 속의 말』, 『바람의 곁에 본적을 둔다』 등 있음.

빗장 2

김 은 후

낙타가 바늘귀로 들어갈 때 열쇠를 본 적 있어?
열쇠 없이도 들어갈 수 있는 곳일 걸
아니야, 그렇게 좁은 문은 꼭 잠근 손가락이 있다고 했어

숟가락 꽂혀 있던 빈방을 본 적 있어?
빈방이라면 빗장을 걸지 않아도 되잖아
그래도 꼭 밥 한 그릇만큼 재물이 있다고 그랬어

최초의 자물쇠는 돌아선 마음이었을거야 숟가락은 잠그는 것 같지만 오히려 기다리라는 신호 같았어

낙타는 여벌의 열쇠를 가지고 있을까 거리두기란 불길한 잠금이 생겼어 바늘귀를 잠근 아주 작고 험한 가시야 변덕이 심해서 열쇠를 베끼지 못한다는데 바늘귀를 여는 숟가락이 생겼어

'음성입니다'
'접종 완료 14일이 지났습니다'
험지의 손가락들이 빗장을 풀 비밀번호들

김은후 2011년 《시인동네》(시인시각) 등단. 시집 『분간 없는 것들』, 『2퍼센트 동화』 등 있음.

李씨의 오늘

김 희 우

인천시립병원 영안실 뒤편 송인공구상가
3층 슬라브 지붕 너머로 오십 평생을
기름때 절은 작업복에만 담고 살았던 당신, 다만
'도장반 이씨'라고만 불리던 당신이
오늘 마지막으로 바라보았던 해가 저물고 있다.

당신의 마지막 오늘이
남은 가족들의 애통한 기도 속으로
가라앉고 있을 때 나는 문득
'오늘'이라는 기호로 규정된 꼭 하루 분량의 시간과
내일이 어제와 별반 다르지 않을 일상 속에서
우리들의 하루살이 같은 희망도 저무는
오늘과 더불어 매일 임종하는 것임을 알아차린다.

기어이, 하루해는 도장반 李씨가 칠해놓은 듯한 붉고

커다란 노을 속으로 쭈뼛거리며 걸어 들어가고

내일은 다시 죽을 필요 없는 李씨의 오늘은

영영 돌아오지 않는데, 모처럼 환하게 웃고 있는

李씨의 흑백사진 앞에서 왠지 불안해진 우리는

안간힘을 다해 웃고 떠들면서

서늘한 소주잔을 기울이고

그래도 불안한 몇몇은 구석에 둘러앉아

비, 바람, 풀잎 패를 돌리며

남은 생의 운때를 맞춰보기도 한다

싸라기를 쥔 누군가는 얼굴이 금세 굳어지고

보름달이나 똥을 쥔 누군가는 몰래 가슴을 쓸어내리며.

김희우 1995년 경인일보 신춘문예, 《월간문학》으로 등단. 시집 『달팽이 같은 남자가 있는 정물』, 『꽃잎처럼』 등 있음.

1970년을 황칠하다

김 태 수

누런 봉투에 담긴 월급 12,900원
지서支署 골목 끝 주막집 외상값 갚으러 간다
인심 후한 주모酒母의
후렴주後斂酒 한 사발과 촌두부 한 점에
어김없이 시동始動 걸리고
젊은 몇은 얼굴 하얀 도회 색시와 골방에서
어디로 가는 배인지 황포돛대와
최희준의 인생은 나그네 길 하숙생과
해당화 피고 지는 섬마을 선생님
인제 제목마저 아련한 유행가를 불렀다
젓가락 장단이 주탁酒卓 모서리를 후벼 파면
등허리에 베개를 쑤셔 넣은 신 선생은
신명나게 곱사춤을 추었다
통행금지 사이렌이 재촉하는 한 마장 논둑길은
지천地天을 들쑤시는 개구리 소리
삐거덕 요란스럽던 하숙집 양철대문

하숙비 2,500원, 월부 옷장수 1,000원
거금 5,000원 농협 적금 붓고
먼지 풀풀 날리는 빈주머니의 토요일 오후

비포장 길 달려 간 고향 집
읍내 언저리를 서성이다 어둘녘
가난한 내 집 문지방을 넘으면 이내 아침
기운 양말과 속옷과 가랑이가 한 치나 짧은
오래된 아버지 양복 한 벌 쑤셔 넣은
야윈 가방 들고 집을 나서면
오래 따라와 눈물 글썽이던 엄마
억장億丈 무너져 돌아온 산골학교
육 학년 담임 중학교 입시반 열 시간 수업에
내 아이들도 지치고
아침이면 어김없이 세숫대야에
점, 점, 점 동그라미를 그리던 코피의 기억
아직 선명하다

오늘 1970년을 황칠黃漆하다
얼굴 하얀 도회 색시와 곱사 춤추던 주막 골방
함께 부르던 섬마을 선생님도 황포돛대도
비포장도로 먼지보다 더 막막했던
입대영장, 눈물 콧물 쏟아붓던 출정식
베엩남 전을 거쳐 다시 학교로 돌아왔던
한 사내의 서글픈 생애를 황칠하다

*황칠하다 : '사람이 가구 따위에 누런 빛깔의 칠을 하다'라는 것이 원뜻이나 이 시에서는 '밑이 보이지 않게 마구 칠을 하여 감추다'라는 뜻으로 씀

김태수 1978년 시집 『북소리』로 등단. 시집 『농아일기』, 『베트남 내가 두고 온 나라』, 『겨울 목포행』 등 있음. 한국작가회의 자문위원, 울산작가회의 회장 역임.

복사꽃

김 태 영

춤에 빠진 바람이고 손톱이고
금성약국에서 온 포비돈
요오드액이고 참으로
천사들은 하얗겠다

씨부랑탱이 영감탱이
까탈스런 설전이고 번개이고
지뢰밭 손금이고 성성한 백발이고
맨발로 구르는 말이지

자주 루비 사파이어
괴성이 배인 무늬이고
가뭄이고 쪽박이고
속절없는 언약이고

돌아선 각설이고 차마
소금땅 물웅덩이에 가라앉는다

김태영 2007년《예술세계》등단. 시집 『버드나무 버드나무 흰 그림자』 있음. 그림 전시회 2회를 열었다.

사랑 이후의 halo

나 금 숙

헤어짐도 사랑의 연속이라는 것을 알게 되면서

머리 위에 천사의 헤일로 같은 호수가 생겼다

호기심 많은 정경이 호수를 자주 다녀갔다

그러니 외롭거나 부족하다고 말하는 것은 맞지 않아

그건 나를 향한 호수에 대한 모독

열정적이진 않아도 호수에 비친 구름은 늘 나를 따랐다

그 빛은 어딜 가나 내 거소를 가득 채워서 눈을 감아야 할 때도 있었지

차디찬 놋제단에 나를 눕힌다

머리 위의 호수도 같이 눕는다

불이 흘러와 줄 것인지 시간은 모른다

더 이상 만나지 못해도 영원히 만나고 있는 호수의 시간

파도가 일었다가 잠잠해지곤 하는 거울 안쪽의 시간

바람의 살갗이 나를 쓰다듬는다

나금숙 2000년《현대시학》등단. 시집 『레일라 바래다주기』 외 1권 있음.

거대한 주인

맹 문 재

1

문구점에 파일을 사러 갔다가
무료라고 쓰인 삼각자를 발견했다
당장 쓸 곳은 없었지만 공짜라는 생각에 집어 들었다
썩지 않는 것이니 갖다 놓으면
요긴하게 쓰일 것이라고 생각했다

2

문구점을 나오는데
주인이 나를 불러 세웠다
삼각자는 왜 계산하지 않고 가져가느냐고 했다
무료라고 쓰여 있다고 말하자
다가와 살펴본 주인은
이전의 주인이 써붙였는가 보지만
가져갈 수 없다고 말했다

3

매달 100원이던 수도세를
새로운 검침원이 2,600원을 내라고 하자
김수영 시인이 언성을 높였다

종래의 검침원이 계량기를 검침하지 않고
100원으로 매겨놓은 것으로 밝혀져
극단적인 싸움은 싱겁게 끝났다

그렇지만 기계를 믿을 수 없다는 김 시인의 말에
기계가 사람보다 정확하다며 싱글싱글 웃는 검침원의 요구는
해결되지 않았다

4

전임자의 과실이라고 해도 나는
도둑에서 벗어날 수 없다

주인이 못 되기 때문이다

그렇다면 문방구의 주인은 주인인가?
계량기의 검침원은 주인인가?
내가 감히 감당할 수 없는 주인인가?

맹문재 1991년 《문학정신》 등단. 시집 『사북 골목에서』, 『기룬 어린 양들』, 『책이 무거운 이유』 등 있음. 전태일문학상, 윤상원문학상 수상. 안양대 국문과 교수.

풀이 경계를 넘어오니

문 창 갑

작아지고 작아져서 나 풀만큼 작아지니
시도 때도 없이 내 눈앞에 커다란 스크린이 걸리고 자꾸 보인다
스물 대여섯 무렵 어느 볕 좋은 날 내가 이 땅의 초짜 농투성이 되어
아니, 농투성이를 빙자한 비정한 개망나니 되어 건들대며 들에 나가
도륙했던 풀들이

들녘의 원주민들, 얼마나 몸 떨며 절망했으랴
풀은 풀이니까 베어져야 한다는 인간 세상의 황당한 논법 앞에서
내가 몰고 온 마지막 때의 생지옥 속에서

살아보겠다고
제 몸속 발동기를 쉬지 않고 돌리던 풀들
그 순정한 풀들의 숨소리를 쉬이 깔아뭉개던 지난날의 내가
쭈뼛 떠올라 오늘 도봉산 산행길에서 만난 애잔한 풀 하나를
경계 저쪽 꽃무리 있는 자리로 옮겨 주었다
그때의 풀들에게 사죄의 절을 올리는 마음으로 아주 정성껏

와-
풀이 경계를 넘어오니 풀은 없고 이제는 꽃,

은방울꽃!

지난날 내 무지한 낫질에 베어진 풀들도 경계 저쪽으로 옮겨 주고
이모저모 살폈더라면 풀 아니고
하늘나리꽃 고깔제비꽃 쑥부쟁이꽃 그런 꽃이었을 텐데
이 나라의 들녘을 꽃향기로, 꽃의 마음으로 채워 보자고
두근두근 고개 내민

문창갑 1989년 《문학정신》 등단. 시집 『빈집 하나 등에 지고』, 『코뿔소』 등 있음. 《작가연대》 편집인.

이준 조선평화 열사

문 창 길

부산항을 떠나는 나의 춘사월 바람은 참으로 서늘하구나
무도한 왜구의 그림자들이 선착장을 맴돌 때
이 몸은 처연한 조선 민중을 뒤로 하고 철선에 올라
러시아 블라디보스톡을 향하네
긴 항해를 마친 그곳에서 동포들의 눈길을 더듬다
다시 돌아올 기약없이 올라 탄 유라시아 횡단열차
조선독립의 가없는 희망을 무거운 어깨에 걸치자
이상설 동지의 신발끈이 불안스레 풀어져 철길 위에 끌려오네
그 때일 것이네
이위종 동지의 옷섶이 바짝 깃을 세우고 있는 것을

조선 동포여 을사년 늑약의 부당함을 천하에 알리고자
비장한 마음 끌어안고 만국평화회의장으로 가나니
고종의 특사 임무보다 더 무거운 제국의 그림자들이
내 운명의 회중시계가 달그락거릴 때마다
어둡게 또는 음침한 발걸음으로 다가오는구료
역시 제국의 동맹들은 헤이그 만국평화회의장 앞
철문을 굳게 닫아걸고 식민의 설움을
흰옷 입은 조선민중들의 순결같은 열망을

무참히 무너뜨리는 야만을 보이는구료

아 세계만방의 인류여! 자연인이여!
걷어부친 소매자락 휘날리며 독립을 외치는
내 조국 조선민의 숨결을 담아
가슴 깊이 끌어안고 가져온 고종의 밀서
그 앞에 선연히 빛나는 옥쇄가
처절한 조선식민의 설움과 슬픔에 사무치는구나
아니 독립투쟁의 신념과 해방투쟁의 열망은
더욱 끓어 넘쳐 만백성의 가슴에 차오르는구나
대한독립을 고하노라 조선 해방을 선언하노라
을사늑약 무효를 고하노라 그것이 마땅하노라
보아라 을사늑약서 어디에 조선 옥쇄 찍혔는가

그것을 만방에 다시 고하고자 하노라
그래서 나는 나를 바치노라
내 분노와 울분으로 애끓는 간장을
헤이그 평화의 광장에 던지노라
나의 마지막 함성은 세계 만백성
가슴가슴 푸른 징소리보다 더 큰 울림으로 다가서리라
나는 나의 핏물로 쓴 상소문을
내 사랑하는 조선동포들에게 올리나니
저 왜적의 하나까지 물리쳐
독립조선 해방조선을 맞이하시라!

문창길 1984년 《두레시동인》으로 작품활동 시작. 시집 『철길이 희망하는 것은』, 『북국독립서신』 등 있음. 현 계간 《창작21》 편집주간. 한국작가회의 회원. 창작21작가회 대표.

그리하여 아주 사소하게 나는

박 남 원

내 인생은 그랬다.
대개는 남 위해 차려진 밥상머리에나 두리번거리다가
파장이 되면 군중처럼 지나간 유흥의 뒤끝으로 걸어 나와
쓸쓸히 혼자 저문 골목길 걸어 돌아오곤 했다.
욕망이 가리킨 자리,
숲은 언제나 무성했으나
대개는 볕 드는 쪽으로 세상 나무들은 향하고 있었고
바람조차 흐르기 좋은 제 쪽으로 흐르기 마련이었다.

인간의 높낮이보다
옳고 그름이 내게는 항상 그리웠으나
그럴 때마다 저무는 저녁노을을 쓸쓸히 바라보거나
가끔은 조금 남아있는 희망의 시선으로 누군가를 애써 바라보곤 했다.
대개는 그냥 그렇게 살아온 것뿐이다.
살아오는 동안 누군가의 애틋한 호명 한 번 받은 적 없고
만인 중의 사소한 어느 하나가 되어
삶의 고갯마루 힘겹게 넘어왔을 뿐이다.

언제였던가, 한정 없이 비상하던 꿈을 꾸었던 때가.

사소한 흔들림만 남겨두고 아주 오래전에 날아가 버린 새.
그리고 그 사소함으로 내내 견디어왔던 길.
목 놓아 외쳐본 적도, 누군가를 밤새 그리워해 본 적도 그다지 없던
평이했으면서도 힘겨웠던 길.
만인 중의 어느 한 사람이 그러했듯
쓸쓸히 걸었던 바람 부는 들길.

박남원 1989년 《노동해방문학》 등단. 시집 『막차를 기다리며』, 『그래도 못다한 내 사랑의 말은』, 『캄캄한 지상』, 『사랑했지만 어쩔 수 없었던 어느 날』 등 있음.

자작나무 옹이

박 몽 구

한겨울 모스크바 외곽 공항에 내려
꼬박 두어 시간을 달려
예약해둔 시내 숙소로 가는 동안
끝없이 늘어선 자작나무를 보며 놀란 적이 있다
거센 눈보라에도 허리 굽히지 않고
어떻게 저렇게 한결같이 하늘을 바라고 섰을까
자작나무의 마르고 꼿꼿한 몸을 향해
창밖으로 몸을 훌쩍 던지고 싶었다

자작나무라면 늘 그렇게
매끈하고 단단한 줄 알았더니
그게 아니었다
가까이 다가가 덥석 안으려 드니
온몸에 옹이가 박혀 있었다
하늘을 향해 번쩍 몸을 들어 올려
동토의 땅에서 숨을 쉬기 위해
자작나무들이 한 뼘 하늘을 향해
고개를 들고 일어설 때마다
덧자란 가지들을 제 손으로 쳐낸 자리

쓰린 흉터로 가득했다
가난한 집 형제들
밤을 낮으로 일하면서
땀내 배인 돈 한푼 두푼 모아
싹수 있는 어린 동생 학자금을 마련하듯
여린 곁가지로 통하는 물관을 차단해
스스로 여윈 것들을 버린 다음
곧고 굵은 줄기 하나만 골라
새푸른 하늘로 밀어 올린단다

겨울 하늘 밀며 올라가는
자작나무를 볼 때마다
온몸에 난 상처 마다하지 않으며
질통을 메고 있는 형,
바늘로 청춘을 짓이기며 미싱을 밟았던 큰누나
라면 발보다 더 가지런하게 가발을 엮었던
작은 누나를 떠올린다
보이지 않는 누군가
동상 든 발로 눈보라 굳게 디딘 채
온 힘을 다해 어린 동생을 따뜻한 곳으로
밀고 있다는 생각에
허전한 옆구리를 자꾸 만져 본다

박몽구 1977년 《월간 대화》지로 등단. 『칼국수 이어폰』, 『5월, 눌린 기억을 펴다』, 『라이더가 그은 직선』 외 다수. 계간 《시와문화》 주간. 한국작가회의 시분과위원장.

곰배령

박 설 희

곰배령 부동산엔 드나드는 고객들이 철따라 바뀐다
단기임대가 대부분이지만 장기임대도 있다
중개수수료는 따로 없다

봄에는 복수초, 노루귀, 모데미풀, 얼레지, 홀아비바람꽃
여름에는 동자꽃, 노루오줌, 물봉선, 진범, 산꼬리풀
가을에는 까실쑥부쟁이, 투구꽃

햇빛과 바람과 비는 관리비 없이 골고루 나눠 쓰고
세입자가 또 세를 놓는 경우도 많아서

벌이나 나비, 개미나 여치 등이 그들이다
고라니와 토끼들이 입맛 찾아 이리 뛰고 저리 뛰는 동안

농사를 짓는 것은 멧돼지 농부
하룻밤에 언덕 하나 밭갈이는 거뜬하다
경계를 짓는 철조망이 없어
너구리 오소리 삵 등이 눈치껏 자유롭게 드나든다

공유경제를 배우겠다고 사람들이 올라오기도 하는데
종종 안개나 비구름에 밀려
고작 사진 몇 장 찍고 서둘러 물러간다

일가를 아무리 많이 거느려도
스스로 비워줘야 할 때를 안다
다만, 가장 아름답게 피었다 지는 것이 임대 조건

오늘 곰배령 부동산에 금강초롱꽃이 문을 열고 들어선다
신부화장 끝낸 화사한 모습으로

박설희 2003년 《실천문학》 등단. 시집 『쪽문으로 드나드는 구름』, 『꽃은 바퀴다』, 『가슴을 재다』와 산문집 『틈이 있어 숨결이 나부낀다』 등 있음.

고사목 12

박 소 원

걸을 수 없는 가족력을 가졌습니다
한 자리에서 늙어 죽을 때까지
걷지 못하는 운명에 대해…,내던졌던
거친 질문들이 다시 나에게 로 돌아왔을 때
잎이 마르는 병증이 시작 되었습니다

그것은 나를 이리저리 갈라지게 하고
구멍이 숭숭 난 지대를 만들고 내려오고
움푹 패고 불룩 튀어나온 구역이 가파로와
사방에 경계를 짓습니다
나무의 질문은 나뭇가지의 방향을 바꾸고 있습니다

가지들은 제 몸을 비트는 가학적인 자세를 유지하고
먼 곳으로 나아갔다가 돌아온 질문에 응답하듯
뿌리는, 말라서 단단해지며

흙을 놓아줍니다, 나는 나를 잊었습니다
당신은 내가 가져갈 수 없는 고통입니다

박소원 2004년 《문학 선》 신인상으로 등단. 시집 『즐거운 장례』 등 있음.

자작나무는 늘 혼자 있는 기분이다

박 홍 점

입주하는 날 여자는 눈물을 글썽였다
파란 화분 속에서 제라늄은 붉은 물결로 출렁였다
거처 이상이야
내게는 하늘이고 땅이고 뿌리야

이 집은,
〈집이라는 말에 그녀는 힘을 주었다〉
부르튼 발로
저녁의 이슬을 빚어 지은 처음의 집이야

재혼을 하고
살던 집을 세 내어주고 지방으로 이사를 가서는
택시 기사한테 슈퍼 주인에게 미용실 원장한테
태풍이 불어도 끄떡없는
서울에 아파트 있는 여자로 자신을 소개했다

밥을 사고 커피를 사고 과일을 고를 때 아파트는 불쑥불쑥 출몰한다
목소리는 언제나 쇳덩어리처럼 쩌렁하고
한층 견고해지는 집

그러나 쇳덩이에도 녹이 스는 법
볼트와 너트가 어긋나고 파경이 왔다

집은 자주 혼자여서
자꾸만 눅눅해서 병이 들었고
집은 넘어갔다

그녀는 자주 말한다
더욱 혼자가 된 기분이야
쩌렁하던 목소리는 흔적도 없다
그녀는 오래전부터 혼자였는

박흥점 2001년 《문학사상》 등단. 시집 『차가운 식사』, 『피스타치오의 표정』 등 있음.

모과의 민주주의

배 경 희

진액이 흘러내린
벌레 먹은 모과들

화지에 울퉁불퉁 모과는 불평등했다
독과점 오렌지보다 향기는 드높았다

샛노란 모과는 나만의 이기주의

흠집이 아름답다
무질서도 자유라고

노랑이 점점 깊어졌다 갈색이 되어갔다

배경희 2010년 서울신문 신춘문예 시조 등단. 시집 『흰색의 배후』, 『사과의 진실』 등 있음. 경기대학교 대학원 한류문화콘텐츠학과 석사. 경기문화재단 우수작가 선정 지원금 수혜.

무당거미

배 정 빈

너를 만나면
둥글게 말리는 본능의 함정에 굴러 떨어져
움직일수록 바짝 조이고 마비된다

나무들 사이 욕망의 함수
주목과 주목 사이 역 삼각 밑변을 중심으로 친 포획 망
머리와 가슴이 하나이고 배가 있고 다리가 8개
응시하려고 초점을 맞추면 화려한 배와 배꼬리로 내놓는 거미줄만 보인다
몇 번이나 허물을 벗어 위험한 표정과 검고 불길한 줄무늬를 지운
빨강, 노랑, 파랑 화려한 배 무늬가 정신을 혼미하게 한다

바람을 흔들다가 네가 좌우로 흔들거리면 어지러워 진정한 너를 바라볼 수 없다
거미줄에 잡힌 모기, 여치, 매미, 나비, 작은 새가 되어 꼼짝없이 포박된다
땅거미가 진 석양에 빛나는 듯 어두운 목도리를 하고 나타난
전설의 킬러다 사랑으로 포장한

좋아할수록 맹독은 치열하게 전진한다 아름답고 화려할수록 더
절명의 독을 투여한다

일상이 혼탁해지고 완벽한 거미줄로 가득할 때
섬뜩한 친교와 호감의 궤적 사이 불안한 만남일수록

빗방울은 네 집을 장식하는 진주가 된다 위험한

자신의 허물을 감추고 타인의 잘못을 들추는 세상
겹겹이 거푸집 치고 세운 다각형 구조물 사이
모두 모여서 몇 개인지 모를 흉측한 다리를 감추고자 화사한 색깔 두꺼운 옷 걸치고
떼를 지어 먹이를 찾아 헤매는 짐승들, 거리마다
욕망이 드나드는 출입구에 먹이 높이로 덫을 놓는 인면지주 거미들, 뒤엉켜

햇빛에 반사되는 무지개 빛 경계 넘어
거리를 재어야 안전한 키스
매달린 거미줄 위 짜릿한 감각은 달라붙는 욕망의 손을 더듬고
화려한 어둠에 혼이 빨리어
끝내 뼈와 껍질만 남아 한줌 바람에도 흔들거린다

너를 마주하는 것은 나를 만나는 것이다
거미줄에 걸린

배정빈 2022년 《시와문화》 시 등단. 소설집 『썬더맨』 있음.

가을날, 숲에게 길을 묻다

서 덕 석

지혜로운 이는
거기 있음을 알 수 있어도
쉬 모습을 드러내지 않고,
지혜로운 말은 듣기는 들어도
소리가 없다는
스승의 말씀이 떠올라
가을 숲을 찾아가
길을 묻는다.

나이 오십 줄이 되도록
풀지 못한 인생사 수수께끼를
상수리 열매 하나
머리 위에 떨어질 때
비로소
깨닫는다.

"…… 저 바보,
작년에도 오고
재작년에도 왔고

키 재기 놀이하던 코흘리개 적부터
해마다 꿀밤 맞더니
이제서야
뭘 하나 깨달았나 보네……"
둘러선 상수리나무들이
수근수근 귓속말 한다.

반 평생 동안
수백 번 길을 묻고 물었어도
가르침대로 살 마음이 없어
도토리 떨어지는 소리만 듣고,
발밑에 떨어진 도토리 주워 모아
묵이나 만들어 먹을 궁리만
하고 살았네.

거기,
하루 한 번씩은 쳐다보고
가끔은 지나가다
오줌도 누곤 하던 숲에서
상수리나무들이 늘어서서
이 인간을 겨냥해
쉼 없이 꿀밤을 먹였는데.

서덕석 1992년 시집 『때로는 눈먼이가 보는이를 위로했다』로 작품 활동 시작. 김남주, 박용수 시인의 추천으로 민족문학작가회의 회원이 됨.

반딧불이

서 수 찬

희미한
반딧불이에게도
눈 멀 때가 있다
반딧불이는 두개의
불빛을 가지고 있다 한다
하나는 짝짓기 할 때
켜는 불빛이고
하나는 수컷을 유혹하고
잡아 먹을 때
불빛을 켠다 한다
우리는 그걸 뭉뚱그려 추억이라고
말할 때가 있다
추억은 희미하게
지워질 때가 많으므로

서수찬 1989년 《노동해방문학》으로 작품 활동 시작. 시집 『시금치 학교』, 『버스기사 S시인의 운행 일지』 등 있음.

어머니

성 두 현

  반백의 머리칼이 젖은 비바람에 흔들리며 어릿광대처럼 우두커니 서 있다. 여름 계절의 끝으로 잠 못 이루는 사람이 있어 새벽이 오는가 보다. 기억한다. 어둠으로 가득찬 방안으로 소나기 한줄기 속 시원히 두드리는 소리 그 소리들이 낡아가는 기억 저편으로 사라져가는 것들 중 가장 붙잡고 싶은, 붙잡지 못한 애처로움이다. 가장 작은 몸으로 웅크리고 있는 낡은 사람이 되어 쭈글쭈글한 세월 속에 애처로운 것들로 기억되는 아름다운 것들인 것을 안다. 지난 계절을 붙들고 있는 외줄기 코스모스 사랑이 그렇게 새벽을 초롱초롱 매달고 있더라 부르면 대답할 어머니를 속울음으로 흐르는 강물, 그 강물 속으로 소리가 되지 못한 울음들. 눈물 웅얼웅얼 모여 흐르는 강물, 맑디맑은 물빛으로 한세상 저녁노을로 타오르고 싶었나 보더라. 그렇게 한 사람의 운명이 강물에 밀려나고 있더라, 살찐 보름달이 걸리는 날에 강물처럼 걸어 본 사람만이 기억할 것이다.

  어머니의 그늘이 크다는 것을……

성두현 1996년 《시세계》로 등단. 작품집 『봄빛도 아픔이 되는 연한 순筍』 있음. 한국작가회의, 화성작가회의 회원. 문학세계 편집위원. (전)오산대 사회복지행정과 겸임교수.

빨강의 자서

성 향 숙

정열을 단지 빨강이라 말할 수 없다고
하퍼 카페에 앉아 수정하네

지중해 정수리에 집중하는 태양은 빨강을 생산한다
얼굴 비비던 연인들 올리브나무 사이로
양의 부드러움 만지듯 육체를 더듬고
대부분 여섯 번째 시간 안으로 낮잠에 드는
모로코인들은 태양에게 침묵을 배운다

빵처럼 부푸는 오후 2시의 탕헤르

소리 없이 달궈진다, 영혼들
정염에 그을린 눈빛은 동굴처럼 깊다
지그시 어금니 깨무는 이슬람 사원의 아잔

물빛에 취한 몰타 섬의 화가가 붓질을 한다
푸른 염료를 찍어도 붉게 채색되는 춤추는 정열의 나부
춤의 언어는 꼭두서니 빛,
사막의 바람에 탈색되는 붉은 엉덩이의 격렬함으로

물빛 가장자리 차곡차곡 쌓인 돌계단
무심한 고양이도 물빛 바깥쪽에 자리 잡는다
타오르는 그늘을 걸친 사람들

짙푸른 지중해 물빛을 스크래치하면
정열이라는 빨강이 숨어 있을 거라 고쳐 쓰네

성향숙 2000년 농민신문 신춘문예, 2008년 《시와반시》 등단. 시집 『엄마, 엄마들』, 『염소가 아니어서 다행이야』, 『무중력에서 할 수 있는 일들』 등 있음.

감 잡는다는 것

신 현 락

오일장이 들어서는 입구에 한 평 남짓한 좌판
한 무리의 노동자들이 외국어로 속옷을 고른다
이것, 저것 들어 보이며 손짓과 표정으로 만드는
속옷의 온도 차이를 아무리 들여다보아도 알 수 없는데
언어의 안감이 그들의 입술에서 반짝이는 걸
옷장수는 느낌으로 알아듣는다
감 잡는다는 것, 오로지 몸의 느낌 하나로
양말이며 팬티와 내복의 살붙이들을 가름하여 가깝고
먼 나라 속옷나라의 일가친척들의 족보를 만들어 보인다
타관의 추위가 덜할 것이라며
솜털이 촘촘한 귀마개를 추천해준다
내가 몸 밖의 언어들만 찾아 멀리 돌아갈 때도
내 몸 안의 촌수는 저렇게 다정했을까 싶은
가장 평화로운 느낌으로 보송보송한 좌판
체감경기의 변화에 매출의 눈금이 달라지는 것이겠지만
백인백색의 속옷치수와 추운 바람과 흐린 날 강설의 근심이며
사람살이의 거리들이 서로를 보듬어 안는다
재래시장의 좌판을 휩쓸고 가는
거친 바람 속에도 거리의 인정은 보풀처럼 따스하다.

물론 단속을 피하기 위해
세상의 온도 변화에 따라 아슬아슬한 거리와 점방의
황금비율에 대한 풍향의 촉감은 덤으로 꼭 챙겨둔다

신현락 1992년 충청일보 신춘문예로 등단. 시집 『그리고 어떤 묘비는 나비의 죽음만을 기록한다』 외 3권 있음.

통통한 날씨, 굿모닝

연 명 지

요즘은 통통한 날씨가 주류죠
뒤뚱거리는 신발을 파는
거리의 신발가게를 알고 있죠.
주인은 말했죠, 신발은 리듬이면서 악기라고
꼼지락거리는 꽃잎이라고 했죠.
지난여름은 너무 빼빼 마른 날씨가 계속되었죠.
욱신거리는 비들은 뚱뚱한 구름을 열고
비만의 장마를 몰고 왔죠
풀들은 통통하게 살이 올랐고
원한다고 어디서나 살이 올라선 안 되죠.
잠자리들이 숨을 참고 날씬해지면
날씨는 파란 옷을 벗고
체크무늬 갈대밭이나 순면의
뭉게구름을 갈아입죠.

살찌는 날씨죠
저 파랗고 빨간 날씨들이 어디로 가겠어요,
통통하거나 깨알 같은 열매들이 되죠.
누구나 통통하게 굿모닝,

날씨는 곰의 방식으로 겨울잠을 자지요
낙엽을 들추고 얼지 않는 구근에 기대어
겨울을 흉내내다 보면 어디선가 물이 녹지요.
곰들은 자신의 잠을 아주 맛있게 먹는 동물이죠.
자신들의 몸 안에서 의젓하게 식사를 하죠.
바람은 말이 없어서, 자유롭게 방치되어서
겨울스럽게 통통해진
외투들이 몰려다니지요.

연명지 2013년 《미네르바》 시선으로 『가시비』를 출간하며 문단 활동 시작. 시집 『사과처럼 앉아있어』, 전자시집 『열일곱 마르코 폴로 양』 등 있음.

대만의 보석 박물관

오 영 자

대만 국립박물관에 갔었는데
보석으로 장식되어 있는 박물관이었다.

옥, 금 등등 온갖 보석들로 가득했고
배추 모양을 한 보석도 있었고, 돼지고기 모양을 한 보석도 있었고
병풍 모양으로 된 보석들도 있었다.

세계의 진귀한 보석들을 보고 있으면서도
탐이 나지 않았다

보석도 보고 있을 때만 보석이지
지나고 나니 눈에서 사라졌다

오영자 2011년 《시선》 등단. 시집 『푸른 시절 안에 눕다』, 『꽃들은 바람에 무게를 두지 않는다』 등 있음. 한국작가회의 회원, 불교문예 회원으로 활동 중.

절차탁마切磋琢磨의 달

오 현 정

아무리 신이 나도
아무리 낭패 중이라도
시간의 괘도를 수정할 수는 없다

나도 먼지 그대도 먼지로 돌아간다
불이었던 나, 흙으로
바람이었던 그대, 강으로
비늘 떨구며 은하수 건너간다

먼지보다 작은 별이 되어
곤고한 사람
심신의 방에 영혼의 심지 돋우러 간다

비교하지 않고
기대하지 않고
가장 못난 나의 돌을 쪼개면

우주에 반사되어 물든 나무 위에 걸리는
저 밝음
아린 빛, 둥글어진다

오현정 1989년 《현대문학》으로 등단. 한국작가회의 회원. 김기림문학상 대상, 박남수 문학상 등 수상. 시집 『지금이 가장 좋은 때』, 『몽상가의 턱』, 동시집 『리나, 고마워』 등 있음.

백운동 홍시

온 형 근

안운마을길 다다르니 환영 인사차 고양이 얼른 위치를 달리하던 길바닥으로 이미

숲속에서 새어 나오는 아침 햇살은
짙은 동백의 푸르른 그늘로 휩쓸리고
간간이 눈부신 광휘
벽력같은 바위 몇 개 스치면서
백운동 각자 바위에 예를 갖춘다.

창하벽 앞에 놓인 데크 모양 다리는
뽄 데 없이 거슬려 옛 다리 떠올린다.
계곡에서 담장으로 물길 하여 만든다.
유상곡수 아홉구비가 살아 흐르도록
내 눈길 하나 간절하게 얹는 순간

어디서 달려와 납작 엎드렸을까
깊은 포복 기다시피 산화한 홍시
멀리 월출산 등진 채 산채 같은
감나무 군락이 원림을 굽어본다.

난정서의 연못으로 추사의 글씨 수소실守素室
바탕을 지킨다는 마루에 맛깔나게 놓인
주인 잃은 청자 다기에 물을 덥힌다.
백운옥판차 우린 찻물에 붉은 홍시 뜬다.

온형근 1997년 《오늘의문학》 등단. 시집 『보이는 혹은 보이지 않는』, 『고라니 고속도로』, 『천년의 숲에 서 있었네』 등 있음. 문화유산조경 박사. 한국정원문화콘텐츠연구소 『월백조경문화』 대표.

구진개 노을

윤 한 택

아직도 불태울 시린 가슴 하나 남았거든
늦가을 마안산 치맛폭에 살풋 안겨 볼 일이다
오로지 드러내기 위해 한생 더럽혀 온 목숨
사라짐으로 마침내 황홀해지는
저 노을 속으로 던질 뿐이다
그러고도 남은 재 한 움큼이야
서해 바다에 슬며시 맡겨도 좋지 않겠는가

윤한택 1998년 《사람과 땅의 문학》 동인으로 작품 활동 시작. 문학박사, 경기문화재단 전문위원.

묘묘猫喵한 밤

이 궁 로

   어둠이 몰려오는 텅빈 광장을 걸으며 생각한다 나는 아무도 아닐지 모른다 내가 이렇게 걷는 것도 어쩌면 먼 과거거나 미래일지도 그때 어디선가 비릿한 밤공기를 물고 어린 고양이 다가와 얼굴을 부비며 가녀린 발로 내 복숭아뼈를 간질인다 복숭아 알러지처럼 간지러운 고양이 울음이 허공을 가득 채운다

   너는 어디서 홀로 떨어져 나와
   낯선 나의 복숭아뼈에 기대어 우느냐

   저녁 하늘에 갓 태어난 별을 보는 것처럼 어린 고양이를 바라본다 눈빛은 어둠에 묻혀 보이지 않는다 고양이 눈동자가 밤이다 미묘하다

   한 세계가 닫힌 아득한 깊이를, 태어나기도 전에 알아버린, 막막한 세계를 가진 고양이를 어이할 것인지 고양이와 함께 가만히 앉아있는데 이상하게도 고양이 눈물이 밤을 위로하는 것이다

   내가 이렇게 기억에도 없는 과거나 미래를 상상할 때 고양이 울음이 나의 전생을 일깨워주는 것이었는데, 그러나 그쪽에도 나는 아무도 아니었을 것이다 내가 나를 잃어버린 것처럼 묘묘한 밤, 광장은 고양이 눈물로 깊어져 어둡다

나는 밤의 포로, 내가 돌아갈 때까지
고양이여, 눈물을 닦지 말아라

이궁로 2001년 농민신문 신춘문예 등단. 시집 『만질 수 없는 삶의 안쪽』, 『어둠은 밤의 너머에서 뜬다』 등 있음.

운동회

이 남 순

촛불 팀과 태극기 팀 줄다리기 팽팽하다
꽹과리 쇠북 치며 응원가 우렁차다

깃발들
껑충대는 꼴
덩덕개 날뛰듯이

끊어지면 끊어졌지 물러서지 않을 기세
바람벽에 머리 찧고 아수라장 따로 없다

본부석
대왕과 장군
보다 못해 호령한다

물러설 줄 알아야만 막판에 힘도 쓰지
전법도 어명조차도 닿지 않는 고립지대

만국기
어디로 갔나
삐라 풍선 춤춘다

이남순 2008년 경남신문 신춘문예 등단. 시조집 『봄은 평등한가』 외 다수.

마지막 사랑

이 다 빈

꼭지를 떼고
껍질마저 벗기운 채
타래 꼬챙이에 걸려
부끄러운 시간을 벗는다

빈 바람 깨어나 둥시감 흔들면
서리처럼 차가운 하루
뜨거운 알몸으로
마지막 춤을 춘다

유년의 마당
주렁주렁 매달린 설움들
빨갛게 익어야
세상은 단물이 든다

이다빈 1996년 《현대경영》 '한국현대시 30선'으로 작품 활동 시작. 작품집 『모자 선생님』, 『길 위의 예술가들』, 『작가,여행』 등 있음.

그래도 잡초는 힘이 세다

이 덕 규

한 방울만 먹어도 치명적인 제초제 한 병을
마치 삶의 갈증을 풀어주는 사이다인 양, 입도 안 뗀 채 벌컥벌컥 마시고
내 친구는 죽었다

잠자리 떼들이 이제 막 첫 비행을 시작하는 울 너머 허공에
누군가 집어던진
날선 낫 한 자루가 꽂혀있었고
서녘 하늘이 울컥울컥 토해놓은 붉은 구름 속에서
농약 냄새가 진동하는 저녁이었다

무더위가 지나가고
남쪽에서 태풍 소식이 올라오자
끝물 매미 울음소리가 마을회관 마당에 떨어져 엉킨 실타래처럼 뒹굴었다

한낮의 환한 햇빛 속을 키 큰 소나기가 낯선 타관사람처럼 지나가고
마당 끝 땡볕에 쓰러져
노랗게 타죽어 가던 목 잠긴 잡초들이
어질 머리 땅을 짚고 입가에 피를 닦으며 다시 시퍼렇게 일어서고 있었다

모든 게 너 때문이었다

이덕규 1998년 《현대시학》 등단. 시집 『다국적 구름공장 안을 엿보다』, 『밥그릇 경전』 등 있음.

탕정 블루

이 은 유

탕정*이라는 곳
돌아갈 수 없지요
탕정에 있다던 사람이 있었죠
색소폰을 불었던가요
아코디언을 켰던가요
악사들 사이에 섞여 있어서
어떤 악기를 연주했는지 기억나지 않아요
그는 분명 색소폰을 불었을 거예요
그런데도 아코디언을 켜는 악사를
떠올리는 건 왜일까요
아직도 그 사람은 탕정에 있을까요
돌아온 탕아가 있었죠
탕정하면 탕진이랄까
탕아가 떠오르는지 모르겠어요
끝끝내 탕정에는 돌아가지 못할 거예요
탕정에는 비가 내린다고 보내 온 편지에
답장을 하지 않았으니까요
무심함이 그의 추파를 탕진하게 했을까요
색소폰을 불어주세요
아코디언을 켜주세요

이곳에도 비가 내려요
하염없이 내리는 걸요
탕정에 있다던 사람
그 사람은 아직도 탕정에 있을까요

*충청남도 아산시 탕정면

이은유 1996년 《현대시》 등단. 시집 『이른 아침 사과는 발작을 일으킨다』, 『태양의 애인』 등 있음.

해적선 2
-콜럼부스 신대륙 개척사

이　　적

1492년 그해 10월
황금의 약탈을 위하여
아메리카 대륙 중남부 바하마 군도에 상륙한
해적선장 콜럼부스

이태리 태생으로만 알려졌을 뿐
국적이 어딘지도 몰라
오직 아는 거러곤 해적질과 노예 매매 전문가라는 사실일 뿐
모르지
콜럼버스보다 5백년 전에 북미 대륙을 먼저 점령했다는
해적선 바이킹족의 후예일는지
콜럼부스의 지배후 불기 시작한
인디언 초토화 작전은 바람을 타고
구름을 타고 은밀히 은밀히
지구 구석 구석에
파편이 되어 살상의 역사를 기록했다

1552년 라스카사스의 기록이 거짓이기를

헛도는 바람이기를
마녀나라 동화이기를
바램으로 기도하였으나
인디언 3천명을 붙잡아
사지를 자르고 목을 베고
여자는 강간하여 죽이고
달아나는 아이는
창을 던져 죽이고
일부는 비눗물에 삶아 죽이고
개를 풀어
돼지처럼 몰아 죽이고
엄마품에 안긴 아기를 낚아채
개에게 먹이로 던져 죽이고
한칼에 목베기 내기를 하고
바위에 짓이겨 죽이기도 한
피비린내 나는 살상
나지막한 교수대를 만들어
발이 땅에 닿을락 말락
목 매달아 죽이고
저주받은 예수의 13번째 제자를 본따
13명씩 묶어서 죽였다는 기록
그 기록을 믿을 수가 없어
바람 이는 하늘만 바라보다
눈가에 맺히는 눈물은 바람결에
흩어져 차가운 진눈깨비가 된다

25만 명의 인구가 비둘기처럼

살아가던
카브리해 아이티 섬에
천연두를 퍼뜨려
인구의 2%
500명만 살아남은
해적선 신대륙 개척사

1942년 4월 30일
황금을 찾는 데 장애가 되면
타이노족을 척살해도 좋다는 명령에 따라
콜럼버스 상륙 11년 만에
ponce de ieon 기병대를 보내어
원주민 7천명을 무자비하게 학살한
해적선 신대륙 개척사

선교라는 미명하에 황금을 약탈하고
주여, 주여를 외친
해적선단의 피의 만행
바람부는 날이 두렵구나
해적선 피의 만행이
파도의 속살로 기록되고

1892년 10월 12일
미국의 23대 대통령 해리슨은
아메리카 대륙 침략을 기념하여
콜럼부스의 날로 지정하고
1968년 미국 제36대 존슨 대통령은

이 날을 국경일로 선포하다

아아 대륙에는 바람도 멈춰 섰고
지나가는 구름도 정지하여 방향타를 잃었고
밤하늘의 별들이 숨을 죽인

이 적 1987년 자유실천문인협의회 기관지 《민족문학》으로 등단. 시집 『바스티유의 땅』, 『이별과 절망의 둔주곡』, 『식민의 노래』 등 있음. '분단과통일시' 동인. 한국작가회의 회원.

모과나무

이 주 희

구름이 달과 별을 가린 밤새
천둥 번개가 아우성치더니
다둥이를 밴 모과나무가 유산을 했다
유혈이 흥건한 밑동에서
비에 젖은 채 비둘기가 고곡 고고곡 울어대지만
그녀는 눈물 한 방울 흘릴 겨를이 없다

용케 살아남은 아기들에게
방긋거리며 산토끼 노래도 불러주어야 하고
아기 돼지 삼 형제 이야기도 조곤조곤 들려주어야 하는 것이다
그리고 말벌의 침도, 헤살과 지분댐도 막아주어야 한다
비바람의 심술로 한기가 들어도
뙤약볕의 기승에 비지땀으로 온몸이 젖어도
강대나무가 될망정 이대로 주저앉을 수는 없다

햇살 자글거리는 가을
살지고 투실투실한 옥동자를
순풍순풍 낳을 날을 손꼽아 기다리며
시린 무릎 후들거리는 다리로 앙버티고 서 있어야 하는 것이다

이주희 2007년《시평》등단. 시집 『마당 깊은 꽃집』 있음.

사회적 거리두기

이 중 현

지금 혼자가 되지 않으면
영영 혼자가 될 수 있습니다.

외롭게 웃는다.
이미 자가격리된 외로움 바이러스 확진자여서

심신이 외출 금지된 지는 오래고
외출해도 그림자여서 신경 쓸 일 없으며

풀옵션 원룸이라 외로움이 거주하기에 불편 없고
현관 앞에는 나날이 택배만 외로움의 부피로 쌓인다.

혼밥?
외로움 다이어트에는 유튜브 먹방 친구는 필수품

가족, 이웃과 접촉금지는 유서 깊고
그들도 외로움의 맛집 앞에 줄 서서 기다린다.

개인 물품은 차고 넘친다.

외로움이 구매하는 맞춤형 상품은 무성하니까.

친구 렌탈 서비스라도 받을까 하는데
돈이 옆에 없어 더 외로워지고

안전보호앱 설치는 의무?
외로움에서 탈출 못 하게 감시하는 앱?

외로움의 반대말을 못 찾아 백신이 없고
감염은 쉽지만, 항체는 불가능한데

비상구가 있을지 외로운 상상을 한다.
외로움으로 외로움을 버티는 시절에

이중현 1987년 《소설문학》 신인상(시) 등단. 작품집 『물끄러미 바라본 세상』, 『아침 교실에서』, 『사람을 보면 눈물이 난다』 등 있음.

오픈 런

이 지 현

햇새벽 타고
백화점으로 향한 차량들
이미 백화점 로비는 뱀꼬리 행렬

목도리 두르고
괴춤에 핫팩 넣고
복고 벙거지에 롱패딩 입고
문 열리길 가슴 졸이는 사람들

예물 마련하기 위한 새신랑
유행에 뒤지기 싫은 20대
돈 쫌 벌고픈 줄 서기 알바생
물건 사서 되팔려는 리셀러도

직원이 나올 때까지
시린 옆구리 잡고
두 손 비비고 섰다

프랑스 명품 샤넬은

이들의 타오르는 열망으로
가치가 정해진다

사람이 가방을 고르는 게 아니라
가방이 사람을 고른다는
믿거나 말거나
지나가던 거지도 배꼽 잡을 이야기

한 땀씩 바느질한 가방은
이름 되고
화려한 금장 장식은
명함 되는 이 시대

언제쯤 달리기를 멈추려나
허억 허억 가쁜 숨 몰아쉬며
내달려온 그들은 맹렬한 전사

채워도 가져도
배고픈 현대사회
성장기 지난 지 오래지만
여전히 마음은 주린가 보다

이지현 2020년 《시에》 등단.

불청객

이 진 욱

목련이 봄을 잉태할 무렵
연고 없는 사람처럼 거리를 떠돌았다
골목을 누비다 밥 때를 놓친 게 한두 번이 아니었지만 주눅 들지 않았다
주머니 사정은 풍문보다 빠르게 퍼졌다

골목은 고향으로 내려간 세탁소 최씨와
식당에 머물다 떠난 연변댁을 알고 있고
늦은 눈이 내리던 밤 퇴근하던 내 발자국도 기억하고 있다

이삿짐을 꾸리던 날
책장 모서리는 남아나지 않았고 액땜처럼 액자도 깨졌다
빈 화분도 가져갈 거냐고 물었지만
떠돌던 날들로 삶이 허기졌기 때문에 그것조차 거둘 수 없었다

골목 귀퉁이는 퉁퉁 부어올랐고
목련은 쥐고 있던 봄을 하얗게 내려놓았다

이진욱 2012년 《시산맥》 등단. 시집 『눈물을 두고 왔다』 있음.

껍질의 통점은 어디였을까

이 하

　무심한 외줄에 몸을 걸치고 매끄러운 근육질이 비틀어질 때까지 몸을 말리는 오적어烏賊魚를 보았다. 까마귀를 잡아먹을 수 없을 거란 절대적 내 믿음을 거부하며 엿보듯 켜있던 검은 눈알이 사라진 자리에 푸른 물살이 담겨 있었다. 회유하던 물잠을 깨우는 파도보다 더 매끄럽게 휘돌던 연체의 계절을 흡입한 먹물과 욕정으로 다져진 비릿한 내장도 쏟아버리고 수피獸皮는 검은 겨울 같다.
　가려운 몸이 구워지고 허약한 악력의 한 방향으로 찢어진 몽매는 짓밟힌 거리의 보도처럼 너덜거렸다. 몸은 폭거의 저항에 견디지 못하고 까마귀를 삼킨 앙다문 이빨만이 부술 수 없는 철벽의 안개에 휩싸인 보루로 남았다. 지루한 통점에 닿지 못한 몸에 매달린 발 겹겹의 능선으로 깊어가던 어둠 웅크린 더미 같다.
　여전히 그런 날에도
　아무것도 바뀌지 않던 여름처럼 등 찍힌 하늘만 벌겋게 젖어갔다. 강물에 몸을 적시다 잡힌 숲의 정경이나 끊어지지 않던 바람의 그림자는 제자리로 흩어지지 못했다 언약을 잊었을 때 수없이 깜빡거리며 빛나던 푸른 바다의 별빛처럼… 망각을 위해 쓰인 신음의 문장과 때묻은 이야기는 주머니 속에서 구겨져 다시 펼쳐 볼 수 없게 되었다

이 하　2020년 웹진《시인광장》등단. 현 경희사이버대학원 미디어문예창작 전공.

입장의 차이

이 향 지

삶은 계란으로 날계란 치는 건 반칙이야
누가 그래? 공장 계란 주제에
날계란이 알아서 구르고 기었어야지

날계란으로 날계란 치기는 소동이야
너는 언제나 네 말만 하고 손가락 하나도 까딱 안 하잖아

삶은 계란도 울었지
깨트린 건 내가 아니야
힘이 내 죄를 만든 거야
힘은 투명해서 보이지 않아, 힘의 죄도

유정란도 펑펑 울었지
병아리가 되기도 전에 나는 익어 버렸어
암평아리 365개 넘게 들어 있는 알주머니까지 엉엉

모이통에 주둥이를 박고 있는 암탉들은 몰랐지

약병아리들도 노계도 닭장차도 병아리 감별사도 몰랐지

닭똥도 닭똥 나르는 손수레도 계란 나르는 컨베이어벨트도 조작하는 사람도 공장 건물의 그늘도 부도수표도 차압 딱지도 공장 둘레 졸참나무 이파리들도 만발한 애기똥풀꽃도 뻐꾸기 울음소리도 논바닥 헤매는 다슬기도 다슬기 뿔에 걸린 뭉게구름도

다 이유가 있어
다 할 말이 있어
다 말할 수 있게 해야 해
아니야 입장의 차이가 너무나 컸어

이향지 1989년 《월간문학》으로 등단. 시집 『햇살 통조림』, 『야생』 있음.

보도블록 영역

임 서 원

몸 비비자 했다
내 첫 번째 단추에서 걸핏하면 날아오르자 했다

순서 없이 이어지는 날들 귀퉁이 돌면 일요일이야 그러니까 주중에 만나
당분간 네모난 창문을 금지할게
밤에는 다 열린 창문보다 조금 열린 창문이 더 무섭거든
우리 증상은 건너면서 뒤엎어지지만 하나도 안 무서워
속눈썹 그림자가 광대뼈까지 흘러내리면 조금 더 착해 보이거든

우리 친절한 순서는
네임텍을 푼 다음
가슴골쯤에서 거짓말이 하고 싶어지는 것
지금 보고 싶어
너는 습관처럼 둥근 눈을 가져서
그 눈을 다 외우고 나면 단추 세 개쯤 열리는 것

낯선 세계, 움푹한 골을 따라 겹쳐지기 좋은 틈

우리 아는 사이야?

낯선 것들은 모두 양 떼처럼 닮아 있어
닮은 것들은 조금 열린 창문보다 무서워
밖의 입장이라면 너와 나는 깊은 밤
질척이는 어떤, 양 떼들
오늘 밤은 창문을 활짝 열고 첫 번째 단추쯤에서

우리 그만하자

임서원 2015년 《서정시학》 등단. 공저 『하늘과 땅을 움직인 사람들』 있음.

곤지암 역

장　건

　한 시간에 두세 차례 전동열차가 지나가는 경강선 곤지암 역사驛舍에는 옛 한성 백제 생활사生活史 유적이 밀랍으로 쇼케이스 안에 전시되어 있다. 경기도와 강원도를 잇는 철로가 생겨 곤지암리昆池岩里에 정거장이 들어서고, 터 파기 시작부터 문화재 발굴팀이 곤지암천변을 모종삽으로 샅샅이 긁어 옛사람이 산 흔적을 찾아내 토기와 옹관묘 구덩과 도랑 등 집터를 발굴하였다.
　반지하처럼 생긴 움집들이 오순도순 촌락을 이루어 살던 풍경이었다.

　한 농부가 우물 파다 발견한 진시황의 유령군대 병마용갱 지하궁전 같은 화려함은 없지만, 이천 년 전 한강 이남 온조왕이 세운 나라 백제 위례성에서 큰 강을 거슬러 오르면 팔당을 지나 남한강 물줄기와 만나는 너른 고을 광주에 조선시대 사옹원司饔院 분원이 있어 임금님 수라상에 담을 백자 그릇을 운반하던 뱃길을 따라가면 경안천 지류의 상류에 곤재昆在라는 읍내가 있다.
　천변川邊 땅 속에 2천 년 동안 잠들어 있던 백제 촌장님이 깨어나 곤지암 읍장과 서로 상견례하는 꿈을 꾸었다.
　옹관묘지 위로 판교행 전동차가 들어오고 있다.

장　건　1981년 문화의 달 지역 백일장 시 부문 장원 등단. 경기 광주 지역 문예지 《너른고을문학》에 다수 작품 발표.

수국은 헛꽃을 피웠네

장 이 엽

　수국이 헛꽃을 피운 것은 참꽃 때문이었네 암술 수술 총총 박힌 꽃무리가 너무도 작아 벌 나비가 찾지 못할까 봐 보이지 않을까 봐 언덕배기 바람 많은 그곳에 서서 꽃잎 하나하나 다정하게 보듬어 안고 바다를 보면 파란 물을 들이고 노을을 보면 빨강 물을 들이고 탐스러운 헛꽃 송이들 하늘 아래 활짝 펼쳐 놓은 채 오가는 이 눈 코 잎 멈춰 세우며 참꽃 열매 뭇별처럼 알알이 영글어가도록 기다려 주었네 휜 등줄기 야위어 삭아질 때까지 지키고 있었네

　제자리에 서 있으려는 몸부림이 그저 삶이었네 비워내는 것이 그렇게도 어려운 실천이었네

장이엽 2009년 《애지》 등단. 작품집 『삐뚤어질 테다』 있음. 2012년 한국문화예술위원회 차세대젊은예술인AYAF 선정.

여행의 표정

정 수 자

길든 짧든 여행에는 마지막 밤이 온다

적당히 가누어온 패키지의 표정을

조금씩 펼쳤다 접는 마감의 수순처럼

헤어지기 직전에는 감상 어린 잔을 들고

마음 더 꺼내고 서로 더 부딪지만

쿨하게 몰라서 좋을 패키지니 아무려나

지울 거 뻔히 아는 단체사진 한 방 찍고

모르면서 친한 척 손 흔들고 돌아서며

서름히 여행을 익혔다 여름의 끝물모양

정수자 1984년 세종숭모제전국시조백일장 장원 등단. 『파도의 일과』 외 시집 7권, 논저 『한국 현대시의 고전적 미의식 연구』 외 공저 등 있음.

볼로냐 블루스

정 용 국

별들이 오글대던 천사표 유치원에
거침없이 날아든 무자비 포탄 몇 발
하늘도 어쩔 수 없는 비명 소리 솟았다

아기는 하늘 가고 남편은 전쟁터로
볼로냐 피난길엔 눈물도 메말랐네
열차는 이틀을 달려 국경선을 넘었다

허름한 가방 속엔 다정한 가족사진
컵라면 감싸 쥐고 돌아본 고향 하늘엔
휘영청 허리를 숙여 손 흔드는 호밀 밭

정용국 2001년 계간 《시조세계》 등단. 시집 『동두천 아카펠라』 외. 노산시조문학상 수상. 현대사설시조포럼 회장.

걸어가는 나무
-아르볼 께 까미나

정 지 윤

그들의 발소리는 너무 조용하여
먼 훗날 겨우 발견된다
아르볼 께 까미나 arbol que camina
끝과 시작이 맞닿은 유랑
태양을 찾아가는 나무는
잊혀진 아마존을 기억한다
긴 촉수의 뿌리들은
수십 개월 느리게 숲 속을 이동한다
걷는 나무에게
숲은 당연한 궤도일 뿐
달과 달 사이를 지나가며
숲을 파헤쳤다
물 앞에서 나무들은 뒤틀림을 멈춘다
태양을 훔치는 뿌리들은
제 뿌리를 등 뒤에 남기며
다시 빈 곳을 향해 걷는다
숲을 향해 숲이 되기 위해 걷는 일
느린 걸음으로 아마존을 가는

아마존의 나무들
숲이 초원에 이르는 날
잠시 멈춰선 채
먼지 같은 시간을 바라다본다
상처는 걸어온 거리만큼
가벼워지는 것이어서
저마다 제 이름을 깊은 곳으로 불러들인다
아르볼 께 까미나

정지윤 2015년 경상일보 신춘문예로 등단. 시집 『나는 뉴스보다 더 편파적이다』, 시조집 『참치캔 의족』, 동시집 『어쩌면 정말 새일지도 몰라요』 등 있음.

연인도 아니면서

조 삼 현

"꽃길만 걸으세요" 문자를
보내준 사람아

봄에 꽃길 걷지 않는 사람
누가 있으랴

천지 사방이
꽃길 꽃길인

온천지가 꽃길인 세상은
참 밋밋할 거야

발에 채는 꽃길 걷다보면
나는 금세
허허해질 테니까

지나온 날들이 개똥밭 같지만

아직 견디는 걸 보면

꽃길 같고

살아갈 날이 꽃길이길 바라지만

아득하기만 하여

'눈보라 속에서도 꽃길은 너야'

문자를 보낸다.

조삼현 2008년 월간 《우리詩》 등단. 시집 『어느 수인에게 보내는 편지』 있음.

눈물로 쌓은 산

조 영 욱

오갈 수 없어
철조망 사이에 두고
서로 하염없이 바라만 보네

시나브로 심장 저며
아프게 피운 눈물 꽃

소금기에 절어
바다로 넘실대네

그 밀물
그 물결이 밀어다 쌓은
아련한 물거품이

구월산
금강산
묘향산
백두산으로
우뚝 섰네

조영욱 1999년 《문학21》로 등단. 시집 『내 시는 시가 아니어도 좋다』 있음.

동개冬蓋*

조 정

잇몸에 저장한 체온이 초병이다
일체 세사가 몸 밖에 있다

말랑말랑한 손가락으로 건반을 두드리는 젊은 피아니스트가
나무 한 그루마다 전속되었다
숲은 이제
휴지부를 연주할 차례다

피 묻은 지승문자 풀 듯 긴 울음이 처마를 두르고 누웠다

어찌된 셈인가
몸을 물 같이 내려놓아도 베이는 자리가 있다
긴 잠이 죽음은 아니어서
물러날 데까지 물러나 기다려 보는 것이다
망각을 통과하며 맛보는 신선한 상추 냄새
숲이 얼지 않는 투명을 모아 껍질과 마른 잎 사이를 채웠다
죽은 사람을 부르는 소리는 얼지 않아
궤도 밖 우주선들이 시간의 기지개처럼 한가하다

*달팽이가 겨울나기를 위해 입구에 쌓는 석회질 막

조 정 2000년 한국일보 신춘문예 등단. 시집 『이발소 그림처럼』, 『그라시재라』 등 있음.

카사밀라, 카사바뜨요

주 석 희

붉은 태양을 건너기 위해 흰 투구를 쓰세요
같은 듯 다른 가면도 매우 괜찮습니다

욕망과 소유의 경계는 어디이며
건축과 예술의 경계는 어디입니까

미역 줄기가 널려 있는 발코니
파도 소리가 희게 부서지고 있는 그라시아 거리

어깨를 나란히 겨루는 거리의 명물
신비로운 공간으로 당신을 초대합니다

지상에서 초승달까지 수직으로 열려 있는 거실이란
세계인의 이목을 잡아채는 부서진 타일의 스펙트럼이란

세기의 건너온 아름다운 방언을 봅니다
돌의 앙상블은 변화무쌍한 지중해식 바다 풍입니다

관념의 투구를 벗어 던지세요

질투와 시기심이 상상력의 극치를 불러올 수 있다면

신의 손을 대신해 빚어 진 영감의 호수라고나 할까요
말라씨 집 옆에는 바뜨요씨 집이 나란합니다

주석희 2013년 《포엠포엠》 등단. 2019년 경기문화재단 문예 진흥기금 수혜. 시집 『이타적 언어』 있음.

갯뻘 신화

주 선 미

오랜만에 모인 안면도 바람아래 친구들, 부산역 돼지국밥집에서 봉인되었던 과거를 풀어 놓느라 목 길게 빼고 차례를 기다린다 떡잎부터 잘 자라야 한다는 구실로 선생님들은 어떻게든 핑곗거리를 만들어 벌 세우고 몽둥이로 때렸다 구구단 못 외운다고 때리고 손에 때가 많다고 때렸다 키 작은 우리에게도 먹고 사는 일이 제일 중요했던 때, 공부보다 잘하는 건 갯것 잡는 것밖에 없던 그때, 엉덩이가 시퍼렇도록 때린 것은 아마도 갯뻘 종족의 씨를 말리려고 한 선생님들의 음모였을 거라고 서로들 침 튀긴다.

가진 것이라곤
갯뻘 밖에 없는 부모들 만나
저렇게 영글기까지
생의 길목마다 마주쳤을 요철들
아프다

나누어 가졌던 조각난 신표
얼추 맞아 들어 간다

국제 시장 지나는 길
순동이가

"씨앗 호떡 사먹자" 한다

그 소리에 우르르 몰려가 줄을 섰다
갯뻘의 아이들로 가로세로 뛰어다닐 때
선생님 호각 소리에 줄을 서듯
줄 서서 씨앗 호떡을 받는다

한뿌리라는 걸 증명하고 처음 먹는 음식
아픔과 슬픔 이기고
호떡 속에서 꿈틀거리는 씨앗들

또 다른 신화, 도모 중이다

주선미 2017년 《시와문화》 등단. 시집 『안면도 가는 길』, 『플라스틱 여자』, 『통증의 발원』 외.

11월의 안부 한 잎

진　란

밤새 누군가
누가 떠나간다

떠나가는 곳도 다르지만
안녕이란 변명도 없이 갔다
왼쪽 가슴에 주홍글씨가 자란다

오늘의 표정,
세상의 다른 관문 통과하기
입동을 치르고 있는 빈손의 사람들
세상과 제대로 벼르기 위해 떠나는 사람들
나뭇잎 파르르 쏟아지는 절명조차도
나무에게 안부 남기지 못했지만

안다
또 다른 시작의 마지막 모습인 것
그러므로 말없이 떠나 자기의 흔적을
버린 사람들의 등에 따스한 안부 한 잎,
붙인다.

그 마음 따사롭길,
춥지 마시기를

진 란 2002년 계간 《주변인과 詩》로 작품 활동. 시집 『혼자 노는 숲』, 『슬픈 거짓말을 만난 적이 있다』 등 있음.

매미가 운다

차 옥 혜

우렁우렁 산을 무너뜨리고 있는
굴삭기와 싸우며
매미가 운다

매미는 울어
곤두박질치는 나무에게
겁에 질린 풀잎에게
무너지는 흙더미에게
다가간다 함께한다

매미는 울어
굴삭기에 맞서
굴삭기 소리에 떠서
굴삭기 소리를 치받는다

매미가 운다
뙤약볕을 흔들며
굴삭기 소리를 깨뜨리며
굴삭기 소리에 혼절한 새들을 깨우며

매미가 운다

우는 매미여 시인이여

차옥혜 1984년 《한국문학》 등단. 시집 『비로 오는 그 사람』, 『말의 순례자』, 『호밀의 노래』 등 있음.

저녁의 산책

최 기 순

물결무늬 발자국을 따라간다
누군가 앞서간 이가 있다는 것
지는 해를 향해 가는 길에 위로가 된다

불쑥 검은 고양이가 앞을 지르고
발자국은 누리장대나무 앞을 지나간다

이 나무의 꽃은 정말 국수를 닮았다
등불 아래 둘러 앉아 고개를 수그리고
국수를 먹던 식구들

드나들던 문설주에
돌아오겠다는 십자표시 하나 남기지 않고
어떻게 각자의 별을 향해 걸어갔는지

이별은 사소하고
관계는 얼마나 먼 행성들로 사라지는지
사라진 이름들을
저문 하늘에 초성문자로 쓰는 철새들

나는 또 얼마나 먼 길을 걸어 왔을까
돌아 보지 말자고
입술을 깨물며 떠나기만 했던
여기의 지금을
잘 걸어온 길이었다 말 할 수 있나

앞서 가던 발자국도 사라지고
어둠 속을 흘러오는 매캐한 연기
누군가 쓰레기를 태우나보다

어둑한 처마 아래서 복작거리던 식구들처럼
냄새를 피워 대며 타오르는 불꽃들은
다 흩어져 또 어디로 가나

최기순 2001년 《실천문학》 등단. 시집 『음표들의 집』, 『흰 말채나무의 시간』 등 있음.

입동 무렵

최 자 웅

입동 무렵이면
땅거미 무거운 노을녘에
천지가 허전하다

고단한 순례길
정처 없는 바람 같은
나그네 발걸음 피곤한데
고개 너머 길은 멀고
주막과 마을은 어디인가

아직은
만산홍엽 마지막으로
불타지만
고운 연인 같은 시월도
가버린 지금은 동짓달
야위고 헐벗은 어깨와 등 보이며
스산한 뒷모습으로 사라지는
늦가을 마지막 잎새들과
흐린 갈색의 풍경도
이제 머지않으리

그리고 마침내
눈 나리는 겨울이 오리라
삼동의 길고 긴 날
북국으로 가는 겨울 열차
겨울 여정은
서러운 강제 이주 열차와
비장한 혁명가들의 밀봉 열차처럼
춥고도 멀다

입동 무렵이면
그대가 그립다

고개 너머 주막집
머언 마을의 저녁 연기와
밥 내음새
식구들의 웃음소리도 멀다

뜨거운
한그릇 국밥
밝은 외줄기 등불보다도
시린 삶
차운 바람 속에
묶인 마음과 언 손 녹여줄
도타운 눈빛과 목소리
깊은 그대가 그립다

입동 무렵이면

최자웅 시집 『그대여,이 슬프고 어두운 예토에서』, 『겨울늑대-어네스토 체 게바라의 추상』 등 있음. 사제 시인. 《산넘고물건너》 편집인으로 활동 중임.

넝쿨이 되어

최 경 은

땅을 살짝 들어올리기 위해 구석에 앉아 있었다, 사무실 칸막이 사이로 들리는 사람들의 웅성거리는 소리들, 알 수 없는 말들이 벽을 타고 오른다 까칠한 마음이 구석에 매달려 벽 사이에 끼어든다

어른거리는 창문 속에 언덕을 넘는 사람들이 보였다 널브러진 돌멩이에 사람들의 발걸음이 비틀거렸다 평화를 모르는 비둘기도 함께 언덕을 넘었다 날개 있는 것들은 맨발로 허공을 날고 있다 구름의 기울어진 발걸음이 잘못 쏟아진 그림자를 밟고 있다

절뚝거리며 언덕을 오르는 노인의 발걸음, 가방을 멘 아이들의 재잘대는 표정들, 맨드라미의 붉은 빛도 언덕을 지나고 중국집 배달원의 부릉거리는 오토바이 소리가 힘겹게 언덕을 넘고 있다

발바닥에 물집이 생겼다
언덕길을 거꾸로 올라갔던 내 발걸음, 몸 속에 모서리가 자라고 있었다

길을 찾아 헤맨 언덕에 햇살이 오래도록 비추고 사라진 지난시간은 쉽게 찾을 수가 없었다

맨드라미를 삼킨 붉은 안개가 언덕을 가로막고 있는 것이 보였다 강렬한 색은 중력의 나이를 안다 몸이 무거운 건 내 몸이 길이기 때문이다 땅을 가볍게 들어올리기엔 내 몸에 이파리가 너무 많다

최경은 2020년 한국 NGO신문 신춘문예 등단.

토리노의 감자*

최 병 호

바람으로 허기를 채우기 좋은 곳은 언덕이다

언덕은 바람처럼 늘 열려 있고
그곳에서 말의 왕래는 자유롭다
나무좀이 세월을 갉아먹어도*
우물에서는 하루만큼의 침묵만 길어 올려지고
우물의 깊이만큼 하루는 길다

바람이 소리의 힘으로 불 때
언덕은 점점 낮아졌다 높아진다
감자가 고민이듯 생활이 접시 위에 놓이면
한 손은 늘 단단해진다
독한 술 한잔이 고단할 틈조차 없는 일상을 안아줄 때도
바람은 호흡처럼 몸 안에서 자라고 있다

어느 날 친구가 날 선 바람의 파편들을 불쑥 내밀어도
전할 안부가 없는 면에서
말은 날마다 야위어 간다
접시들에게 낮은 언덕도

오늘 말에게는 안개처럼 시야가 흐리다

우물이 말라버려도 언덕은 바람처럼 늘 열려 있어
떠났던 마음을 돌려세운다
여섯째 날의 어둠은
말이 허기와 함께 깊어진다

*타르 벨라 감독의 영화 〈토리노의 말〉에서

최병호 2021년 《열린시학》 등단.

0층

최 태 랑

1층도 지하층도 아닌 0층에 서서
나를 열어 볼 사람을 기다린다

빗금으로 누워 있는 계단이 무심히 바라보고 있다
오르는 사람은 안락을 얻고자 하고
내려가는 사람은 어둠을 찢기 위해서다
옮겨가기에는 날거나 뛰는 것이 쉬워
공처럼 튕겨 볼까
허나 위험을 지고 가야 한다
수단은 간편해도 힘듦이 숨어 있다

담쟁이가 뿌리를 박고 발톱을 세워
제 살길은 오직 태양이 가까운 저곳이라고
가시 손으로 벽을 붙들고 올랐을 때

내 중력을 감당한 발바닥이 계단을 택했다
막상 올라와 보면
저녁이 찾아와 일기장이 길어졌다

최태랑 2012년《시와정신》등단. 시집 『도시로 간 낙타』 등 있음. '시작상', '인천문학상', '아산문학상' 수상.

하얀 족속 12
-둔지봉 가는 길

한 경 용

평대리 비자림, 확장 공사를 한다면서 벌목이 진행되고 있다
가슴 가운데를 칼로 쭉 잘라내는 삼나무 길 훼손
그 옛날, 서복徐福*이라는 사신이 진시황의 불로장생의 영약을 구하러
동남동녀를 거느리고 왔다
영주의 삼신산이 한라산이라
영지버섯, 금광초를 구하고
정방폭포 암벽에 서불과지徐市果地라고 썼다
일제와 미군정, 중국이 등장한 제주 역사
중국인 투기에 꿩이 놀라 비행기 따라 날아간다
난개발, 토지가 상승, 육지에서 귀향
바람에 날릴 모래더미 속으로 삼다여 삼무여
XYZ만 있고 나도 너도 그도 없나
비자림 향기 생명의 문
용암굴과 너럭바위
구럼비와 그 앞 바다
구한말 의병 일으켰던 면암 최익현
가시리 한천 방묘에 유허비를 남기다

'공께서 향약을 세우고 선비를 가르치니 이 섬에 점점 학문이 일어났다'

*'서귀포'는 중국 사진 서복徐福이 서쪽으로 돌아간 포구라는 데서 유래했다.

한경용 2010년《시에》등단. 시집 『빈센트를 위한 만찬』, 『넘다, 여성시인 백년 100인보』, 『고등어가 있는 풍경』 등 있음. 포에트리 슬램 문학상 수상.

소품

한 수 재

등을 둥글게 말아 무릎 사이로 얼굴을 묻는다
결핍을 따라 몸으로 숨어드는 기억이
길고 축축한 혀가 되는 것은 체온을 얻는 일이다
진화를 거부한 그리움이
이름도 모르는 사내와 잠자리를 하듯,
어깨를 지나 유방 언저리에서 목으로,
목에서 배꼽, 다리 사이로 빠져드는 손가락이
자궁에서 자라는 날이면
속눈썹처럼 떨리는 거웃에서
몸이 아니면 읽을 수 없는 소리를 듣는다
종종 너무 많은 미래를 보여주던 육체였다
추방될 때마다 떠올리던 죽음 끝에서
수유를 멈춘 유두가 더욱 단단해지는
짜릿한 파괴를 아꼈던 만큼
불순과 유혹은 빛이었으리라
언제나 느끼면서도 확인할 수 없는 사내처럼
연골이 있던 자리에 바람이 들고
아무리 핥고 핥아도 집이 없는
몸을 떠돌다 보면 비로소 알몸이 되고

알아야만 하는 소리가
전력으로 화해에 닿는 서늘한 슬픔이
팽창하는 이 짧은 순간,
배꼽에 귀를 달고
은밀한 그곳에 눈을 달고 싶은
나는 나와 도깅dogging 중이다

한수재 2003년 《우리詩》 등단. 시집 『싶다가도』, 『내 속의 세상』, 『그대에게 가는 길』 등 있음.

麤추

한 우 진

23 鹿鳴녹명

광주에서 발행하는 문학계간지 겨울호에 「식도1」, 「식도2」가 실렸다. (르네 마그르트 그림을 배치하고, 그림의 대상물과 대상물을 지시하는 어휘(낱말)가 어긋난 — 말하자면 이미지의 배반에 대해서 썼다.) 속초에 사는 이상국 형한테서 전화가 왔다. 느닷없는 일이기도 해서 머뭇거리고 있는데, "저기 《문학들》에 혹시 시 발표했나요? … 내 시도 그렇지만, 요 몇 년 시들 답답하던 판국인데 … 우리나라 시의 활로 같습니다.…" 不亦快哉.

한우진 2005년 《시인세계》 등단. 시집 『까마귀의 껍질』, 『지상제면소』 등 있음.

베개

홍 순 영

밤은 밖에 누워 있었고
나는 방안에 누워 있었다
낯선 이와 같은 베개를 베고 누운 듯한 기분

가끔씩 등을 켜놓고 잠든 밤이면 나는
어두운 숲속에서 멀리 비치는 불빛을 더듬으며
길을 찾는 꿈을 꾸곤 했다

베개를 한 개, 두 개 포갰다가
나란히 붙였다가
결국엔 그 어느 것도 베지 않고 침대와 수평으로 누운 날엔
밤바다와 함께 잠드는 기분
파도가 내 몸을 만질 때마다 추웠다가, 더웠다가

결국 나와 함께 잠드는 것은 무엇인지 몰라
우두커니 앉아 있다, 섬 같은 책상으로 건너가곤 했다

표류하던 밤의 눈동자들 내 곁으로 모여들면
되레 집어등처럼 환해지던 슬픔들이

하나둘, 해변에 누운 자갈들처럼 식어가고
혼자만의 잠꼬대도, 마당에 누운 단 하나의 돌처럼 식어

베개도, 나도
자신을 껴안으며 서로를 견디는 동안
어느새 가 닿았던
아침 노을 기슭

홍순영 2011년 《시인동네》 등단. 시집 『우산을 새라고 불러보는 정류장의 오후』, 『오늘까지만 함께 걸어갈』 등 있음.

밭 묵상 70

홍 일 선

들깨 농사도 무탈히 마쳐
밭 한가운데 들깻단을 모아놓고
한해 고생 많았다고
삼가 큰 절 올리려는데
청천벽력이 들려왔다
용산 이태원 들머리에서 들려 온
아비규환 지옥의 목소리였다
아이고 아이고 아이고 아이고
아이고 아이고 아이고 아이고
아이고……
곡성이 켜켜이 쌓이는 밭에서
홀로 삼배 구고두례 바치는 것이지만
쉽사리 이마에 피 비치지 않았지만
나는 오늘부로 곡비가 되어
이 나라 호적에 오르는 것이다

홍일선 1980년 《창작과비평》 등단. 시집 『흙의 경전』 등 있음. (사)노작홍사용문학기념사업회 대표이사. (사)한국작가회의 경기지회장(준). 경기 여주 남한강 합수머리에서 농업으로 생업 중.

수목한계선

휘　　민

우리는 숲으로 갔다
없는 주머니를 그리워하면서

- 여기 어디쯤 아니었니?
  그때 우리가 이곳에
  크리스마스트리를 심었잖아.

나뭇잎들이 허공을 움켜쥔 채 오그라들고 있었다
태양은 더 뜨거워졌다

산 중턱에 이르자 나뭇가지들이 일제히 북쪽으로 쏠려 있었다
앞으로나란히를 한 채 단체로 벌을 받는 것 같았다
우리는 잠시 그 모습을 바라보며 생각에 잠겼다

- 해마다 크리스마스를 기다렸지만
  산타할아버지는 끝내 오시지 않았어.
  우리에겐 크리스마스트리가 없었으니까.

더이상 갈증을 참을 수 없을 때 우리는 어른이 되었다

그사이 태양은 더 뜨거워졌다

정상 부근에는 뿌리 뽑힌 나무들이 누워 있었다
산빛이 온통 죄의 빛으로 흔들리고 있었다
우리의 발자국이 찍힌 초록의 길들은 어느새 지워지고 없었다
발등이 부은 침엽의 시간이 다가오고 있었다

- 아무도 구하러 오지 않을 거야.
  우리는 해수면으로부터 너무 멀리 떨어져 있거든.
  주머니가 있었다면 빵 조각이라도 넣어 왔을 텐데…….

우리가 찾으려 했던 나무의 이름이 기억나지 않았다
그사이 태양은 더 뜨거워졌다

입을 다물고 있어도 목이 말랐다
송곳처럼 뾰족해진 별들이 마른 목구멍에 박히는 밤이었다
조난의 시간이 길어지고 있었다

숲에 있는 동안 우리는 같은 꿈을 꾸었다
스스로 자신의 부고를 발송하는 꿈이었다

휘 민 2001년 경향신문 신춘문예 시, 2011년 한국일보 신춘문예 동화 등단. 시집 『온전히 나일 수도 당신일 수도』, 『생일 꽃바구니』, 동시집 『기린을 만났어』, 동화집 『할머니는 축구 선수』 등 있음.

■동시

농부의 하루

권 지 영

봄에 씨를 뿌리고
여름에 풀을 베고

가을에 거둬들이고
겨울에 기다리는 일

아침에 나가보고
한낮에 둘러보고
저녁에 돌아보는 일

하루 내내
일 년 내내
멈추지 않는 일

햇빛과
바람과
비를 한마음으로 바라보면서

하루를
한 달을
일 년을 한마음으로 보내면서

온 마음
다
기울이는 일

하루가 일 년이 되는
농부의 시간

권지영 2015년 《리토피아》 등단. 작품집 『아름다워서 슬픈 말들』, 『달보드레한 맛이 입 안 가득』 등 있음.

봄비

조 수 옥

저 비 맞고 나면
흙은 가만있지 않을 거예요

저 비 맞고 나면
씨앗들도 가만있지 않을 거예요

가만있지않을거예요

아 저 비 맞고 나면요

조수옥 1997년 충청일보 신춘문예 등단. 시집 『어둠 속에서 별처럼 싹이 트다』, 『거꾸로 서서 굴리다』, 『오지』 등 있음. 2022년 경기문화재단 수혜자 선정.

새벽

최 인 혜

꼬끼오!
뒷골에서 닭이 울면
꼬끼오!
넘넘골에서 울고
사장골에서 울면
주넘골에서 울고
각골에서 울면
건너골에서 울고
꼬끼오!
꼬끼오!
꼭두새벽 닭 울음이
하늘하늘 날아오르면
산 너머 동쪽 하늘이 빨갛다.

최인혜 2004년 계림북스쿨 「내 마음에 들어온 낡은 자전거」로 등단. 작품집 『호박이 넝쿨째』, 『사과가 주렁주렁』, 『잃어버린 자전거』 등 있음.

회원 소설, 산문

■단편 소설

그래, 낙타를 사자

김 민 효

1. 그래

　건물들은 낮고 칙칙하다. 무채색의 건물 너머로 지평선이 아득하게 펼쳐져 있다. 태양은 그 지평선 끝에 반쯤 걸렸고, 불거진 검은 물체가 정확하게 태양의 중심을 찌르고 있다. 너무 아득해서 그것의 정체를 짐작하기 어렵다. 심장이 터지기라도 한 것처럼 서쪽하늘과 지평선은 범람하는 붉은 빛으로 흥건하다. 여자의 두 다리가 저절로 오므려진다. 여자는 골반과 허벅지의 근육을 최대한 긴장시킨다. 더 깊은 사막으로 떠날 차비를 마친 기차가 기적을 울린다. 여자의 일행은 비슷비슷한 옷차림과 대형 트렁크를 끌고 기차를 향해 바쁘게 걸어간다.
　해거름 노을에 홀려있는 여자는 일행으로부터 점점 더 뒤쳐진다. 가이드가 붉은 깃발을 아래위로 흔들며 여자의 걸음을 재촉한다. 차츰 깃발은 신경질적으로 흔들린다. 여자는 여전히 움직이지 않는다. 다시 한 번 기적소리가 울린다. 참을 수 없다는 듯 가이드는 깃발을 던지고 여자에게로 다가온다. 그는 다짜고짜 여자의 손에서 트렁크를 낚아채듯 빼앗으며 기차를 가리킨다. 여자는 비로소 붉은 마법에서 풀려난 것처럼 손을 휘저으며 발걸음을 떼어놓는다. 여자의 트렁크 속에는 두 배로 처방받은 조혈제, 휴대용 위스키, 견과류로 잔뜩 버무린 초콜릿과 에너지 바, 몇 벌의 옷, 화장품과 세면도구들이 들어 있다. 의사가 별도로 챙겨준 응급처치 메모와 병원 연락처는 그녀의 여권 갈피에 꽂혀 있다. 그것들이 담겨진 여자의 트렁크는 다른 남자의 손에 이끌려 플랫폼을

잘. 도. 굴. 러. 간. 다,

내가 누워 있는 이동식 침대는.

코너를 돌 때 아주 잠깐 리듬이 깨지는가 싶었지만 이내 원래의 속도를 유지했다. 건장한 체격도 체격이지만 숙련된 남자 간호사들의 침대 운전 솜씨는 일품이다. 빠르지만 안정된 속도감, 바퀴가 구르면서 만들어지는 일정하고 생생한 리듬감. 등허리로 느껴지는 자극 때문에 환자라는 사실을 잊을 만큼 기분이 좋아졌다. 생각도 접고, 팔다리의 긴장도 풀고, 몸뚱이에서도 힘을 뺐다. 아무 의지도 없이 수면에 떠 있는 나뭇잎처럼. 그러자 등짝에 닿는 진동이 더욱 생생하게 척추로 전달되었다. 떨림을 느꼈던 상황에 대한 기억인지, 척추에 새겨진 감각에 대한 기억인지, 구분해낼 수는 없지만 비슷한 진동과 리듬을 경험한 적이 있는 것 같다. 그것이 황홀경이었는지 엄청난 공포였는지 분간이 되지는 않는다. 정체가 무엇이었든 그 기억들을 잡아내려고 정신을 집중시켰다. 긴 복도를 지나고 엘리베이터를 탈 때까지 '매우' 혹은 '특별한' 느낌으로 저장되었을 기억은 실마리조차 잡히지 않았다.

바퀴가 내는 진동은 계속해서 척추를 두드렸다. 머릿속에 꽉꽉 들어찼던 무겁고 복잡한 생각이 서서히 밀려나갔다. 기억해내려고 애를 쓰던 그것마저 꼬리를 자르고 사라졌다. 살짝 오그리고 있던 한쪽 다리를 뻗었다. 투둑, 꼬리뼈에 진동이 전해졌다. 접혀 있던 기억 하나가 후루루 풀려나왔다. 젊은 아버지와 예닐곱 살쯤의 나였다.

우리는 천막극장 앞에 서 있다. 천막에는 재주를 부리는 원숭이와 색색의 둥근 고리로 저글링을 하는 마술사, 입으로 불을 뿜는 차력사들의 포스터가

붙어 있다. 그것을 배경으로 어릿광대가 커다란 북을 매고 있다. 한쪽 눈은 튀어나올 것처럼 크고 둥글며, 다른 한쪽 눈은 질끈 감고 있는 것처럼 가늘고 새카맣다. 질끈 감겨진 눈 밑에는 하얀 눈물이 방울방울 그려져 있다. 로미야. 저것이 인생이란다. 아버지는 어릿광대를 가리키며 말한다. 아하, 어릿광대가 인생이란 거구나! 나는 아버지의 말을 잘 이해했다는 듯이 고개를 끄덕인다.

어릿광대는 번갈아 가면 다리를 뻗는다. 그가 다리를 뻗을 때마다 구두 뒤축에 매어 있는 줄이 당겨지고 여지없이 북채가 북을 두드린다. 세게 혹은 여리게. 둥, 둥, 둥…… 두둥, 두둥, 두둥……. 어릿광대는 태엽인형처럼 일정하게 발을 움직인다. 북소리에 맞춰 어깨가 절로 들썩거린다. 발도 저절로 들린다. 인생이라는 어릿광대를 보기 위해 점점 아이들이 모여든다. 아이들뿐만 아니라 어른들도 모여들어 내 앞을 가린다. 까치발로 서 보지만 어릿광대는 잘 보이지 않는다. 아버지가 나를 번쩍 안아 올려 목말을 태워준다. 세상에! 이렇게 높은 곳은 처음이다. 동네에서 가장 키가 큰 아버지, 그 아버지 어깨 위에 올라앉은 나. 바지랑대 끝에 처음 올라앉은 어린 새처럼 놀랍고 두렵고 신기하다. 장대처럼 커 보이던 어릿광대도 만만하게 내려다보인다. 아버지가 북장단에 맞춰 몸을 흔들자 천막극장과 어릿광대가 한꺼번에 끼우뚱거린다. 아찔아찔한 현기증과 온몸을 휘감는 북소리. 나는 아버지의 목을 꽉 끌어안는다. 아버지의 어깨는 견고하게 내 몸을 받치고 있다. 아버지가 내 다리를 안전하게 잡아줄 거라는 믿음이 생기자 어지럼증과 두려움이 사라진다. 어릿광대는 쉬지 않고 발을 내뻗는다. 검고 하얀 땀으로 범벅이 된 그의 얼굴은 더욱 우스꽝스러워진다.

입원실 복도를 지나 수술실로 향하는 엘리베이터를 탈 때까지 북소리는 계속 들렸다. 그러나 엘리베이터 앞에 멈추는 순간 소리도 영상도 스릴에 대한 기대도 모두 사그라지고 말았다. 아버지의 든든한 어깨는 물론이고 우스꽝스러운 어릿광대도 거품처럼 꺼져버렸다. 정작 잡아내려고 애썼던 기억은 낌새만 비치고 그대로 가라앉아버렸다. 툭, 덜컹, 쑤욱. 그 무엇이 침대 바퀴를 강하게 지하로 끌어내리고 있는 것처럼 엘리베이터는 아주 빨리 지하층까지 내려왔다. 9층에서 지하 2층으로 내려오는 동안 어느 층에서도 엘리베이터는 멈추지 않았다. 이동식 침대는 다시 긴 복도를 굴러간다. 지극히 단조로운 천장과 규칙적으로 박혀 있는 전등이 빠르게 밀려나갔다. 전등 불빛들은 먼 길을 배웅하는 사열 병처럼 내 몸을 비추면서 멀어졌다.

 목이 졸리는 것 같은 갑갑함과 등짝이 서늘해지는 두려움이 엄습해왔다. 바깥이 보고 싶어졌다. 그런데 창이 없다. 뜬금없이 몇 송이 남지 않았던 자목련의 안부가 몹시 궁금해졌다. 오늘 눈을 뜬 이후로 한 번도 창밖을 내다보지 못했다. 따로 준비해온 작은 손가방을 우진에게 전하는 일이 더 급했기 때문이었다. 손가방을 들고 두 차례나 진료실로 가봤지만 그는 출근 전이었다. 그의 진료실 앞을 서성이는 동안 나를 찾는 방송을 두 번이나 들었다. 스피커에서 호명되는 내 이름은 모르는 사람의 이름처럼 낯설게 들렸다. '뇌신경외과 병동'이라는 말과 '송로미 환자'라는 말이 반복되지 않았다면 나를 찾는 방송이라는 것도 알아채지 못했을 것이다.

 병실로 돌아오자마자 간호사는 뚫어놓은 혈관에 링거를 꽂았다. 그리고 남자 간호사들은 이동식 침대를 환자용 침대에 바짝 들이댔다. 그들이 너무 부산하게 움직이는 바람에 정신을 차릴 수가 없었다. 그러나 우진에게 손가방을 전달해야 한다는 생각 하나는 꼭 붙들고 있었다. 밀봉된 서류 봉투, 신용카드와 신분증, 인감도장이 든 지갑, 단축번호가 입력된 휴대폰이 들어 있는 가방을 담당 간호사에게 맡겼다. 어떤 일이 생기든 우진은 가장 이성적이고 합리적으로 뒷일을 수습해 줄 것이라는 믿음 때문이었다.

 부산스레 움직이는 발자국 소리가 잠시 멈추는가 싶더니 이내 가까워졌다. 또 다른 이동식 침대가 굴러오는 소리. 빠르게 다가오는 바퀴 소리와 더해지는 진동음. 종종걸음의 발자국 소리가 점점 가까워지다가 곁을 스쳐 지나갔다. 침대 위에 누워 있는 사람은 머리끝까지 하얀 시트를 뒤집어썼다. 시트를 걷고 누워있는 사람의 생사를 확인하고 싶어졌다. 할 수만 있다면 그를 일으켜 세워 바깥으로 나가고 싶었다. 그러나 두 대의 이동식 침대는 각각의 방향을 향해 빠르게 멀어졌다. 멀어지는 이동식 침대 운전자는 간호사 차림도 의사 차림도 아닌 긴 가운에 마스크까지 썼다. 이미 말은 필요하지 않는 상황이라는 것을 보여주기라도 하듯이. 그 침대 뒤로 중년의 여자가 허둥지둥 쫓아가고 있었다. 그녀의 걸음걸이는 마구 헝클어졌다. 이윽고 그쪽 침대는 비상구 쪽으로 사라졌다.

　수술실로 들어가자마자 남자 간호사들은 나를 시트 채로 들어 수술용 침대로 옮겼다. 그들은 거기까지가 임무의 끝인 것처럼 끌고 왔던 이동식 침대를 끌고 되돌아나갔다. 수술용 침대로 옮겨졌는데도 등짝에 남아있는 진동의 느낌은 여전했다. 하얀 시트를 덮어쓴 사람의 형상도 어른거렸다. 나를 인계받은 사람들은 수술용 침대에 맞게 내 몸을 정리하기 시작했다. 그들 중 한 사람이 내게 입혀진 환자복을 벗겼다. 끈으로 여며진 옷은 쉽게 벗겨졌다. 팬티는 남겨놓았는지 감각이 없다. 입원실에서 미리 벗고 나왔던 것 같기도 했다. 내 몸을 수선하거나 수리를 해야 하는 물체쯤으로 여기는지 그들의 얼굴에는 아무런 감정이 묻어 있지 않았다. 그러나 나는 벗겨진 아랫도리가 수치스러웠다.

　우진이 내 몸을 농담거리로 삼을 때도 마찬가지였다. 야, 송로미. 넌 겉은 그럴듯한데 정말 실속이 없어야. 머릿속에는 당장 제거해야 할 폭탄이 세 개나 들었지. 자궁에는 흡혈귀보다 더한 이상 혈관이 들어차 있지, 게다가……. 이게 다 개점휴업 상태이기 때문이야. 조혈제 처방전을 쓰면서 그는 개점휴업 상태란 말을 두 번이나 거듭했다. 심각해지기 싫어서 하는 농담이란 것을 모르진 않았다. 그러나 그의 시선이 내 전신을 훑을 때는 묘하게 가슴과 아랫도리가 저릿저릿해졌다. 전류가 흐르고 있는 전선을 내 몸에 댔다 땐 것처럼. 별 뜻도 없어 보이는 농담이나 시선에 예민하게 반응하는 내 몸뚱이에 짜증이 났다. 이 녀석이 지금 남자의 시선으로 나를 보고 있단 말인가? 아닐 것이다. 초등학교에 들어가기 전 이미 우리는 서로의 맨몸을 다 본 사이다. 발가벗은 채 개울에서 함께 물놀이를 했고, 바지를 내리거나 엉덩이를 깐 채로 오줌을 누는 서로의 모습도 심심찮게 보거나 들키지 않았던가. 그가 홀딱 벗고 내 앞에 나선다 해도 나는 무람없이 그를 바라볼 수 있을 것이고, 그 역시 내 몸뚱이를 그렇게 바라볼 것이라고 믿고 있었다.
 간호사들은 건조한 말투로 다리 힘을 빼라고 명령했다. 나는 두 다리에서 힘을 뺀 채로 그들에게 몸뚱이를 맡겼다. 그들은 팔과 다리를 잡아다 벨트로 묶고 침대에 고정시켰다. 손가락에도 기기에 연결된 집게를 끼우고 링거 줄을 조절했다. 팔과 다리 특히 오른쪽 허벅지가 견고하게 묶인 것을 확인한 그들은 초록색 시트로 내 몸을 덮었다. 역할 분담이 확실하다는 것을 보여주기라도 하는 것처럼 의사인지 간호사인지 모를 두 명의 남자가 다가왔다. 그들은 내 머리통을 침대 맡에 있는 기기에 맞춰 고정시킨 다음 기기와 연결된 두 개의 넓은 판을 얼굴 양쪽에 댔다. 방사선을 쏘아 머릿속의 영상을 모니터로 전달하는 기계라고 했다. 유리인지, 플라스틱인지, 금속인지 모를 그것의 표면은 무척 차가웠다. 너무 차가워 온몸으로 소름이 돋았다. 수술이 끝날 때까지 방사선은 계속해서 쏘여지게 될 것이며, 그 후유증으로 머리카락이 다 빠지게 될 거라고 의사는 미리 일러줬었다. 나는 머릿속에 든 시한폭탄보다 머리카락이 죄다 빠질 거라는 것에 반감을 보였다. 민둥머리가 된다고요? 나는 반사적으로 의사에게 물었다. 그는 어이없다는 표정을 지었다. 폭탄을 안전하게 제거하는 것이 문제지 머리카락 빠지는 것이 무슨 대수냐고 의사는 일축해버렸다. 그리고 무표정한 얼굴로 차트를 살폈다. 내 머릿속 사정을 나보다 더 잘 알고 있는 그는 아직 시선에 잡히지 않는다. 기기가 가동되지도 않았는데 세포들의 아우성을 듣는 것 같았다. 수술이 진행되는 동안 비명도 지르지 못하고 변형되거나 죽어갈 불쌍한 세포들. 눈을 감고 숨을 깊게 몰아쉬었다.
 "송로미 씨, 준비됐지요?"
 나는 눈을 번쩍 떴다. 폭탄을 제거할 의사와 시선이 마주쳤다. 수술 전 마지막 절차라도 되는 것처럼 그가 물었다. 목소리를 듣지 않았다면 두건과 마스크까지 쓴 그를 단번에 알아볼 수는 없었을 것이다. 나는 대답 대신 두 눈을 깜박였다. 의사는 내 눈빛을 읽고는 이내 모니터로 시선을 돌렸다. 수술에 대한 절차나 방법 그리고 예측되는 결과에 대해서는 어제 이야기를 들은 터였다. 어떤 결과가 초래되든 이의를 제기하지 않겠다는 수술 동의서에도 내가 직접

사인을 했다. 집도할 의사가 환자에게 직접 수술 동의서를 받는 것은 매우 이례적인 일이라고 그는 생색을 냈다. 그리고 입원을 할 때까지 보호자가 나타나지 않는 것을 매우 의아하게 생각했던 것 같았다. 그는 퉁명스럽게 물었다. 남편이 국내에 없습니까? 나는 미처 대답을 준비하지 못했다. 자칫 그 사람은 해외에도 없다고 말할 뻔했다. 튀어나오려는 첫 소리마디 '그 사람'을 재빨리 삼켜버렸다. 의사는 말을 바꿔 물었다. 다른 보호자는 없습니까?

다른 보호자?

누군가의 보호자가 아니라 누군가로부터 보호를 받아야 하는 엄마가 내 보호자가 될 수는 없었다. 오빠와 동생? 그들 역시 적당한 보호자로 생각되지 않았다. 그들은 나를 몹시 불편하게 여겼다. 내 불행이 전염성이 강한 병이라도 되는 것처럼 그들은 몸과 마음을 사렸다. 배를 잡고 웃다가도 내가 나타나면 급하게 웃음을 멈췄다. 누군가가 내 남편에 대해 물어오면 재빨리 화제를 다른 것으로 돌렸다. 마치 금기라도 되는 것처럼 내 피붙이들은 남편에 관한 어떤 이야기도 꺼내지 않았다.

오빠는 한동안 텔레비전이나 라디오를 켜지 못하게 했다. 텔레비전이나 라디오 그리고 컴퓨터에 연결된 전원을 모두 뽑아버렸으며 구독 중인 시사 잡지까지 배달을 중지시켰다. 그리고 내 아들이 아빠의 부재를 인식할 새도 없이 자신의 아들이 가 있는 영국으로 보내버렸다.

엄마 보고 싶어.

처음 몇 달 간 아들은 자주 전화를 걸어 그렇게 말했다. 아들의 말에서 나는 살아야 할 이유를 찾곤 했다. 그러나 아들은 전화 거는 횟수를 점점 줄였다. 지금은 한 달에 한 번, 그것도 미처 송금을 하지 못했을 때만 전화를 걸어왔다. 징징거리던 그 몇 달을 빼고는 4년이 다 된 지금까지 아들은 엄마가 보고 싶다는 말은커녕 집으로 돌아오겠다는 뜻을 비친 적이 없다. 굳이 돌아와 아빠의 부재를 확인하거나 혼란스러웠던 그 순간을 되새기고 싶지 않은 거라고 억지로 이해했다. 요즈음은 송금을 할 때나 송금내역을 확인할 때가 아니면 내게 아들이 있다는 것도 의심스러울 때가 많다. 아무튼 큰 탈 없이 살고 있는 내 피붙이들에게 나라는 존재는 명치끝에 걸린 체기 같은 것일 게다. 평소에는 잊고 있다가 문득 나라는 존재를 떠올릴 때마다 올리는 신트림 같은 느낌말이다.

한참동안 차트를 들여다보던 의사는 찌푸렸던 미간을 풀며 중얼거렸다. 아, 장우진 선생. 그는 해결의 실마리라도 찾아낸 것처럼 반색을 하며 물었다. 내 진료차트에 장우진이란 표식이 새겨져 있을 거라고는 미처 생각하지 못했다. 그는 우진과 어떤 사이냐고 물었다. 나는 미처 그럴듯한 대답을 준비하지 못하고 있었다. 맨 몸으로 만난 가장 오래된 친구입니다. 아니면 배우 뺨치게 예쁜 제 동생을 머리가 나쁘다는 이유로 걷어찬 남자입니다. 아니면 환자복 차림의 내게 무지 섹시하다며 허튼 소리를 지껄이는 녀석입니다. 그 어떤 말도 대답으로는 적절하지 않았다. 내가 머뭇거리자 의사는 더 이상 묻지 않았다. 더 이상 보호자를 고집하지도 않았다.

내가 수술 동의서에 사인 전, 그는 예측할 수 있는 모든 경우의 수를 늘어놓았다. 그는 수술 결과를 낙관하지 않았다. 살 확률과 죽을 확률이 반반이라는 것이다. 살 확률 50% 중에서 수술 이전의 온전한 상태로 돌아올 확률은 겨우 20%이고 나머지 30%는 경미하든 치명적이든 장애를 입게 된다. 치명적이라 함은 혼수상태, 반신 마비, 언어 장애, 치매 등의 장애를 입게 된다는 것을 의미한다. 그렇다고 수술을 미루거나 포기하랄 수는 없다. 폭탄 세 개를 머릿속에 넣고 있는 상태며, 자각 증세가 없기 때문에 폭발 시각은 예측할 수 없다. 의사는 제법 강도가 센 엄포까지 놓았으나 좀처럼 위기감으로 느껴지지는 않았다.

죽음은 노크도 없이 들이닥친다는 사실을 아버지의 죽음을 통해 경험했고, 삭제 버튼을 누르듯 한 사람의 존재를 단번에 세상으로부터 깨끗하게 지워버린다는 것도 알고 있었다. 그러나 나에게는 친절하게도 사전 경고까지 했으니 그것을 맞이할 준비만 하고 있으면 될 일이었다. 당신은 젊습니다. 무슨 말인지 알지요? 의사는 보너스라도 주는 것처럼 내 어깨를 두드리며 말했다. 그것이 어제의 일이었다.

"장우진 선생님의 메시지입니다."

마취를 하려던 의사가 휴대폰을 꺼내 메시지를 보여주었다. '로미야 파이팅'이라는 간단한 내용보다 탈색된 칼라 사진이 시선을 끌었다. 교련복과 청바지를 입은 스무 살 남짓의 다섯 명의 젊은이들. 단체복이라도 되는 것처럼 남자 셋은 교련복 바지를 입었고 여자 둘은 청바지를 입었다. 그 중 목에 붉은 스카프를 맨 여자는 잊고 있었던 내 모습이었다. 내게도 저런 날이 있었나 싶을 정도로 새삼스러웠다. 수술이 끝나면 스무 살로 돌아갈 수 있는 기적이라도 일어난다 말인가? 피식하고 헛웃음이 나왔다. 그런데도 뭉텅뭉텅 사라졌던 기억 하나가 어제 일처럼 되돌아오고 있었다. 아련하던 멜로디가 점점 선명해졌다. 멜로디에 실려 노랫말도 떠올랐다. …… 월말이면 월급타서 로프를 사고/연말이면 적금타서 낙타를 사자/자 그렇게 산에 오르고/자 그렇게 사막에 가자/……. 나와 우진을 포함한 스무 살의 우리들이 주점에 모여서 했던 약속이 생각났다. 그것은 약속이라기보다 희망 사항이었다. 이십대에 해치워야 하는 것으로 암벽 등반을 약속했고, 서른이 되기 전에 사막을 여행하자는 약속이었다. 시나 소설에 설정된 사막은 막연했지만 답답했던 현실 너머의 탈출구이자 이상세계이기도 했다. 어쨌든 로프를 타고 인수봉 꼭대기까지는 여러 차례 올랐다. 그러나 사막을 여행하자던 약속은 이내 잊어버렸다. 그런 꿈을 꾼 적이 있었는지조차 기억하지 못했다. 사는데 바빠서 꿈을 꿀 여유가 없었던 것인지, 막연한 이상보다는 현실적인 욕망을 좇는데 급급했었던 것인지……. 아, 그렇지. 그 무렵 난 사랑에 빠졌다. 교련복 바지 중 한 녀석이 국가보안법 위반으로 수배자 명단에 오르자, 내 남자는 그들로부터 나를 떼어놓았다. 우진은 이미 공부를 핑계로 나보다 먼저 모임에서 멀어졌다. 우진과 나는 배신 아닌 배신자가 되어버렸다. 서른 살에 실천하기로 했던 우리의 약속은 그렇게 잊어버렸다. 그들은 사막에 갔을까? 그리고 낙타를 샀을까?

"자, 마취 들어갑니다. 빠르면 세 시간, 늦어지면 다섯 시간 정도 깊게 잠이 들 겁니다."

휴대폰을 주머니에 넣은 마취과 의사는 액체가 가득한 주사기를 들고 링거 줄을 잡았다. 저 액체는 내 혈관 속으로 들어와 나를 깊은 잠속으로 끌고 들어갈 것이다. 일 미터 남짓 된 링거 줄을 타고 내려와 내 몸을 장악하는 데는 몇 분 아니 몇 초쯤 걸릴까? 어쩌면 영영……. 저 액체는 내 운명을 가를 수도 있었다. 꼭 했어야 할 숙제를 남겨놓은 것처럼 마음이 조급해졌다. 그러나 몸이 움직여지지 않았다. 움직일 수 있는 것은 오직 입분이었다.

"선생님, 잠깐만요."

마취약을 주사하려던 의사가 나를 바라보았다.

"선생님, 할 말 있어요. 손 좀 풀어 주세요, 제발."

나는 간절한 눈빛으로 의사를 쳐다보았다. 마취를 하려던 의사는 메스를 집어든 의사를 바라보았다. 집도 의사가 눈짓을 하자 간호사들이 내 팔을 풀어주었다. 나는 벌떡 일어나 앉았다. 내 몸을 덮었던 시트가 흘러내렸다. 두 손을 가슴에 댄 채로 깊은 숨을 내쉬었다. 그런 다음 팔에 꽂혀 있는 주사바늘을 사정없이 뽑아 버렸다. 노랫소리는 계속해서 머릿속을 울렸다. ……/그래 그렇게 사막에 가자/……. 재빨리 침대 아래로 내려섰다. 링거를 꽂았던 팔에서 피가 줄줄 흘러내렸다. 수술 준비를 하던 사람들의 시선이 일제히 내게로 쏠렸다.

"낙타를 사러 가야겠어요."

나는 탈출하듯 수술실 밖으로 걸어 나왔다. 아랫도리가 홀랑 벗겨져 있었지만 그것은 문제가 되지 않았다.

2. 낙타를 사자

헉. 이건…….

멀리서 볼 때는 사구 정도로밖에 여겨지지 않았다. 그러나 점점 가까이 다가갈수록 입이 저절로 벌어졌다. 사구가 아니라 거대한 모래 산이 아닌가. 아찔했다. 그렇다고 돌이킬 수도 없었다. 기차에서 내렸을 때, 인솔팀장은 일행 모두에게 코스를 선택할 기회를 줬던 것이다. 하나는 암벽사원을 구경한 다음 버스를 타고 이동하는 코스, 다른 하나는 모래 산을 도보로 넘어가는 코스. 합류 지점까지 네 시간이 허용되었다. 네 시간 뒤에는 합류 지점에 도착해야 예약된 낙타를 탈 수 있다고 했다. 제 시간에 도착하지 않으면 다음 목적지로 떠나는 낙타 행렬을 놓치게 된다는 것이다.

팀장은 버스로 이동하는 코스를 적극적으로 권했다. 유네스코 문화유산으로 지정될 만큼 가치가 높은 사원이라는 것을 강조했고, 사원주변의 풍광과 오아시스에서 솟아 흐르는 시원한 물과 농익은 과일에 대해서도 극찬을 했다. 반면 모래 산을 넘는 코스는 엄청난 고통을 감수하게 될 거라고 말했다. 길도 물도 그늘도 없으며 엄청난 모래바람 속을 통과해야 한다고 엄포도 놓았다. 모래 산 코스를 택하는 인원을 최소화하려는 의도가 역력했다. 그렇다고 모래 산 코스에 대한 매력을 빼놓은 것은 아니었다. 정상에서 느낄 수 있는 희열이라든가, 사막에 펼쳐진 태양과 바람의 마술적인 장관이라든가, 온몸으로 모래바람을 통과할 때 느끼게 되는 쾌감이라든가. 그러나 말미에 '재수가 좋다면'이라고 전제를 하자 일행 대부분은 버스 쪽을 택했다. 고생도 고생이지만 불확실한 쪽에 기대를 걸고 싶지 않은 것 같았다. 모래 산 코스를 이끌 팀장 주변에는 나를 포함해서 여섯 명만 남게 되었다.

드디어 여러분들이 자초한 지옥문 입구에 도착했습니다. 팀장이 호들갑을 떨자 일행은 휘파람과 환호성을 질렀다. 팀장은 정색을 하며 다시 말을 이었다. 우선 여권을 안전하게 보관하십시오. 혹시 사고가 생기거나 사막에 고립되었을 때 본인을 증명해줄 유일한 증명서가 될 테니까요. 다음으로 백이나 배낭을 몸에 단단히 붙들어 매십시오. 신발 끈도 단단히 조이시고, 모자와 마스크 그리고 선글라스……. 팀장은 비장한 표정으로 일행을 죽 둘러보며 말을 마쳤다. 들떠 있던 일행의 표정은 순식간에 굳어졌다. 그의 시선이 내게 오래 머물렀다가 비껴났다.

"괜찮겠습니까? 다른 사람들과 달리 송로미 씨는 검증이 안 된 터라……."

우진의 부탁이 아니었더라면 합류시키지 않았을 거라고 말하면서 생수 한

병을 건네주었다. 이곳에서도 여전히 우진의 영향력이 미치고 있었다. 무능함을 재확인하는 것 같아 씁쓸했지만 어색하게나마 웃어보였다. 그리고 팀장이 건넨 생수병은 돌려주었다. 기분이 상해서가 아니라 짐을 보태고 싶지 않아서였다. 그러자 다른 것은 몰라도 물은 반드시 챙겨야 한다며 생수병을 내 배낭에 찔러 넣었다.

"처음이라 어색한 모양인데 일행들과 편안하게 어울리십시오. 다 친구고 동지 아닙니까?"

팀장은 선심이라도 쓰는 것처럼 너스레를 떨었다. 나는 그의 시선을 피하며 몇 발짝 떨어졌다. 그의 시선이 온몸으로 느껴졌지만 모른 체했다. 지켜보던 사람들은 별스럽다는 듯이 등을 돌렸다. 사실 나는 다른 사람들과 스스럼없이 어우러지는 방법을 잊어버렸다. 그래선지 그들의 친절도 부담스러웠다. 차라리 아무도 나에게 관심을 갖지 않는 것이 편했다. 나는 팀장이 찔러 넣은 생수병을 꺼내 슬쩍 모래 위에 내려놓았다.

지름길은 경사가 몹시 급했다. 거의 직벽에 가까웠다. 중턱부터는 나무나 로프로 계단을 설치해 놓았으나 거기까지 올라가는 것이 문제였다. 고개를 꺾고 산을 올려다보았다. 머리가 핑핑 돌았다. 네 몸에게 겸손해라. 절대 욕심을 부리지 말 것이며 위험하게 만용을 부리지 마라. 자칫하다간 어설프게 공중제비를 돌다가 겨우 뼈나 추리게 될 거다. 내가 갈등하게 될 것을 예상했던 것처럼 우진은 미리 경고를 했다. 사실 잔소리는 거기서 그친 것이 아니었다. 비상약품, 초콜릿, 휴대용 위스키까지. 그는 트렁크에 챙겨 넣으면서 암기하기도 어려울 만큼 주의사항을 늘어놓았다. 이건 보너스. 그는 내 병세와 응급처치방법을 간단하게 정리한 두 장의 종이를 여권 크기로 접어 갈피에 끼워 넣었다. 의사의 재빠른 응급처치와 동행한 사람에게 끼칠 민폐를 최소화하기 위해서라고 했다. 이렇게까지 하고 싶니? 고맙다는 말 대신 그에게 건넨 말이었다. 응, 하고 싶어. 나는 네 주치의잖아? 의사는 마지막 순간까지 자신의 환자를 포기하지 않거든. 그는 단 몇 초도 뜸을 들이지 않고 대답했다. 처음으로 듣는 가장 진지한 말이었고 표정이었다. 진료실도 아니고 하얀 가운도 입지 않았지만 그 어느 때보다 그가 의사답다는 생각을 했다.

　길다운 길은 없었다. 산 전체가 길이기도 했고 길이 아니기도 했다. 인간이 만든 길은 오직 직벽에 설치된 로프 몇 가닥과 나무 계단뿐이었다. 일행은 흩어져 산을 오르기 시작했다. 직벽 쪽으로 향하는 사람도 있었고 완만한 능선 쪽으로 향하는 사람도 있었다. 나는 완만한 능선 쪽으로 방향을 잡았다. 올라갈수록 경사는 점점 더 급해졌고 중심을 잡기도 어려웠다. 누군가 말을 걸어왔지만 대답도 버거울 만큼 숨이 컥컥 막혔다. 바람은 모래를 계속해서 밀어 올려 깎아 세운 것처럼 모래 날을 세웠다. 발은 모래 속으로 푹푹 꺼졌다. 중심을 잡지 않으면 이쪽 아니면 저쪽으로 굴러 떨어지기 십상이었다. 이쪽은 오아시스 쪽이고 저쪽은 팀장이 경고했던 바로 그 모래 늪이 있는 골짜기였다. 골짜기를 휘감아 올라온 바람은 몹시 거칠었고 소리도 요란했다. 거침없이 평지를 달려온 바람이 단숨에 산등성이를 휩쓸어 모래너울을 만들었다. 눈, 코, 입, 귀 등 모든 구멍으로 모래가 파고들었다. 선글라스와 마스크를 썼지만 틈새를 파고드는 모래를 막아내기는 어려웠다. 목둘레, 옷섶, 소매 속, 허릿단 가릴 것 없이 모래가 기어들었다. 운동화 속은 말할 것도 없었다. 몸무게의 절반은 모래가 아닐까 싶을 정도로 많은 모래를 끌어안고 있는 꼴이 되었다. 천근같은 다리와 온몸을 태워버릴 것 같은 태양열과 순간순간 아득해지는 현기증 때문에 눈앞이 빙글빙글 돌았다. 문득 어릴 적에 보았던 어릿광대의 모습처럼 내 꼴이 우스꽝스러울 거란 생각이 들었다.

　초등학교에 입학하고 나서도 한동안 나는 광대가 그려진 동화책이나 포스터를 보면 "아, 인생이다."라고 말하곤 했다. 아버지만 빙그레 웃었을 뿐 다른 사람들은 생뚱맞다거나 엉뚱한 소리냐며 무시해버렸다. 로미야, 무슨 일이 생겨도 계속해서 걸어야 한단다. 그래야 북소리가 울리거든. 아버지는 내가 자신과 같은 운명에 처하게 될 거라는 예감을 했던 것일까? 아버지의 치명적인 유전자가 내게로 유전될 거라는 사실. 그리고 마흔이 되기도 전에 남편을 잃게 된 엄마의 팔자까지 그대로 대물림하게 될 거란 사실. 이런 예감 때문에 아버지는 내가 이해할 수도 없는 말을 공들여 했었던 것이 아니었을까? 그러나 지금 이 순간에도 인생이 뭔지는 여전히 모르겠다. 계속 걸어야 한다는 말의 의미도 제대로 해독하지 못했다. 한 가지 확실한 것은 스무 살의 결심을 마흔이 넘어서야 결행하고 있다는 사실이었다. 산꼭대기를 올려다보았다. 아득했다. 귀신 계곡 아래를 내려다보았다. 골짜기 너머에는 양지와 음지가 극명한 구릉과 구릉이 끝없이 펼쳐져 있었다. 그 어디에도 길은 보이지 않았다. 사람은커녕 목숨 붙은 것들의 모습도 시야에 잡히지 않았다.

우진은 내가 현실에서 도망치고 있다고 말했다. 사막에선 더 이상 도망칠 수도 숨을 수도 없는 곳이란 걸 알게 될 거라고 했다. 뭉텅뭉텅 지워졌거나 잃어버린 내 기억에 대해서도 마찬가지였다. 그것을 방패막이로 삼아 모든 문제를 외면하고 있다는 것이다. 남편의 죽음은 물론이고 유학 중인 아들의 존재, 나아가서 결혼을 했었다는 것마저 부인하고 싶어 하는 것이 그 증거라고 말했다. 남편이 죽었다는 사실보다 죽음으로 몰아간 이유나 실체에 대해서 두려움을 갖고 있다는 것이다.

네 남편의 죽음을 너는 결코 막을 수 없었어. 왠지 알아? 네 남편은 s회장의 여러 개 꼬리 중 하나였을 뿐이야. 매우 요긴하게 써먹긴 했지만 안전을 위해서는 가차 없이 잘라버려야 하는 꼬리. 그런데 명석하다고 소문난 사람이 그것을 몰랐을까? 아니면 자기는 결코 잘려나갈 꼬리가 아니라고 믿고 싶었을까? 아마 네 남편은 만약의 경우라는 것도 다 예상했을 거다. 그랬으니까 밀봉된 서류를 금고가 아닌 네 베개 속에 따로 숨겼지. 아마도 그것이 안전장치라고 생각했던 것 같다.

남편을 s회장의 충직한 개쯤으로 여기는 듯 한 우진의 말투가 몹시 거슬렸다. 사실 그의 관심은 남편의 죽음보다 밀봉된 서류에 있는 것 같았다. 남편의 죽음을 설명할 수 있는 유품이라는 것이었다. 그런데도 그것을 마주하지도 뜯지도 못하는 내가 참으로 딱하다고 몰아세웠다. 사실 나는 봉투 속의 실체가 두렵기도 했지만 그것 이전에 내가 확인하지 않은 주검, 아내인 내가 참석하지 않은 장례식을 믿을 수가 없었다. 내가 현실을 부정할수록 주변 사람들은 더 냉정하고 지독하게 증거를 들이댔다. 오빠는 이미 제적 처리된 서류를 내밀며 믿을 것을 강요했고 엄마는 과부가 된 것보다 더 무서운 것은 가난한 것이라며 등짝을 후려쳤다. 자식의 교육과 취업을 보장해준 은혜로운 회사가 있지 않느냐며 호강에 받쳤다고 야단을 쳤던 것이다.

 여행 가방을 싸기 전, 나는 처음으로 당시에 보도된 뉴스를 검색했다. 남편의 이름으로는 아무 것도 검색되지 않았다. 그의 강한 출세욕과는 달리 세상에 드러날 만한 인물은 아니었던 모양이다. 다시 's사 간부 사원 자살'이란 검색어를 입력했다. 여러 사이트가 화면 가득 펼쳐졌다. 각각을 검색해봤지만 폐쇄되었거나 내용을 지워버린 사이트가 많았다. 서비스 이용에 불편을 드려 죄송하다든가, 현재 페이지는 작성자 본인이 삭제한 게시물이라는 메시지만 떠 있을 뿐이었다. 남편에 대한 내용은 몇 건에 불과했는데 그것도 지방신문이나 개인 블로그에 그쳤다. 하나같이 우울증과 과중한 업무로 인한 스트레스를 이기지 못하고 자살을 했다는 내용이었다. 내 남편 말고도 자살한 임원이나 직원은 여러 명이었다. 그들은 목을 맸거나, 한강에 몸을 던졌거나, 내 남편처럼 건물 옥상에서 자신의 몸을 던져버렸다. 자살의 원인은 과중한 업무로 인한 스트레스, 좌천으로 인한 우울증, 공금 횡령 등, 판에 박은 듯 비슷한 내용이었다. 우울증, 공금 횡령? 얼음물을 뒤집어 쓴 것처럼 머릿속이 서늘해지면서 그들이 들이닥쳤던 그날의 일이 또렷하게 떠올랐다.

 현관문을 열자마자 남편의 직속 상사인 상무가 여러 명의 날렵한 사람들을 데리고 들이닥쳤다. 그의 얼굴은 잔뜩 굳어 있었다. 여느 때와 달리 그는 내 인사도 무시하고 남편의 서재로 들어갔다. 그리고 방안에 들어서기가 무섭게 금고를 열었다. 나는 그때까지 금고의 비밀번호는 물론이고 그 안에 무엇이 들어있는지 알지 못했다. 그러나 그는 자신의 금고를 확인하는 것처럼 익숙하게 내용물을 확인하기 시작했다. 그리고 난감한 표정을 지었다. 그가 손짓을 하자 첩보요원처럼 보이는 눈빛이 날카로운 사람들은 서재를 뒤지기 시작했다. 책상 서랍은 물론이고 책갈피까지 샅샅이 뒤져나갔다. 몇몇이 헤집어 놓은 물건들을 뒤따르는 몇몇이 원래대로 정리를 했다. 거실도 한바탕 휘저은 다음 순식간에 원래의 상태로 돌려놓았다. 어안이 벙벙할 따름이었다. 일

사분란하게 움직이던 그들은 금고를 떠메고 사라졌다. 금고가 있던 자리에는 그들이 가져온 금고 크기의 와인 냉장고가 놓여졌다. 와인 냉장고는 원래 그 자리에 있었던 것처럼 전혀 이물감이 없었다. 눈앞에서 벌어졌던 상황을 믿을 수 없을 만큼 집안은 고요해졌다. 마치 첩보영화 한 장면이 펼쳐졌다가 사라진 것처럼. 당신은 아무도 본 적이 없고, 이곳에는 그 누구도 온 적이 없다. 불한당들의 경고가 이명처럼 계속해서 울렸다. 나는 폭풍이 휩쓸고 지나간 폐허에 홀로 서 있는 것처럼 막막하고 두려웠다. 정말이지 나는 온전히 혼자였다.

"송로미 씨, 괜찮아요?"

앞 사람 발자국만 따라서 걷고 있는 내게 팀장이 물었다. 그가 내 어깨를 칠 때까지 나는 내 생각에 빠져 팀장의 목소리를 듣지 못했다. 나는 애써 표정을 바로 잡았다. 그리고 아무 문제가 없는 것처럼 양팔을 벌려 가슴을 활짝 펴 보였다. 나는 재빨리 그의 시선을 피하며 걱정하지 말라고 했다. 팔을 들어 올리거나 말을 하는 것이 매우 버거웠지만 내색하지 않으려 애를 썼다. 팀장은 정상이 멀지 않았다며 힘을 내자고 말했다. 위아래로 나를 훑어보던 그는 성큼성큼 앞으로 나아갔다. 그리고 일행의 중간쯤에서 속도를 유지하며 걸었다. 그들 사이의 간격은 더 벌어지지도, 더 좁혀지지도 않았다.

올라갈수록 모래바람은 더욱 거칠어졌다. 나는 점점 뒤처지기 시작했다. 이제 앞 사람의 발자국이 보이지 않았다. 하늘이 샛노래지고 입이 저절로 벌어졌다. 여권과 지갑 그리고 비상용품 몇 가지가 들어 있는 배낭의 무게가 어깨를 짓눌렀다. 뜨거운 햇볕도, 거친 모래바람도 피할 방법은 없었다. 목이 말랐다. 바람을 등진 채로 주저앉았다. 가방을 열어 생수병을 찾았다. 그러나 없었다. 물이 없다는 것을 확인하자 혀까지 타들어가는 것 같았다. 가방을 열어 내용물을 뒤적거렸다. 여권, 지갑, 휴대폰, 수첩, 볼펜, 휴지, 초콜릿 바 그리고 휴대용 위스키 병, 이 순간 물보다 더 절실한 것은 아무 것도 없었다. 아쉬운 대로 휴대용 위스키 병을 열어 목을 축였다. 시원한 것이 아니라 불덩이를 입안에 넣은 것처럼 뜨겁고 따가웠다. 초콜릿 바를 까서 한 입 베어 물었다. 초콜릿보다 모래가 더 많이 씹혔다. 그것을 뱉어 버렸다. 갈증은 조금도 가시지 않았고 입안은 최악의 상태가 되었다. 텁텁해진 입을 헹궈내기 위해 위스키를 입 안 가득 물었다가 뱉었다. 혀 밑을 파고든 모래는 그대로 남았다. 다시 위스키 한 모금을 입안에 물고 입속을 헹구려다 그대로 삼켜버렸다. 내친 김에 한 모금을 더 마셨다. 잠이 오지 않거나, 몸살기로 한기가 들거나, 너무 어지러울 때 딱 한 모금만 마셔야 한다는 우진의 경고를 어기고 만 것이다. 그러나 그깟 위스키 두어 모금 때문에 천지가 개벽하는 일은 없을 것이라고 생각했다.

 일행으로부터 영영 멀어질 것 같은 불안이 엄습해왔다. 벌떡 일어났다. 술기운 때문인지 마치 바람에 실려 가는 것처럼 다리가 가벼워졌다. 그런데 이상했다. 한 걸음, 두 걸음…… 채 다섯 걸음도 떼어놓지 못했는데 세상이 빙글빙글 돌았다. 한껏 자세를 낮추고 중심을 잡으려 애를 썼지만 모래 능선이 자꾸 기우뚱거렸다. 멀게만 느껴지던 산꼭대기가 눈앞으로 바짝 다가왔다가 멀어졌다. 앞서가고 있는 사람들이 우르르 내 앞으로 몰려왔다가 아득하게 멀어졌다. 하늘이 샛노래지더니 눈앞이 하얘졌다. 부드러운 모래 능선은 아버지의 어깨처럼 견고하게 나를 잡아주지 않았다. 두 발은 허공을 딛고 있었다. 붕 뜨는가 싶더니 내 몸은 골짜기를 향해 곤두박질치기 시작했다. 파파팍, 전기 스파크가 일어나듯 눈앞에 불꽃이 튀었다. 무언가를 움켜쥐기 위해 팔을 허우적거렸다. 허우적거릴수록 나를 휩쓸고 있는 모래 더미는 더욱 커졌다. 급류에 휩쓸린 느낌이었다. 파파팍…… 두두두…… 머릿속에 매설된 폭탄이 터지는가 싶었다. 눈에서는 불꽃이, 등짝에서는 둔탁한 그 무엇이 뼈마디를 계속해서 두들겼다. 명멸하는 불빛, 붉은 매직으로 표시된 4월 4일, 다급한 전화벨 소리, 난간 위의 술병, 뒤집힌 채 부릅뜬 두 눈, 그리고 깨진 수박처럼 부서진 머리와 망가진 구체관절인형처럼 덜렁거리는 팔다리. 뒤죽박죽이 된 영상들이 파노라마처럼 펼쳐졌다. 그리고 귀청을 찢는 앰뷸런스의 사이렌 소리. 몸을 잔뜩 오그린 채 눈을 감고 두 팔로 귀도 막았다. 맥락 없이 뒤섞였던 영상이 가지런해지면서 그날의 기억, 그들의 의사가 끈질기게 듣고 싶어 했던 일들이 생생하게 떠올랐다.

 그날 이명처럼 들리는 어떤 소리에 이끌려 베란다로 나갔다. 그들이 금고를 떠메고 나간 그날 오후였다. 누군가 나를 부르는 것 같았다. 나를 부르는 소리는 계속해서 귓전을 울렸다. 막상 귀를 곤두세웠지만 밀폐된 유리창 안은 바람소리도 뚫고 들어오지 않았다. 조용하다 못해 적막했다. 아래를 내려다보았다. 35층 아래의 지상은 멀미가 날 만큼 아득했다. 울렁거리는 가슴을 누르고 하늘을 향해 시선을 옮기는 순간 유리창을 스치고 추락하는 사람과 마주쳤다. 몇 초? 아니 몇 분의 일 초일지도 모르는 아주 짧은 순간, 내 시선에 잡힌 부릅뜬 사람의 눈동자. 낯설지만 익숙한 눈빛. 그 뜨거운 눈빛을 마주한 순간 나는 질끈 눈을 감아버렸다. 깊은 숨을 몰아쉰 다음 다시 눈을 떴다. 투명한 유리창 너머의 하늘은 여전히 구름 한 점 없이 맑았다. 다음 순간 튕겨지듯 나는 밖으로 뛰쳐나갔다. 나는 본능적으로 저층을 통과하는 엘리베이터를 타고 지상으로 내려갔다. 그리고 부서진 머리로 너부러져 있는 남자를 보았다. 부서진 남자의 머리 주변에는 흥건하게 핏물이 번지고 있었다. 나는 터질 것 같은 심장을 주체하지 못하고 정신을 놓아 버렸다.

내가 정신을 차린 곳은 폐쇄병동 병실이었다. 나를 병원으로 데려간 사람들은 내 집에 들이닥쳤던 바로 그 건장한 남자들이었다. 추락한 남자와 나는 한 앰뷸런스를 타고 병원으로 이송되었다. 그렇게 병원에 이송된 후 나는 폐쇄병동으로 그는 영안실로 옮겨졌을 것이다. 수술실 복도에서처럼 흰 시트를 뒤집어씌운 이동식 침대와 나를 태운 이동식 침대는 그렇게 각자의 방향으로 스치고 지나갔던 것처럼. 그들의 병원에서 그들의 의사는 내게 남편의 죽음을 확인할 틈도 주지 않았다. 마지막 작별인사를 나눌 기회도 차단시켰다. 무자비하게 들이닥쳤던 그날의 상황을 입막음하기 위해.

내가 그곳에 있는 동안 내 아들은 물론이고 내 피붙이들 중 누구도 찾아오지 않았다. 퇴원하자마자 나는 오빠와 동생에게 따져 물었다. 그들은 약속한 것처럼 같은 말을 했다. 급작스런 죽음, 밀려드는 기자들, 혼절한 동생, 충격을 이기지 못한 어린 조카. 정말이지 경황이 없었다고 했다. 회사에서 수습을 했기 망정이지 이 모든 일을 한꺼번에 감당하기엔 너무 벅찼다는 것이다. 내가 절대 안정을 취해야 한다는 말은 매우 지당했으며 남편의 장례식에 참석

시키지 않은 것은 매우 적절한 조치였다고 그들은 확신하고 있었다. 그러나 나는 폐쇄병동에 갇힌 채로 치료가 아니라 취조를 받았었다.

　회사장이란 명목으로 치러진 장례 기간 동안, 나는 전화도 시계도 필기구도 없는 병실에서 약을 먹고, 주사를 맞고, 약물 중독자처럼 혼미한 의식으로 잠을 잤다. 잠을 자지 않을 때는 의사에게 불려갔다. 의사는 내 기억을 되살려주겠다며 매번 최면을 걸었다. 의사가 내게 물었던 몇 가지는 똑똑히 기억하고 있다. 아마도 그날이 내 생일이었기 때문일 것이다. 의사는 몇 차례나 똑같은 질문을 했다. 4월 4일, 그날을 기억해 보세요. 그날 누구와 있었지요? 상무님과 비서실 직원들, 아니 혼자였어요. 그날 무엇을 보았지요? 눈동자. 내가 대답할 수 있었던 것은 여기까지였다. 그러나 의사는 계속해서 나를 다그쳤다. 깨진 머리와 낭자한 핏물이 떠오르자 저절로 비명이 터졌다. 나는 고개를 절레절레 흔들며 생각을 밀어냈다. 의사는 냉정하게 다시 물었다. 뭐가 보이죠? 나는 끔찍한 그것을 꿀꺽 삼켜버렸다. 그러자 머릿속이 새카매졌다. 떠오르는 것도 없고 할 말도 없었다. 만사가 다 귀찮았다. 약에 취해서 반편이처럼 멍해졌다. 그래선지 의사의 질문은 더 이상 고통스럽지 않았다. 들리지도 않았다. 의사가 퇴원하라는 말을 할 때도 별 느낌이 없었다. 병든 닭처럼 조느라 미처 그 의미를 파악할 겨를이 없었다.

　얼마나 굴렀을까? 모래 더미가 흐름을 멈췄다. 턱진 둔덕에 몸뚱이가 걸린 것 같았다. 자세를 바꾸자 모래 더미가 다시 움직이기 시작했다. 모래 더미에 쓸려 내리지 않기 위해 둔덕 쪽으로 기어갔다. 손에는 딱딱한 막대기가 쥐어져 있었다. 반질반질하게 닳은 뼈다귀였다. 허우적거리면서 뭔가를 움켜쥔 모양이었다. 뼈다귀를 살펴보았다. 커다란 날짐승의 척추 뼈로 보였다. 뼈다귀에서 영영 저 능선을 넘지 못하고 죽어갔을 날짐승의 몸부림이 느껴졌다. 이 봉투를 열어야 할 사람도 너뿐이야. 다른 사람에게는 아무런 의미가 없는 물건이야. 내가 잘 보관하고 있을 테니 사막에 가라. 가서 낙타도 사라. 무언가 하고 싶다는 것은 욕망이 생겼단 거잖아? 우진의 말이 떠올라 정신이 번쩍 났다. 사력을 다해 모래 능선을 기어올랐다. 모래는 한없이 부드러웠다. 올라간

만큼 미끄러져 내렸다. 팔다리에서 점점 힘이 빠져나갔다. 뼈다귀를 움켜쥐며 마지막까지 파닥거렸을 날갯짓을 다시 새겼다.

때마침 바람 소리를 비집고 전자 음악 소리가 들렸다. 그것은 아주 멀리서 천천히 다가오는 발짝 소리 같았다. 몇 소절로 끝나는 음악은 계속해서 반복되었다. 내 휴대폰 벨 소리임을 한참 만에야 깨달았다. 용하게도 배낭은 내 등에 달라붙어 있었다. 가까스로 전화기를 꺼냈지만 이미 끊어진 뒤였다. 누군가에게 도움을 청할 수 있는 것도 용기라는 생각이 들었다. 통화버튼을 눌렀다.

"송로미 씨, 어딥니까?"

팀장은 고함을 질렀다. 걱정과 분노와 안도와 짜증이 뒤섞인 목소리였다.

"팀장님, 도와주세요."

간절함을 다해 도움을 청했다. 내 입으로 직접 도움을 청한 것은 암벽 등반을 하던 스무 살 이후 처음이었다. 스무 살에는 그렇게 쉬웠던 말이 이렇게 어려울 줄은 미처 몰랐다. 전화를 끊고 맥을 놓았다. 이상하게 눈물이 줄줄 흘렀다. 목구멍이 매캐해지면서 꺽꺽 울음이 터졌다. 남편이 죽은 뒤 한 번도 흘리지 않았던 눈물이다. 꽉꽉 막혀 있던 구멍이 하나씩 뚫리는 것 같았다. 숨 쉬기가 조금 수월해졌다.

"송로미 씨 정신 차려요."

나는 눈물이 범벅이 된 채로 몸을 일으켰다. 일행 모두가 한꺼번에 소리를 지르고 있었다. 그들이 호명하는 내 이름에는 걱정과 안도가 느껴졌다. 스무 살 내 친구들처럼. 그들은 로프를 붙들고 있었다. 로프로 몸을 감은 팀장이 내게 손을 내밀었다. 스무 살의 내가 인수봉에서 그랬던 것처럼. 나는 팀장이 내민 손을 잡으며 멋쩍어

히. 죽. 웃. 었. 다,

여자가 하얀 낙타와 눈을 맞추며 낙타가 움직일 때마다 방울 소리가 쩔렁

쩔렁 울린다. 낙타가 무릎을 꿇자 여자가 낙타에 올라탄다. 낙타가 무릎을 펴고 일어선다. 여자의 몸이 뒤로 젖혀졌다가 앞쪽으로 쏠린다. 방울이 요란하게 울린다. 여자는 아버지의 어깨에 올라앉았던 때를 떠올린다. 계속 걸어라. 그래야 북이 울린단다. 그녀는 지끈거리는 머리를 흔들며 애써 정신을 집중시킨다. 속이 울렁거리는 것도 참는다. 의사가 경고했던 위험한 조짐이란 말도 애써 무시한다. 쩔렁쩔렁, …… 방울소리는 노을빛으로 부서진다. 여자의 눈앞에는 붉은 사막이 펼쳐져 있다. 황금빛으로 빛나는 모래구릉과 핏빛으로 번지는 저녁노을. 여자의 골반과 허벅지 근육이 저절로 움츠러든다. 이제, 여자는 낙타를 재촉해서 일행 속으로 끼어든다.

해는 모래언덕 너머로 완전히 기울어진다. 사막에는 바람 무늬가 다시 새겨진다. 사람의 길은 보이지 않는다. 낙타의 길도 보이지 않는다. 사람을 태운 낙타의 발자국이 바람 무늬를 헝클며 길을 만든다. 다시 바람은 그 길을 지우고 자신의 무늬를 새긴다. 여자는 뼈다귀를 쥔 손을 가만히 펴본다. 생명선을 가로질러 뼈다귀 자국이 선명하다. 잊었거나 잃어버린 것들이 모여 있다는 어떤 곳을 생각한다. 밀봉된 봉투도 그곳에 도착해 있을 거라고 믿는다. 여자의 몸이 위태롭게 흔들린다. 쩔렁쩔렁……. 여자의 머릿속에서 수많은 별들이 부서진다. 길잡이가 되어줄 별은 아직 뜨지 않았다.

김민효 2003년 《작가세계》 등단. 소설집 『검은 수족관』, 『그래, 낙타를 사자』, 『빛나는, 완전범죄』, 영문 번역 짧은 소설집 *WHERE IS OUR HOME* 등 있음.

■중편 소설

붉은 바다
-불의 땅 비탈 위 2

김 종 성

1

차가운 바닷바람이 벼랑에 뿌리를 내리고 있는 애솔나무 군락을 밟으면서 달려왔다. 모래가 뿌옇게 솟아올라 상동촌을 휘감고 하동촌으로 몰려갈 때마다 바다는 으르렁거리며 들끓었다. 모래톱이 끝나는 곳의 비탈에 자리잡고 있는 동촌은 윗동네라고 불리는 상동촌과 아랫동네로 불리는 하동촌으로 나뉘어져 있었다. 상동촌은 해명양조회사 사택촌이었다. 양조회사 직원들과 그 가족들은 시멘트 블록으로 담장을 두르고, 슬레이트로 지붕을 이은 연립주택에 살았다. 하동촌 사람들은 대나 싸리를 엮어서 울바자를 빙 둘러치고, 루핑으로 지붕을 인 연립주택에 살았다. 해명공단 공사판의 노동자 합숙소로 사용하던 가건물을 개조해서 방과 부엌으로 꾸민 판자집이었다. 방과 방 사이를 판자를 잇대어 쳐서 벽을 만든 것이어서 방음이 거의 안 되었다. 잠자다가 방귀를 뀌면, 그 소리가 벽과 천장을 타고 번져갔다. 하동촌 사람들은 일거리를 찾아 그날그날 벌어먹고 사는 날품팔이로 겨우 목구멍에 풀칠을 하고 있었다. 해명공단이 들어서고, 공단 옆에 아파트촌이 들어서자, 날품팔이도 뚝 끊겼다.

곰바지런한 복례가 양조장을 향해 걸어가고 있었다. 바닷바람이 양동이를 든 그녀의 손을 싸늘하게 휘감고 양조장 기왓골로 달아났다. 굵은 모래가 불그죽죽한 뺨을 획획 때리고 지나갔다. 입 안에 모래가 와싹거렸다. 그녀는 가래침을 곤두뱉으며 밑동의 절반은 구새먹어서 비었고, 오른쪽 가지에 새잎이 돋아난 느티나무 앞을 지나 발걸음을 빨리했다.

파도소리가 모래를 가득 문 바람을 줄기차게 철로 쪽으로 밀어내고 있었다. 활시위처럼 휘어진 채 북쪽으로 길게 뻗어 있는 철로 아래로 양철 지붕을 인 돼지우리가 다닥다닥 붙어 있었다. 복례는 자드락길로 접어들었다.

"엄마, 같이 가."

말순이가 주전자를 들고 뒤쫓아 왔다.

둥. 둥. 둥. 둥. 둥.

파도 소리 사이로 간단없이 파고드는 북소리가 복례의 마음을 가라앉게 하고 있었다. 이렇게 살아가면 무슨 낙이 있을 겐가. 갯포 바닷가까지 처자식을 끌고 와, 내팽개쳐 놓고 뼛가루가 되어 파도 속으로 숨어버린 남편이 원망스러웠다.

화염산 아래 청계면 물돌이마을에서 남의 집 땅을 소작으로 부쳐 먹던 남양홍씨 집안의 맏딸로 태어난 복례가 철원에서 군복무를 마치고 돌아온 명진에게 시집을 간 것은 그 해 5월 어느 날이었다. 명진과 복례는 강원도 인제의 학골에 신혼집을 차렸다. 명진의 외숙부가 군대에서 제대 후 학골의 국유지를 싼 값으로 임대해서 학골농장이라 이름붙이고, 감자와 옥수수 농사를 지으며, 한우를 키우고 있었다. 명진은 국유지를 개간만 하면 내 땅처럼 농사를 지어 먹고 살 수 있다면서 복례에게 학골로 이사를 가자고 했던 것이다. 명진과 복례는 학골농장에서 소를 기르면서 국유지를 개간해 축사에서 나오는 쇠똥으로 퇴비를 만들어 이랑에 뿌리고 옥수수와 감자를 심었다. 옥수수밭과 감자밭에서 나오는 수확물로 1년을 보내기에 턱없이 부족했다. 낮과 밤이 갈마들어 여름이 가고, 학골에 겨울이 다가오자, 산 등갱이를 훑어 내리고 온 추위가 살 속으로 파고들었다. 학골에 눈이 녹아내릴 무렵 명진의 외숙부가 죽었다.

그는 평소에 혈압이 높았는데 서울에서 내려왔다는 박 사장을 만나고 집으로 돌아오다 마을 들머리에서 쓰러져 트럭 적재함에 실려 병원으로 가다가 심장이 박동을 멈췄다. 명진의 외숙부가 묻힌 무덤에 떼가 미처 뿌리를 내리지 못했을 때인 5월 어느 날, 명진은 박 사장으로부터 지금 경작하고 있는 땅을 적정 가격에 사던지, 소작 계약을 하고 경작하던지 해야 한다는 내용이 적힌 통지서를 받았다. 명진은 마을회관으로 박사장을 찾아갔다. 마을회관에는 열댓 명의 주민들이 굳은 얼굴로 앉아 있었다. 박 사장은 학골 일대의 땅을 정부로부터 불하를 받았다고 말했다. 그는 통지서의 내용과 같은 말을 통보하듯이 던져놓고, 검은 색 지프를 타고 마을을 떠났다. 그 이듬해 봄, 명진은 인제 읍내에 나갔다가 청계면에서 가까운 춘양면 서벽리 우구치에서 금광을 해서 큰돈을 벌었다는 노 사장을 만났다. 일제 강점기에 개발된 우구치 금광은 한때 남한 최대 금광으로 이름을 날렸던 광산이었다. 정선 화암이라는 곳에 일제 강점기에 금을 캐던 천포광산이 있었는데, 화암산 기슭에서 금맥을 잡았다며 광부를 모집하러 왔다고 했다. 노 사장의 말을 듣고 명진은 옷가지를 밀어 넣은 괴나리봇짐을 어깨에 메고, 복례는 식기 몇 개와 수저를 싼 봇짐을 머리에 이고, 인제를 떠나 정선으로 갔다.

  열두 명의 광부가 갑방·을방·병방, 3교대로 화암산 중턱에 굴을 뚫고 굴진을 했다. 6개월이 지나도록 금맥이 터지지 않았다.

  "황지에 가면 팔, 다리만 성하면 일 자리를 얻을 수 있대."

  "무슨 일자리요?"

  "탄을 캐는 일인데 금 캐는 일보다는 쉽대. 이젠 금광은 한물 갔어. 수백 미터 땅 속에 들어가 탄을 캐는 일이 금을 캐는 일보다, 더 위험한 일일 수는 있지만, 금광보다는 훨씬 규모가 크니까, 노임을 밀리는 일은 없대. 한달에 두 번 노임을 지급해주는데 쌀도 주고 연탄도 준대."

  "노임을 밀리지 않고… 쌀도 주고 연탄도 주면… 배를 곯을 일은 없긴 하겠네요."

  "황지 가서 눈 딱 감고 몇 년 일하면 논 마지기나 마련할 돈을 모을 수 있을 거야."

 날강목이나 치던 금점꾼이었던 명진은 식기와 수저를 비롯하여, 쌀통·세숫대야·도마·식칼·풍구 같은 생활용품을 밀어넣은 봇짐을 등에 졌다. 복례는 간단한 옷가지와 담요, 그리고 베개를 싼 봇짐을 머리에 이었다. 그들은 제천역에서 영주역까지 가서 철암행 완행열차를 갈아 탔다. 어둠을 뚫고 북쪽으로 달음질 치던 열차가 청계역이 가까워지자 속도를 줄였다. 복례는 창밖으로 고개를 내밀어 물끄러미 물돌이마을을 바라보았다. 화염산을 타고 내려온 새벽 어스름이 깔린 물돌이마을이 차창에 멈춰 섰다. 이제 피붙이라고는 아무도 살지 않는 곳이었다. 운동장에서 땅 따먹기를 하며 같이 웃고 떠들고 하던 만규의 하얀 얼굴에 이어 성철의 거무스름한 얼굴이 차창에 떠올랐다 사라졌다. 덜커덩, 열차가 다시 움직이기 시작했다. 굽이굽이 낙동강 물줄기를 따라 달리던 열차가 터널을 빠져 나와 철암역 플랫폼으로 들어섰다. 동이 번히 터 오고 있었다.

 출입문을 어깨로 밀고 대합실을 빠져 나오자, 저탄장을 휩쓸고 나온 바람이 탄가루를 가득 물어다가 역광장 위에다 쏟아붓고 삼방동 골목으로 몰려갔다. 복례는 명진을 따라 천천히 걸음을 옮겼다. 역광장 주변에는 음식점, 잡화상이 늘어서 있었고, 식료품을 파는 가게 옆의 2층 건물에 철암버스정류소 매표소라고 쓰여진 간판이 매달려 있는 것이 보였다. 왼쪽 뺨에 화상을 입은 흉터가 희끗희끗한 털 사이로 보이는 사내가 매표소 창구 옆에 서서 탄가루로 시커멓게 물든 선탄장에 눈길을 주고 서 있었다.

"풍동광업소로 가려고 하는데 어디서 버스를 타면 됩니까?"

 명진이가 그에게 다가가 물었다.

"풍동광업소라…"

 사내가 말끝을 흐렸다.

"함백산에 있는 탄광이라 하던데요."

"근디 풍동광업소엔 왜 가능교?"

"선산부를 구한다 해서 가는 길입니다."

"광산 일은 해본 적이 있니껴?"

"금광에서 일한 경력이 있습니다."

"금 캐는 일을 해본 경력이 있으믄 선산부 일은 할 수 있을 거니더… 다만 풍전광업소 막장에서 일할라믄 가스를 조심해야 하니더."

"가스요?"

"나도 풍동광업소에서 선산부로 일했니더… 가스 폭발 사고로 막장일을 그만두긴 했지만…"

말을 끝낸 사내의 까만 눈동자에 쓸쓸한 빛이 감돌았다.

"…가스요?"

"풍동광업소로 갈라믄 일단 황지까지 버스를 타고 가서 상동으로 가는 버스를 갈아타고 가다가 함태탄광 정문 앞에서 내려서 풍동광업소로 가는 트럭을 얻어 탈 수밖에 없어요."

사내가 말했다.

"트럭을 얻어 타요?"

"풍동광업소로 가는 버스는 없니더."

그때 마이크로 버스가 머리를 버스 정류소 앞으로 들이밀었다.

"저 버스를 타시소."

사내 옆에 있던 여자가 손짓으로 노란색으로 도색된 버스를 가리켰다. 15인승 정도의 미니버스였다. 정비업소나 운수업자들이 미군이 쓰다 버린 4분의 3톤 트럭을 이용해 만들어 그 모양과 크기가 전부 제각각인 버스였다.

버스가 탄가루로 시커멓게 물들어버린 집들이 도로가로 죽 늘어서 있는 사이로 내리달렸다. 루핑으로 지붕을 인 연립주택이 철암천을 따라 열을 지어서 있었다. 남동을 지난 버스가 월천교를 건너 강원탄광 정문 앞에 바퀴를 멈췄다. 쌀자루를 인 아주머니들이 버스에 올랐다.

"오늘 강원탄광 배급날인가 보네."

차창 옆에 앉아 강원탄광 배급소를 바라보던 아낙이 혼잣소리처럼 중얼거렸다.

"강원탄광은 월급날이 되면 제때제때 쌀이라도 배급을 주니께 처자식들이 배를 곯진 않겠지."

옆자리에 앉은 늙수구레한 사내가 느릿느릿 말했다.

강원탄광 부속병원 앞을 지난 버스가 고개를 비틀어 언덕길을 내려갔다. 명진은 차창 밖으로 시선을 던졌다. 검은 시냇물이 바위너설과 절벽 밑을 구불구불 흘러가고 있었다. 루핑으로 지붕을 이은 집들이 게딱지처럼 붙어 있는 옆에 창처럼 생긴 바위가 하늘을 찌를 것처럼 우뚝 서 있는 곳을 뒤로 한 버스가 먼지를 일으키며 나팔고개 밑에서 바퀴를 멈추었다. 보따리를 손에 쥔 여자가 내려 루삥으로 지붕을 덮은 주택 앞으로 걸어갔다. 납작한 S자형 나팔고갯길을 오른 버스가 정상에서 숨을 한번 들이키고 내리막길을 미끄러지듯 내려갔다. 뿌연 먼지가 허공으로 번져 올랐다. '천천소주'라고 쓰인 굴뚝이 차창에 쑤욱 솟아올랐다. 기와를 인 건물 세 동이 나란히 서 있는 천천양조장 옆으로 슬레이트집들이 땅에 코를 박고 있었다. 깎아지른 듯한 절벽 위로 박달나무들이 뿌리를 내리고 있는 뼝대 밑으로 철암천이 흘러가고 있었다. 철암천 옆에 위태롭게 서 있는 낡은 목조 건물 안에서 걸어나온 간수가 천천히 차단기를 내렸다. 철도 건널목 바로 코 앞에 터널이 있었다. 기차가 덜커덩거리며 달려가자, 차단기가 올라갔다.

버스가 다시 움직이기 시작했다. 명진은 열차의 꽁무니에서 눈길을 거두며 운전석을 바라보았다. 배젊은 운전기사가 웅얼거리며 액셀을 밟았다. 속도가 붙는가 싶더니 타이어가 찢어지는 소리를 내며 목교木橋 앞에 멈췄다.

"염병할 뭐야? 빵꾸야?"

자그마한 몸집의 사내가 갈라진 목소리로 말했다.

"죄송하지만 모두 내리셔서 버스를 앞에서 좀 밀어 주세요."

운전기사가 말했다.

"버스 좀 정비를 해서 운행을 하지."

"양키들이 쓰다 버린 쓰리쿼터를 뜯어서 만든 차가 오죽하겠노."

승객들이 투덜거리며 버스에서 내렸다.

승객들이 버스에서 내려 버스를 밀기 시작했다.

길가에 버스를 세우고, 운전기사가 앞바퀴를 살펴보았다.

"또 빵꾸가 났네. 오다가 빵꾸가 나서 스페어 타이어도 다 썼는디 어짜지… 천천양조장에 가서 황지 본사에 전화를 해서 철암으로 오는 버스편에 스페어 타이어를 갖다 달라 해서 갈아끼워야 하니까 시간이 좀 걸려요. 구문소 구경하면서 기다리세요."

운전기사가 말을 끝내고 천천양조장을 향해 걸음을 뗐다.

명진은 복례를 따라 버스에서 내렸다. 높은 목교 위에서 아래를 내려다보았다. 깊이를 알 수 없는 물이 하얀 소용돌이를 일으키며 흘러내리고 있었다. 명진은 소용돌이를 만들며 흘러내리는 물과 시퍼런 물을 쏟아내는 석회암 동굴을 바라보며 크나큰 공포를 느꼈다.

"황지潢池에서 솟아오른 물이 동점에 이르러 큰 산을 뚫고 지나가며 커다란 석문石門을 만들고 깊은 소沼를 이루었는데 구문소라 하니더. 강물이 산을 뚫고 흐른다 하여 뚜루내穿川라고 부르기도 하는 구문소 주위의 가지가 길게 축축 늘어진 키가 큰 금강송과 어우러져 경치가 좋니더. 커다란 무지개다리처럼 생긴 석회암 동굴로 이루어진 구문소는 마당소, 자개문, 용소, 삼형제폭포, 여울목, 통소, 닭벼슬바위, 용천이 있는데 옛날 가물 때 기우제를 지내던 곳이니더."

검은 물을 들인 군복을 걸쳐 입은 사내가 명진 옆으로 다가와 말했다.

"어찌 그리 잘 아시오?"

복례가 물었다.

"철암, 장성, 소도, 황지 탄광 지대를 안 돌아댕긴 데가 없니더. 동점 가마뜰에서 한 2년 살았었니더. 강원탄광에서 선산부로 일할 때였는데, 그때가 제일 좋았니더. 강원탄광은 황지·장성·철암 탄광촌 바닥에서 석탄공사 다음으로 광부들이 선호하는 탄광이니더."

사내가 철암천과 황지천이 합류하는 구문소의 물 위로 머리를 내밀고 있는 물뱀에 눈길을 던지며 말했다.

"아, 그래요?"

명진이 얼굴을 천천히 들어 그를 바라보았다.

"광산 일이 힘들긴 해도 먹고 사는 데는 근심걱정이 없어 공일이 되면 구문소에 나가 낚시를 하곤 했니더. 삼형제 폭포 위로 은어가 떼를 지어 뛰어오르는 걸 보면 장관이었지요. 구문소에 물고기가 참 많았니더. 물고기를 잡아 동료들과 다리 밑 자갈밭 위에서 매운탕을 끓여 먹곤 했니더."

"낙원이 따로 없네요."

"옛날부터 구문소가 낙원으로 들어가는 관문이라는 옛 이야기가 전해져 오니더."

"낙원이라…"

명진이 고개를 주억거리며 사내를 바라보았다.

"'뚜루내'라고도 하는 동점의 천천穿川을 알고 있지 않고는 장성을 제대로 알 수 있다고 할 수 없니더. 전란이 일어나도 안전한 땅이라고 전해지는 이상향인 장성으로 들어서는 관문이기 때문이니더. 장성 지방에 전해져 오는 비결문에 '낙동강 최상류로 올라가면 더 이상 길이 막혀 갈 수 없는 곳에 거대한 석벽이 가로막고 있는데, 석벽 밑에 커다란 석문이 있다고 쓰여 있어요. 그 석문은 자시子時에 열리고 축시丑時에 닫힌다고 했니더. 자시에 열릴 때 그 속으로 들어가면 사시사철 꽃이 피고 흉년이 없으며 병화가 침범치 못하고 전란·질병·기근 같은 삼재가 들지 않는 오복동五福洞이라는 이상향이 나온다'고 했니더."

사내가 잠시 말을 멈추었다. 오복동은 바로 우리나라 이상향의 상징인 우복동牛腹洞인 것이다. 자개문子開門이란 이름은 자시에 열린다는 '자시개子時開'에서 유래했다.

"…결국 구문소에 있는 큰 바위구멍이 이상향이자 무릉도원인 장성으로 들어가는 관문인 자개문인 셈이 되니더. 저기 구문소 바로 옆에 자동차와 사람이 다닐 수 있도록 인위적으로 뚫은 석굴이 보이지요. 사람들은 차를 타고 이 석굴을 통과하면서 이것을 자개문이라 착각하지만, 저 석굴은 일제 때 장성에 석탄광산이 개발되자 일본사람들이 석탄을 운반하기 위해 1937년에 뚫은 것이라고 하니더."

사내가 말을 끝냈다.

"그라문 저 석굴은 일본사람들이 석탄을 일본으로 실어 나르기 위해 뚫은 굴이네요."

복례가 말했다.

"결국은 그렇지요. 철도를 철암에서 묵호까지 깐 거만 봐도 알 수 있지요. 철암역에서 화물열차에 석탄을 싣고 가서 묵호항에서 화물선으로 일본으로 싣고 갔으니까요."

황지에서 달려온 버스가 스페어 타이어를 떨구고 먼지를 뒷꽁무니에 일으키며 철암으로 향했다. 운전기사가 타이어를 갈아 끼운 후 버스가 출발했다.

깎아지른 절벽을 옆구리에 끼고 오르막을 오른 버스는 터널을 빠져나와 북쪽으로 달려갔다.

둥. 둥. 둥. 둥. 둥.

북소리가 점점 가까이서 들려오고 있었다.

경기도라 삼각산은 한강이 둘러 있고
충청도라 계룡산은 부여 백마강이 둘러 있고
전라도라 지리산은 하동 섬진강이 둘러 있고
경상도라 태백산은 상주 낙동강이 둘러 있고

"오늘따라 영일무당 소리는 왜 저렇게 울음소리 같은디야…"
복례는 턱턱 막혀오는 가슴을 진정시키려고 숨을 한 번 크게 들이켰다.

"엄마, 거무개 마을 사람들이 배나무가 말라죽어 배농살 망쳤다고 공장으로 몰려가 보상을 해달라고 했다카대요."

"누가 그카든?"

"옥수수죽을 배급 주던 선생님들이 말씀하시는 걸 들었어요."

둘뿐인 자식이 학교에 갈 때 도시락 하나 못 싸줘, 빈 도시락을 들고 가 옥수수죽을 타먹게 하는 자신의 처지가 서러웠다. 상동촌 아이들은 하얀 쌀밥 위에 달걀 프라이를 덮은 도시락을 들고 학교에 갔고, 하동촌 아이들은 숟가락만을 넣은 도시락을 들고 학교에 갔다.

복례는 세상이 뒤숭숭하다는 이야기를 장터에 나가 간간이 들어온 터였다. 구로 경찰서 서장으로 있는 울평 경찰서장 동생이 임금 인상을 요구하는 시위대를 진압하러 출동한 경찰을 지휘하다가 시위대가 던진 돌에 얼굴을 두 군데나 맞아 병원에 입원해 있다는 소문을 장터에서 들은 건 며칠 전 일이었다.

몇 올의 흰 머리카락이 귀밑머리에 돋아난 한웅식이 동촌약방으로 들어갔다. 그의 맏아들 정국이 '박정희 군사정권 타도'라고 쓰인 유인물을 학생회관 옥상에서 뿌리다가 교내에 잠복해 있던 형사들에게 체포되어 옥살이를 하고 동촌으로 돌아온 것은 작년 봄 일이었다. 어릴 적부터 울평에서 수재로 알려진 정국이 약대에 합격했을 때 마을사람들을 불러 모아 잔치를 벌였던 한웅식이었다. 정국이가 다니던 대학에서 졸업을 한 학기 앞두고 퇴학 처분을 받았다는 소식을 들었을 때 그는 억장이 무너져 내리는 것 같았다. 사흘 밤 나흘 낮을 아무것도 먹지 못하고 누워 있던 그는 바르게 자란 아들이 잘못된 행동을 했을 리 없다고 생각하고 자리에서 일어났다. 정국이가 안양교도소에 갇히자, 한웅식은 재무과장으로 있던 울평군청에 사직서를 제출했다. 3년 징역형을 선고받고 옥살이를 하는 아들 면회를 갔다 오면서 한웅식은 아들이 풀려나면 일할 수 있도록 동촌에 그 자신의 명의로 동촌약방을 차렸다. 상부의 지시로 어쩔 수 없이 한웅식을 군청에서 내보냈던 군수가 힘을 써주어서 약방을 열 수 있었던 것이다.

몰라보게 좋아졌어. 이리 보아도 좋아졌고 저리 보아도 좋아졌어. 우물가에 물을 긷는 순이 얼굴이 하하. 수령이 백 년이 되는 느티나무에 매달아 놓은 확성기에서 노랫소리가 흘러나오고 있었다. 소를 모는 목동들의… 파도소리가 몰려와 노랫소리를 집어삼켰다.

버스가 뒷꽁무니에 새까만 먼지를 일으키며 굽이길을 돌았다. 내리쬐는 햇볕에 몸을 맡기고 있는 소나무들로 검은 먼지가 몰려갔다. 철교 밑 도로를 지난 버스가 나지막한 건물들이 도로가에 코를 박고 있는 중앙로로 들어섰다. 많은 사람들이 붐비고 있는 자유시장 입구를 스쳐 지난 버스는 황지버스터미널에 바퀴를 멈췄다. 복례가 버스에서 내리다 미끄러져서 한쪽 발이 내리는 문 바깥쪽에 고여 있는 물에 빠졌다. 버선에 물이 새까맣게 번졌다.

"발을 다치지 않았어?"

명진이 복례가 머리에 인 봇짐을 잡으며 말했다.

"발은 안 다쳤는디, 버선이 엉망이 되었니더."

"다치지 않았으면 됐어. 버선이야 빨면 되구…"

명진과 복례가 당골로 가는 버스를 타고 함태광업소 앞에서 내렸을 때 태양이 함백산 꼭대기에서 머뭇거리고 있었다. 트럭이 한 대 새카만 먼지를 일으키며 다가왔다. 명진이 손을 번쩍 들었다. 풍동광업소로 간다고 그가 말을 끝내자마자, 나이가 서른 댓 되어 보이는 운전기사는 그들을 적재함에 타라고 말했다.

명진은 복례를 적재함으로 밀어 올렸다.

"내 손을 잡으이소."

적재함에서 강파른 얼굴의 사내가 손을 내려 복례를 잡아 당겼다. 복례가 적재함에 앉자, 명진도 타이어에 발을 올린 뒤, 적재함에 올라탔다. 트럭이 사람들을 풍동광업소 입구에 내려 놓은 뒤 제1 사택 맞은편의 저탄장으로 미끄러져 갔다.

"제3 사택은 저 길을 따라 죽 올라가믄 있니더."

까무스름한 얼굴의 사내가 오른 손으로 탄가루로 검게 물들어 있는 길을 가리켰다. 명진과 복례는 자동차가 한 대 겨우 지나갈 수 있는 길을 따라 걸어 올라갔다. 복례가 머리에 인 봇짐이 무거운지 거칠게 숨을 토해 냈다. 길이 좁아지는 산비탈에 제3 사택이 게딱지처럼 엎어져 있었다. 바위를 쌓고 시멘트를 우겨 넣은 벽 위에 나무를 베어서 우물 정井자로 쌓아 올리고, 그 틈 사이를 진흙으로 발라 옹벽을 만들고 지붕은 판자로 덮고 루삥을 인 방 하나에 부엌 하나가 딸린 집이었다. 어른 키보다 높은 옹벽 위에 위태롭게 엎드려 있는 집을 물끄러미 바라보는 명진은 마치 콘크리트 벽 위에 위태롭게 서 있는 것 같은 기분이 들었다. 가슴이 갑갑해 왔다. 산 정상으로 향해 난 계단을 타고 올라가자 목에 탄가루가 번들거리는 술래가 벽을 보고 '무궁화 꽃이 피었습니다'를 천천히 읊었다. 아이들이 술래에게 접근했다. 술래가 '무궁화 꽃이 피었습니다'를 재빠르게 외치며 움직이는 아이들을 잡아냈다. 사택은 산비탈을 깎아내고 흙벽돌을 쌓아 지었다. 퐁동 광업소 광부들은 제3 사택을 '개집'이라고 불렀다. 자신들이 살고 있는 사택을 비하해서 쓰는 말이었다. 산비탈 아래 열을 지어 길게 늘어 서 있는 제1 사택과 제2 사택 위로 지나가는 가공삭도架空索道가 탄가루 먼지 속으로 빨려 들어가고 있는 것이 보였다. 마치 군인들의 막사인 바라크와 겉모습이 비슷한 제1 사택은 몇 발짝 걸어나가면 탄차라도 얻어 탈 수 있는 곳에 자리잡고 있어 아이들이 소도에 있는 국민학교에 다니기에 좋았다. 블록을 쌓아 올려서 지었기 때문에 방음, 방온, 방습이 잘되지 않았다. 겨울철이면 칼바람이 벽으로 파고 들고, 여름이면 습기가 끊임없이 스며들었다. 산비탈에 일자로 늘어 서 있는 광업소 사택에 이삿짐을 풀었다.

우리 모두 굳세게 싸우면서 일하고 일하면서 싸워서 새 조국을 만드세. 살기 좋은 내 마을 우리 힘으로 만드세. 새마을 노래가 긴 여운을 끌면서 끝났다.

"부락미인 여러어부운께 알리어드리겠슴니다아. 자암시 후부터는 해명양조장에서 아래기 배급을 시작함니다아. 부락미인 여러어부운께서는…"

황 이장의 목소리가 동구 앞 느티나무에 매달려 있는 스피커에서 흘러나왔다.

하늘을 뒤덮었던 검은 구름이 빠른 속도로 울퉁 하늘 쪽으로 흘러갔다. 갈치 비늘 같은 햇살이 해명양조장 지붕 위로 떨어지기 시작했다. 바다는 햇살을 되쏘면서 하얀 거품을 연방 게워냈다.

"빨랑 가자. 아래기 배급이 벌써 시작되는가 보다."

요근래에 이르러 돼지를 키우는 사람이 부쩍 늘어나, 아래기 배급을 타기 어려워졌다. 사내들이 공사판에 나가 벌어오는 것보다 더 많은 돈을 돼지를 키워 벌어 들일 수 있다는 소문이 마을을 돌고부터 사택촌 사람치고 돼지를 기르지 않는 사람이 없게 되었다. 아들이 해명 공단에서 트럭 조수로 일하는 장생포집은 전부터 돼지를 길러왔으니깐 그렇다고 치지만, 남편들이 양조장에 나가는 사택촌 여자들까지 몰려 와서 아래기를 한 방울이라도 더 타가겠다고 법석을 떠는 데는 울화가 치밀어 올랐다.

양조장 맞은편의 사택촌 뒤에는 제법 폭이 넓은 울온천이 흘렀다. 냇가의 둔덕에는 돼지우리가 늘어서 있었다. 다섯 개의 돼지우리 가운데 첫 번째 돼지우리는 장생포집네 것이었고, 두 번째 돼지우리는 김주임네 것이었고, 세 번째 돼지우리는 관리인 방씨네 것이었고, 네 번째 돼지우리는 한 계장네 것이었고, 다섯 번째 돼지우리는 황 이장네 것이었다.

장생포집은 돼지를 쳐서 모아둔 돈을 깨서 아들이 트럭을 사는데 보태주었으며, 김주임은 돼지를 팔은 돈은 꼬박꼬박 돈을 모아 인규가 중학교에 합격하면 입학금으로 쓸 생각이었으며, 관리인 방씨는 돼지를 정육업자 김씨에게 넘겨주고 받은 돈을 남편이 울평아연제련소에서 일하다 황산가스에서 중독되어 시름시름 앓다가 죽은 딸에게 생활비로 보태주었으며, 황 이장은 돼지를 쳐서 모아둔 돈으로 블록을 사서 담장을 쌓을 궁리를 하고 있었다.

버들골 사람들의 아래기 배급이 끝나고, 하동촌 사람들의 차례가 되었다. 아래기 배수로에서 뿌연 수증기가 줄기차게 솟아올라 왔다.

"질서를 지켜요, 질서를 지켜요."

딸기코 위로 땀방울이 송글송글 맺힌 관리인 방씨의 달뜬 목소리가 수증기 속을 헤치고 날아왔다. 햇빛을 쏘인 수증기들이 허공으로 사라졌다.

"방씨, 아래기 열 초롱 빨리 주이소."

양동이 앞에 쪼그려 앉아 있던 장생포집이 허리를 일으켜 세웠다.

"홍복례가 탈 차례인데요."

관리인 방씨가 하얀 머리카락을 손칼퀴로 쓸어올리며 말했다.

"뭐라카노? 그까짓 하동촌에 사는 년이 뭐가 대단하다꼬 나보다 몬저 아래기 배급을 줘요? 달망대지 말고 아래기 열 초롱 빨랑 줘요."

봉긋한 젖가슴을 앞으로 내밀며 대드는 장생포집의 모습이 여간 발만스러운 게 아니었다.
"공장장 첩생이면 다냐? 차례를 지켜야 할 게 아녀."
복례가 장생포집의 양동이를 발로 걷어차며 쉿소리를 뱉어냈다.
"아갈바리 조심해. 공장장 첩생이? 숭악한 산곡 산골짜기에 쳐박혀 있는 아연광산 선광장에서 돌멩이나 골라내다 하동촌까지 흘러들어온 년이 아가릴 함부로 쳐놀리네. 어른인지, 아이인지 구별도 몬하고 그 더러운 주뎅일 쳐 놀리나."
장생포집의 입에서 거품이 북적북적 일었다.
"아따, 어른, 아이 구별할 줄 아는 년은 서방질만 하능구만."
이맛전으로 흘러내리는 머리카락 사이로 보이는 눈동자에 열기가 도는 후남이의 목덜미에 퍼런 힘줄이 꿈틀거렸다.
순간, 장생포집이 후남이의 머리채를 움켜쥐었다.
"안잠자기하다 공장장과 붙어먹더니 맨날 쌀밥에 돼지고기만 쳐 먹어 기운이 항우장사 같네."
복례가 양동이로 장생포집의 머리를 힘껏 내리쳤다. 장생포집이 머리를 감싸안으며 땅바닥에 엉덩방아질을 했다. 복례가 장생포집을 깔고 앉아 주먹으로 볼록 튀어나온 젖가슴을 후려쳤다. 아이고 잡년이 사람 잡네. 사람들아, 아연광산 선광장에서 돌멩이나 골라내던 잡년이 사람 잡네. 두 사람은 사생결단을 내리려는 듯이 서로 엉켜붙어 떨어질 줄 몰랐다. 여러 사람들이 달려들어 두 사람을 떼어 놓을 때까지 맞손질이 이어졌다.
다시 아래기 배급이 시작되었다.
"돼지죽 주고 빨리 예배당에 가봐야지."
김주임댁이 아래기가 담긴 양동이를 들고 나오며 말했다.
"그래, 예배당에 다니는 사람들은 가방만 들고 다녀도 하나님이 먹여 살린다는데 정말 그렇소?"
깡마른 몸집의 인규 아버지가 어릿거리는 눈으로 김주임댁을 바라보며 물었다.

"그러문요. 성경에 보면 공중을 나는 새와 들에 핀 백합화도 하나님이 입히시고 먹이신다 했어요."

김주임댁이 양동이를 땅바닥에 내려 놓으며 말했다.

"민숙이엄마나 교회 가소. 죽어서 천당을 가고 만당을 간다 해도 난 당장 배가 고파서 몬가겠소."

인규엄마가 퉁명스럽게 내뱉었다.

"이 쌍노무 여편네야. 동네 사람들 앞에서 그런 아갈바릴 꼭 쳐놀려야만 하나. 사나 위신 다 떨어지게시리."

인규 아버지가 인규엄마를 노려보며 말했다.

"시상 천지에 지집 새끼 벌어 먹이지도 몬해 지집 새끼들이 아래기 배급이나 타 먹고 살아가게 하는 하동촌 사내들 말고 어디 또 있는지 아는 사람 말좀 해보소. 어디 좆만 차믄 사난 줄 아능가벼."

인규엄마가 내뱉듯이 말했다.

"입을 함부로 놀리네. 사나 위신 떨어지게시리."

인규 아버지의 넓적한 손바닥이 인규엄마의 얼굴을 후려쳤다.

"아이고, 저놈의 사나가 지집 잡네."

인규엄마가 악 소리를 지르며 손을 얼굴로 가져갔다.

"이노무 여편네야. 어디 내가 놀고 싶어서 노나. 이주 농가 철거 공사 이후론 화물이 없어져서 백방으로 찾아 헤매도 일자리가 읎는 걸 난들 어뜩하나."

인규 아버지가 가쁜 숨을 몰아쉬며 아래기 배급장을 떠나갔다.

아래기 배급이 다시 시작되었다. 탱크에서 희뿌연 수증기가 솟아오르자, 사람들이 와아하고 소리를 질렀다.

복례는 아래기를 물동이에 받아 머리에 이고 집으로 돌아오자마자, 건축업자가 농가를 철거하면서 버리고 간 판자 조각으로 아궁이에다 불을 지폈다. 쌀독 밑구멍까지 박박 긁어서 바가지에 담았다.

2

"옴마, 배고파."

말순이가 부엌으로 들어서며 말했다.

"조금만 참아라. 아래기죽 끓여줄 테니."

복례가 안남미를 조리로 살살 일면서 말순이를 달랬다.

"싫어. 싫어. 난 아래기죽은 싫단말야."

말순이는 아래가죽이 싫다. 아래기죽을 먹고 나면 얼굴이 발갛게 익어버리고 머리가 어질어질해졌다. 어제 학교에서 사택촌 아이들한테 창피를 당한 일을 생각하면 분했다.

"자, 여러분 누가 우리 고장에 있는 산업체에 대해서 말해볼까요?"

교사가 백묵으로 우리 고장의 산업체라고 칠판에 썼다.

"저요. 저요."

아이들이 여기저기서 손을 들었다.

"민숙이가 한번 답해볼까요?"

교사가 탁자 위의 지휘봉을 집으며 말했다.

"예. 해명양조회사와 울평아연제련소가 있습니다."

민숙이가 자신이 넘치는 목소리로 대답했다.

"울평동제련소와 신영무기화학이 있습니다."

인규가 교실 안을 휘둘러보며 보며 말했다.

"참, 잘했어요. 그러면 누가 해명양조회사가 어떤 산업체인지 말해볼까요?"

교사가 입가에 엷은 웃음을 띄우며 물었다.

"저요."

인규가 손을 번쩍 들며 일어섰다.

"저희 아버지가 그러는데요. 해명양조회사는 경상남도에서 제일 큰 소주회사라고 합니다아."

인규가 말을 끝내고 의자에 도로 앉았다.

"자, 그러면 소주를 만드는 원료가 무엇인지 누가 말해볼까요?"
교사가 원료라고 칠판에 쓰면서 아이들을 휘둘러보았다.
"저요!"
"저요!"
민숙이와 말순이가 손을 번쩍들었다.
"그럼 민숙이가 말해볼까."
교사가 지휘봉으로 민숙이를 가리키며 말했다.
"고구마, 주정, 설탕, 물입니다."
민숙이가 재빨리 대답했다.
"참, 잘 알아맞추었어요. 그러면 누가 소주를 제조할 때 부산물로 생기는 찌꺼기인 아래기는 무엇에 쓰는지 이야기해 볼까요?"
교사가 지휘봉을 만지작거리며 말했다.
"선생님, 말순이가 제일 잘 알 거예요."
민숙이가 벌떡 일어서면서 손가락으로 끝순이를 가리켰다.
"그래? 그러면 말순이가 대답해볼까?"
교사가 지휘봉을 만지작거리며 말했다.
"……"
학생들이 교단 위에 서 있는 교사를 바라보았다.
말순이의 얼굴이 더욱 빨개졌다.
"와하하하. 말순이 얼굴이 빨개졌다네. 아래기 먹고 사는 말순이 얼굴이 빨개졌나데. 와하하하."
인규, 성순이, 봉성이, 광원이, 민숙이가 일제히 소리치며 웃어재켰다. 어떤 아이들은 손으로 책상을 탕탕 내리치며 웃었다. 말순이가 울음을 터뜨렸다.
"조용히 해. 조용히."
교사가 지휘봉으로 세차게 교탁을 내리쳤다.
교실 안은 물을 끼얹은 것처럼 조용해졌다.
교사가 분필을 들고 돌아서서 칠판 위에다 '야외학습'이라고 썼다.

교실 밖으로 나오자 햇볕이 철봉대와 축구 골대 위로 사정없이 내리쬐이고 있었다. 아이들은 반장의 뒤를 따라 천천히 운동장을 가로질러갔다. 그 뒤로 권투 글러브를 손에 든 교사가 호각을 입에 문 채 뒤따라 갔다. 뜨거운 열기가 얼굴과 목덜미로 줄기차게 달라붙었다. 운동장 담장 밑으로 뻗어내린 호박잎들은 축 늘어져 있었다.

얼굴이 포동포동 살찐 반장의 뒤를 따라 아이들은 학교 옆 모래톱으로 갔다. 바다와 울온천이 만나는 곳에 모래톱이 있었다. 봄철까지는 자갈밭이 펼쳐져 있다가, 물이 불어나는 여름철이 되면 모래톱이 생겨나곤 했다.

교사가 반장에게 심판을 보라고 지시했다. 그리고 나서 인규와 봉성이에게 앞으로 나오라고 했다.

왼쪽에 글러브를 끼고 섰고, 오른쪽에 봉성이가 글러브를 끼고 섰다.

"자, 경기를 시작하겠습니다."

반장이 오른손을 쳐들었다. 이 글러브는 철거민촌에 들어선 동촌초등학교 학생들을 위해 울평약사회에서 사다 준 체육 도구의 하나였다.

경기를 시작하자마자 봉성이가 인규의 얼굴을 오른손으로 가격했다. 봉성이가 뒤로 벌렁나자빠졌다. 교사가 호루라기를 휙 불었다. 경기가 중단되었다.

"일어나. 일어나."

아이들이 소리쳤다.

"인규야 일어나. 어서 일어나."

말순이가 울음을 터뜨렸다.

교사가 다가가 인규의 얼굴과 목덜미를 살폈다. 붉은 반점이 여기저기 돋아나 있었다.

"내가 인규를 데리고 보건소에 다녀올 테니까, 봉성이는 나를 따라온다."

교사가 말했다.

"오늘 야외수업은 이것으로 끝낸다. 교실로 돌아가 반장 책임 하에 종례를 하고 청소를 하도록 한다."

교사가 말을 끝낸 뒤 반장을 바라보았다.

말순이 보다 두 살이나 더 먹은 반장은 학급 일을 도맡아 했다. 뿐만 아니라, 산수를 잘하는 반장은 종종 교사 대신 아이들을 가르쳤다. 교사가 전날 술을 많이 먹고 교실 책상 위에 엎드려 자면 반장이 대신 교탁 앞에 서서 아이들에게 번호 순서대로 책을 읽도록 했다.

교사가 인규를 등에 업고 천천히 걸음을 뗐다. 봉성이가 인규의 엉덩이를 양손으로 바치고 그 뒤를 따랐다. 교실로 돌아온 아이들은 반장의 지시대로 청소를 끝냈다.

벽돌을 실은 트럭들이 꽁무니에 먼지를 일으키며 하구 둑을 지나 석유화학공장이 들어서는 해명산 기슭을 돌아 공사장으로 가고 있었다. 화학공장에서 뿜어 올리는 연기와 아연제련소와 동제련소에서 뿜어 올리는 수증기를 뚫고 흰 갈매기들이 날개깃을 쳐대며 울온천 위로 솟아올랐다.

"너무 일찍 끝났으니까, 우리 호랑이 바위에 물놀이 하러 가자."

반장이 출석부를 덮으며 말했다.

무더위는 더욱 기승을 부리고 있었다. 갈매기들은 거대한 지구본같이 생긴 탱크 위를 한 바퀴 곡선을 그리듯 돌았다. 이내 갈매기들이 지평선 너머로 사라졌다.

말순이는 반장의 뒤를 따라 모래톱을 가로질러 갔다. 10여 명의 아이들이 모래톱을 밟고, 울온천 가에 섰다. 울온천을 옆에 끼고 회색 건물이 연이어 있는 울평아연제련소 굴뚝에서 끊임없이 수증기를 공중으로 뿜어대고 있었다. 연장 24킬로미터의 울온천은 성주산에서 발원하여 동해 남단 바다에 닿았다. 울온천은 해명공단을 지나면서 물방울의 숫자가 많아졌고, 붉은 빛을 띤 침전물이 앙금을 그으면서 강바닥에 깔리기 시작했다.

자갈밭을 따라 조금 더 내려가면 물 흐름이 호랑이 바위에 막혀 물줄기가 오른 쪽으로 꺾여 바다로 흘러가는 곳이 나온다. 그곳은 수심도 깊어서 멱감고 놀기가 좋다. 사내 아이들은 자갈 밭에 옷을 훌러덩 벗어 놓고, 호랑이 바위 위로 올라갔다. 풍덩, 반장이 호랑이 바위 위에서 물 속으로 뛰어 내렸다.

뒤따라 광원이도 물속으로 뛰어 내렸다.

말순은 얼굴을 들고 울온천과 바다가 만나는 하구를 바라보았다. 어마어마하게 큰 배들이 수평선 위에 떠 있었다. 그 뒤로 솟아오른 공장 굴뚝들이 불기둥을 하늘을 향해 뿜어대고 있었다. 공장 굴뚝의 불기둥이 바닷물 위에 불그스레한 빛을 흩뿌리기 시작한 뒤부터 하구에서 등이 굽은 물고기가 잡히기 시작했다. 그뿐만 아니었다. 해마다 하구 가까운 바다에서 겨울을 난 알에서 깨지 얼마 안 되는 어린 은어 새끼들이 성주사 계곡을 향하여 거슬러 올라오면서 점점 커져 돌자갈에 덮인 여울진 곳에서 산란하는 모습을 볼 수 없게 되었다.

말순이 다리를 꺾어 물 속으로 얼굴을 들이밀려고 하는 순간이었다. 거무튀튀한 덩어리가 떠내려오는 것이 보였다. 덩어리 주위로 무지개 빛이 도는 띠가 둘러싸고 있었다.

여학생들은 남학생들이 물놀이를 하는 곳에서 더 아래로 내려 가서 갈대밭 속에 앉아 겉옷을 벗었다. 말순이는 고개를 숙여 물속을 들여다 보았다. 강바닥의 돌 색깔이 녹물을 덮어 쓴 것처럼 붉은 빛을 띠고 있었다. 말순이는 헤엄쳐서 시냇가로 나가 자갈 밭에 엎드렸다. 이내 따스한 기운이 아랫배를 감쌌다. 다시 자세를 바꾸어 등을 자갈 밭에 대고 하늘을 바라보았다. 바다와 울온천이 만나는 곳에 갈매기들이 날아올랐다. 갈매기들이 요란하게 우짖으며 말순이의 머리 위를 지나갔다. 그때 대열에서 뒤로 쳐진 갈매기가 느릿느릿 날갯짓을 쳐대다가 이내 날개를 꺾고 갈대 숲에 고꾸라지듯 코를 처박았다.

"야, 배가 고파 헤엄 더 못치겠다아, 그만 가자아."

반장이 큰 소리로 외쳤다.

말순이는 물 밖으로 나왔다. 성순이와 민숙이도 뒤따라 나왔다. 버드나무숲으로 들어가 가방에서 속옷을 꺼냈다.

"이게 무슨 냄새야?"

젖은 속옷을 갈아입던 민숙이가 말했다.

"기름 냄새 같아. 아까 물놀이할 때 기름덩이가 둥둥 떠내려가는 걸 봤어."

말순이가 말했다.
"내 난닝구도 기름이 묻은 거 같애."
성순이가 속옷을 손으로 비틀어 짜며 말했다.
남학생들은 젖은 속옷을 짜가지고 그냥 입고 키득거렸다.
바다 위에 떠 오른 수 십 개의 굴뚝은 붉은 불줄기를 하늘로 줄기차게 내뿜고 있었다. 울평아연제련소로 향하는 컨베이어 벨트가 햇빛 속에 하얗게 빛났다.
말순이와 성순이, 민숙이는 반장과 광원이의 뒤를 걸어갔다. 학교에서 800미터 쯤 걸어가면 해명양조장이 있었다. 2미터는 족히 되는 철문 너머로 고소한 냄새가 넘어왔다.
"얘들아, 배고프지 우리 지에밥 쓰리하러 가자."
반장이 말했다.
"내가 먼저 넘어가 경비가 있나 없나 살펴볼게."
광원이가 꼭대기에는 뾰족한 창이 여러 개 꽂혀있는 철문을 넘어 들어갔다. 여자 아이들은 담장 밑에 웅크리고 앉아 소꿉장난을 하는 흉내를 냈다.
잠시 후 버짐이 여기저기에 피어난 광원이의 동그란 얼굴이 철문 위로 올라왔다. 여자아이들은 반장의 뒤를 따라 양조장 뒷마당으로 갔다. 그곳에는 갓 쪄내어 김이 모락모락 나는 지에밥이 널빤지 위에 널려있었다. 아이들은 그것을 한 입씩 털어 넣었다. 고소한 기운이 혀를 감쌌다. 아이들은 제각각 주머니에 지에밥을 집어넣고 철문을 향해 뛰었다. 사무실 창가에 서서 크고 작은 동작 하나하나를 내다보고 서 있던 공장장이 검은 선글라스를 끼고 나왔다. 아이들이 철문을 넘으려는 순간 공장장이 뛰어왔다.
"이 도둑놈의 새끼들!"
공장장이 냅다 소리를 질렀다.
관리인 방씨와 한 계장이 뒤따라 뛰어왔다.
공장장이 철문에 매달려 있는 반장의 엉덩이를 구둣발로 찼다. 반장이 땅바닥으로 엉덩방아질했다. 관리인 방씨가 광원이의 어깨를 주먹으로 내리쳤다. 광원이가 땅바닥에 벌렁 자빠졌다. 말순이의 등줄기로 얼음장같이 찬 기운이 쫙 흘러내렸다. 겁에 잔뜩 질린 여자 아이들이 철문 앞에 사시나무 떨듯 떨며 서 있었다.

"도둑년들, 앞으로 커서 뭣이 될라꼬 도둑질부터 배웠냐?"

한 계장이 여자 아이들을 한 줄로 세워 놓고 뺨을 후려쳤다. 하얀 분 가루가 뺨에서 떨어져 그녀의 오른쪽 어깨 위에 앉았다.

"이놈들이 지에밥만 훔쳐가는 게 앙이라, 고구마도 훔쳐 가능게 앙이가? 바른 대로 말해."

관리인 방씨가 툭 불거져 나온 눈알을 부라리며 소리쳤다.

"아니예요, 아니예요. 고구말 훔치지 않았어요."

성순이가 말을 끝내고 울음을 터뜨렸다.

"이년이 그래도 바른 말을 안 하네."

관리인 방씨가 성순이의 머리를 멍석 바닥처럼 껄끄럽고 두둑한 손으로 쥐박았다.

"고만 애들을 보내줘요."

공장장이 검은 선글라스를 손수건으로 닦으며 말했다.

얻어맞은 아이들은 풀이 죽은 걸음으로 양조장 마당을 빠져 나왔다. 말순이는 오른손으로 얼얼한 머리를 어루만지며, 왼손으로 주머니에 쑤셔 넣어둔 지에밥을 꼭 쥐었다.

잎이 빨갛게 말라가고 있는 해송숲 사이로 너럭바위들이 있는 곳에 이르렀다.

"저기서 좀 앉아 쉬다가 가자."

반장이 너럭바위를 가리켰다.

말순이는 주머니에서 지에밥을 꺼내 아이들에게 나눠주며 너럭바위에 앉았다. 길고양이 한 마리가 흙과 모래가 쌓인 언덕에서 빙글빙글 돌았다. 이윽고 길고양이가 언덕에 털썩 주저앉더니 코를 박았다. 동원이가 지에밥을 손에 꼭 쥐고 길고양이를 향해 걸음을 뗐다. 길고양이가 갑자기 스프링 튀듯이 튀어 올랐다. 시위를 당긴 활처럼 붉은 물감을 뒤집어 쓴 것 같은 가지를 얕은 언덕에 내리뜨리고 있는 해송을 향해 달려가기 시작했다. 길고양이가 해송에 부딪혀 사지를 죽 뻗고 널브러졌다.

복례는 아래기를 가마솥에 부었다. 그리고 그곳에다 일어 놓은 안남미를 쏟아부었다. 솥뚜껑을 덮고 판자 조각을 아궁이로 밀어넣고, 루핑 조각에 불을 붙였다. 루핑 조각이 기름 냄새를 뿜어내며 지글지글 타 올랐다.

반쯤은 얼이 빠져버린 얼굴로 마당으로 들어서는 말순이를 보고 복례가 행주치마에 손의 물기를 닦았다.

"오늘 학교에서 무슨 일이 있었니?"

부지깽이를 부뚜막에 위에 올려놓으며 복례가 물었다.

"……"

말순이가 어깨에 맨 책보를 풀었다.

"무슨 일 있었어?"

복례가 말끝을 높였다.

"아래기 먹고 사는 말순이 얼굴이 빨개졌다며 애들이 자꾸 놀린다 말야."

말순이가 부엌문 앞에 서서 말했다.

"우리가 언제까지나 맨날 돼지처럼 아래기만 먹고 살겠니… 허연 쌀밥에 고깃국 먹고 사는 날이 올끼다."

"엄마, 우리한테도 허연 쌀밥에 고깃국 먹고 사는 날이 올까?"

"오고 말고 사람이 살아가는 데 다 고비가 있는 기라. 이 고비만 잘 넘기면 우리도 아래기 먹지 않고 고깃국 먹고 사는 날이 올 기라."

판자 조각에 옮겨 붙은 불이 이글이글 타 올라 열기를 복례 얼굴로 쏘아대고 있었다.

3

신작로를 중심으로 양 쪽에 까만 기와를 인 30여 호의 집들이 열을 지어 서 있었다. 해명양조장 길 건너편에 국수, 과자, 소주, 그리고 담배 따위를 파는 점방이 있었다. 마을 오른쪽으로 해명산 끝자락에 자리잡고 있는 동촌국민학교 본관 앞에 태극기와 새마을기가 펄럭이고 있었다.

"저 사택촌 여자들은 쌀밥만 먹으면 목구멍이 간지랑간지랑 해서 못 먹겠다고 지랄한다며?"

복례가 해명양조회사 사택촌을 내려다 보며 말했다.

"지년들이 올챙이 개구리 된 지가 언젠데 그 따우 아갈바릴 쳐놀려."

후남이가 말했다.

"양조장 다니며 밥술이나 먹을 만 하니까 하늘 무서운 줄 모르고 아갈바릴 함부로 쳐놀리는 구만."

"나이롱 옷을 입으면 살갗이 까끄러와 몬 입는다고 하던데."

"배때기에 기름이 쪄 아갈바리를 쳐놀리는 거니더."

산매들린 바람이 성지미골 등성이를 핥고 지나갔다. 움이 트려고 돋아난 느티나무의 파란 순에 대달려 있던 이슬이 우수수 떨어졌다.

"끼니 때마다 아래기 죽만 먹으니 어질어질하고 설사가 나서 배길 도리가 있어야제."

후남이 코를 힝 풀며 말했다.

"……내 말대로 하면 괜찮다니까. 보리수나뭇잎을 따다가 밀기울에 돌돌 묻혀서 쪄먹으면 어지럽지도 않고 설사가 나지 않는다니까."

복례가 연방 콧김을 쏟아내며 말했다.

복례와 후남이는 할미바위를 지나, 계속 걸었다. 죽은 개구리들이 물 웅덩이에 허연 배를 드러내고 둥둥 떠 있었다.

"이젠 봄이 와도 개구리 울음소리가 들리지 않아."

복례가 혼잣소리처럼 말했다.

"개구리들이 겨우내 살려고 을마나 애를 썼을까…"

후남이가 말을 끝내고 복순이를 물 웅덩이를 지그시 바라보았다.

"살려고 발버둥치면 죽지 않는다고 했는데… 사람이나 짐승이나 목숨줄이 을매나 모진 건데. 저렇게 개구리들이 죽어 나자빠졌으니…"

"사람도 목숨줄 이어가기 힘든데 개구리라고 목숨줄 이어가기가 어디 쉽겠어."

"그래 성순이는 뭘 좀 먹노?"

복례가 걸음을 멈추고 말했다.

"쌀알 구경한 지가 언제인지 모르니더. 성순이가 저렇게 시름시름 앓아 누운 지 열흘이 다 되어가도 허연 쌀밥 한번 못 지어 먹여봤으니… 이렇게 살믄 뭘 하니껴. 사이나라도 있으믄 먹고 죽어뿌렸으믄 좋겠니더."

후남이가 바람에 흩어진 머…리카락을 쓰다듬으며 힘 없는 목소리로 말했다.

"무신 소리 하능 거야. 사람의 목숨이라는 걸 그렇게 함부로 끊는 거도 아니고, 쉽게 끊어지는 기 아녀."

복례가 바다 위로 줄지어 솟아있는 굴뚝들에 눈길을 던지며 말했다.

울온천이 바다와 만나는 곳에 울평아연제련소 굴뚝들이 우뚝 서 있었다. 제련소 굴뚝에서는 하얀 수증기를 끊임없이 대기 속으로 내뿜고 있었다.

"아연제련소만 안 들어왔어도 나락이 다 병이 나 쭉정이가 되어뿌리지는 않았을 텐데…"

후남이가 말끝을 흐렸다. 어머니가 딸을 세 번째 낳자, 아버지가 넷째 아이는 아들을 낳으라고 아이 이름을 후남이라고 지었다.

"우리 같이 못 배운 사람들이 봐도 뙤약볕 아래 벼가 누렇게 말라 죽어간 게 아연제련소 때문인 게 틀림없었던 거 같애. 굴뚝에서 내뿜어대는 연긴지 수증긴지 하는 게 아무리 봐도 이상해. 새벽에 나가 보면 제련소 주위가 온통 안개가 낀 것처럼 뿌옇고 지독한 냄새가 나거든."

복례가 말했다.

"처음엔 비료를 잘못 써서 일어난 일이 아닌가 했어. 그런데 이듬해에도 같은 일이 또 생겨났어. 제련소 굴뚝에서 내뿜는 아황산가스와 배출구를 통해 강물로 흘려보내는 폐수 때문에 벼가 누렇게 죽어가는 게 틀림없다고 인규 아버지가 말했어. 울평아연제련소로 몰려가 항의를 했으나 제련소 사람들은 아예 정문을 걸어 잠그고 우리들을 만나주지조차 않았어."

후남이가 말을 끝내고 고개를 들어 아연제련소 굴뚝을 바라보았다.

"피해 보상 해달라고 을마나 애를 썼어…"

"우리가 아무리 발버둥쳐도 아연제련소 사람들은 눈 하나 까딱하지 않았다니깐."

"울평 경찰서에 몰려가 폐농해서 굶어죽게 되었다고 울고 불구 하소연을 하니까, 글쎄 경찰서장이 우리들과 함께 아연제련소를 찾아갔지."

오십대 중반의 키가 큰 경찰서장이 마을 사람들을 이끌고 울평아연제련소 정문 앞에 모습을 드러내자, 제련소 경비들이 갑자기 부산하게 움직였다. 잠시 후 제련소장이 제복들을 이끌고 정문으로 나왔다.

"나, 울평경찰서장이요."

경찰서장이 말했다.

"서장님께서 무슨 일로?"

제련소장이 말끝을 높였다. 네모난 얼굴이 형광등 불빛을 받아 기름기가 번들거렸다.

"당신들이 무단으로 폐수를 울온천에 흘려보내고, 시도 때도 없이 아황산가스를 대기 속으로 뿜어내고 있다는 사실을 알고 온 거요."

"서장님 왜 이러십니까? 안으로 들어가셔서…"

제련소장이 나지막한 목소리로 말했다.

"그럽시다. 자, 여러분 안으로 들어가서 여러분의 요구 사항을 회사측에 이야기해 보도록 합시다."

경찰서장이 말했다.

제련소장이 경찰서장을 회의실로 안내했다. 노인회장이 오른쪽 다리를 절룩이며 앞장서서 경찰서장을 뒤따라 갔다.

회의실 의자에 경찰서장과 마을사람들이 앉자, 제련소장과 회사 간부들이 맞은편에 죽 앉았다.

"아연제련소는 국가 시책으로 아연, 은, 그리고 황산을 생산하고 있다는 것을 염두에 두시고 대화를 나누는 게 좋겠습니다."

제련소장이 말했다.

"해명들에서 생산하는 쌀을 비롯한 각종 농산물도 국가 시책으로 농민들이 생산하고 있다는 것을 명심하시고 대화를 나누는 게 좋을 겁니다."

경찰서장이 고개를 들어 제련소 측 사람들을 일별했다.

"그럼 먼저 주민들 요구 사항을 들어보도록 하겠습니다."

제련소장이 얼굴을 굳힌 채 말했다.

"일 년 농사, 다 망쳤으니까, 책임지고 보상해줘야지요."

해방 후에 청년대장으로 남로당 행동대와 맞서서 싸우다가 다리를 다쳤다고 술회하곤 하는 노인회장이 카랑카랑한 목소리로 말했다.

"우리 제련소가 농사 망쳤다는 증거 있어요?"

제련소장이 목소리를 높였다.

"소장님, 마을 대표들에게 고압적으로 말씀하지 마세요. 울평공단 인근에서 벌어지고 있는 폐농 사태를 대통령 각하께서도 지대한 관심을 가지고 보고 계십니다. 매일 지역 정보 보고가 올라가고 있다는 걸 알고 있으면서도 그런 말씀을 하는 건 아니겠지요."

경찰서장이 제련소장을 바라보며 말했다.

"저희 회사가 보상을 안 하겠다는 건 아니고요…"

"보상을 안하겠다는 건 아니라면 마을 대표들 말씀에 귀를 기울이고 적절한 보상안을 도출해보도록 합시다."

"경찰서장이 힘을 써서 보상을 받긴 했으나 수확량에 비해 터무니 없는 보상만 받고 말았지."

"그래도 그게 어디야 그거라도 경찰서장 아니면 받을 수 없었제. 일신회사 채진복과 동업자 전웅렬의 뒷배가 청와대라는 소문이 파다하대."

복례가 말했다. 8·15 해방 후에 채진복과 전웅렬이 동업으로 일신이라는 회사를 세워 일본 미츠비시 광업三菱鑛業이 운영하던 청계 아연광산을 헐값에 불하 맡아 아연광산 인근의 물돌이마을에 청계아연제련소를 세워 사세를 키운 뒤 울평아연제련소를 울평에 세웠던 것이다.

"어디 일신회사만 그렇겠어. 해명공단의 공장들을 돌리는 대기업들이 다 청와대 빽으로 공장을 돌리고 있다 카더라."

후남이가 걸음을 떼며 말했다.

"근디 낮으루 보면 굴뚝에서 하얀 수증기를 내뿜던데… 밤에 주민들 몰래 붉은 연기를 뿜어내나? 소나무가 왜 저렇게 발갛게 말라 죽어가지."

복례가 걸음을 천천히 옮기며 말했다.

산비탈에 뿌리를 내리고 있는 소나무들이 붉은 물감을 뒤집어 쓴 것처럼 발갛게 타들어가고 있었다.

"하여간 제련소 굴뚝에서 나오는 수증기가 무섭긴 무서운 가봐. 굴뚝에서 뿜어대는 수증기로 저 소나무 솔잎들이 저렇게 빨갛게 타들어가는 걸 보니께."

후남이가 걸음을 멈추고 울평아연제련소를 바라보며 말했다.

"산곡에 있는 청계아연제련소도 허구헌날 굴뚝에서 하얀 수증기를 뿜어대."

복례가 갑자기 생각났다는 듯이 말했다. 해명공단에 있는 울평아연제련소는 산곡에 있는 청계제련소의 계열사였다. 두 회사가 일신의 주력 회사들이었다.

"인규 아버지 말이 굴뚝에서 아황산 가스가 섞여 있는 수증기를 뿜어대기 땜에 소나무들이 죽는다 카더라…"

후남이가 말끝을 흐렸다.

"하얀 수증기 속에 아황산가스라는 게 섞여 있다는 말이 맞을 거야. 내가 청계에 살 때 청계광업소 선광장에서 일했거든. 화염산에서 캐낸 아연광석을 광차로 실어내 선광장에서 돌을 골라내고 기계로 파쇄해서 가루로 만들었거든. 그 가루를 청산가리라는 시약試藥을 탄 물로 세척하여 생산한 아연가루를 트럭으로 실어다 청계제련소에서 아연괴로 만들었어. 아연을 제련하는 과정에서 나오는 부산물로 카드뮴과 황산을 뽑아내고 은과 금도 뽑아냈어 …하이고 와 이리 숨이 차노."

복례가 손으로 입가를 훔치며 걸음을 뗐다.

파릇파릇 잎이 돋아난 보리수나무가 떼를 지어 나타났다. 부뜰네가 보리수나무 앞에 걸음을 멈췄다. 그녀는 손을 재빠르게 놀려 보리수나뭇잎을 훑어서 바구니에 담았다.

"참, 엊저녁에 인규네 집은 설사똥 사태가 안 났나?"

복례가 잎사귀에 반점이 여기저기 박혀 있는 보리수 나뭇가지를 앞으로 당기며 말했다.

"……?"

후남이가 손놀림을 멈췄다.

"인규엄마가 밀기울 떡을 만들어 자식새끼들 멕일라꼬 놀래미골에 가서 보리수나뭇잎을 훑어 와서 밀기울을 묻혀 쪄 먹고 인규, 인수, 인숙이 모두가 설사똥 사태를 만나서 변소깐 돌쩌귀에 불이 안 났나."

복례가 부지런히 입을 놀리며 보리수나뭇잎을 죽죽 훑어서 소쿠리 담았다.

"놀래미골은 산영무기화학 뒷산인데 뭐 할라꼬 거기까지 가서 보리수나뭇잎을 뜯어 왔다지?"

후남이가 소쿠리를 고쳐 들며 대꾸했다.

"인규엄마와 인규 아버지가 약초 캐러 거길 같이 갔다 카더라. 약초는 하나도 못 캐고, 빈 바구니로 돌아오다가 보리수나뭇잎을 훑어왔다카더라."

"놀래미골에 작년 가을에 밤 줏으러 갔더니 밤나무고 소나무고 전부 잎이 발갛게 타들어가고 있던데. 화학공장에서 뿜어대는 연기 땜에 그렇다지 아마."

"근디, 인규 아버지는 설사똥을 안 쌌고?"

후남이가 소쿠리에 보리수나무잎을 훑어 담으며 물었다.

"일자리 알아본다고 시장 근처에 있는 화물 회사에 갔다가 밤늦게 오느라고 밀기울떡을 먹지 않아서 그 난리를 겪진 않았다 하대이."

"인규 아버지도 운전대 놓은지 꽤 되었제?"

"2년은 더 되었지 아마. 나하고 산나물하고 약초를 캐러 다닌지도 2년이 넘었으니께. …잘 하믄 스페어 기사로 화물 회사의 트럭을 끌게 될지도 모른다 카더라."

"스페어 기사란 게 뭐꼬?"

"그기 아마 회사에서 필요하믄 그때 그때 불러다 쓰는 운전기사인가 봐."

해동갑으로 산비탈을 헤집고 다니며 도라지, 더덕, 잔대를 캐다가 오일장에 내다 팔아 밀기울과 안남미를 사다가 죽을 쓰거나 국수를 만들어 허기진 배를 채워 왔다. 우뚝 솟아 있는 굴뚝에서 밤을 낮 삼아, 낮을 밤 삼아 불기둥을 대기로 뿜어 냈다. 파도가 일렁일 때마다 불기둥은 바닷물 위에 붉은 그물을 던졌다. 복례는 붉은 그물이 바닷물에서 너울거리는 것을 바라보면서렸다. 마치 바닷물이 화염에 휩싸여 이글이글 타오르는 것 같다고 생각했다. 불기둥이 던진 붉은 그물이 바닷물 위에서 너울거리기 시작하고부터 짙푸른 바다는 서서히 잿빛으로 변하며 죽어갔다. 바람을 타고 검붉은 연기가 해명산海鳴山을 뒤덮고 마을로 진주해오면 고샅에서 사람들은 모습을 감춰버렸다. 왕대가 제일 먼저 시들어가고 포플러, 버드나무, 소나무가 발갛게 타들어 죽어갔다. 바다 위에서 갈매기가 사라지고, 동촌마을에 제비가 찾아오지 않게 되자, 마을 사람들은 해명산 비탈을 헤집고 돌아다니며 산나물을 뜯으러 가는 날이 점점 줄어들게 되었다. 산나물들과 약초들이 잎이 노랗게 말라 죽어가, 하루에 한 소쿠리 채우기가 여간 어려운 게 아니었다.

저녁에 문을 마음대로 열어놓고 잠을 잘 수 없게 되자, 해명공단에서 4킬로미터쯤 떨어진 곳에 있는 배나무골의 배들도 죽어갔다. 수확량이 절반 이하로 떨어졌고, 수확된 배도 외형상 얼룩덜룩하고 배껍질이 나무껍질처럼 뚜꺼워져 상품 가치가 떨어졌다. 배나무골 사람들은 울평군청으로 몰려가 제일건설화학과 일본화학과의 합작 투자로 설립된 회사인 산영무기화학을 일본으로 추방시켜 주든지, 피해보상금과 함께 이주를 시켜주든지 하라고 요구했다. 그러나 대답은 상급 기관에 보고했으니 기다려 달라는 말밖에 없었다.

"많이 뜯었어?"

오른손과 왼손을 겨끔내기로 보리수나뭇잎을 따, 소쿠리에 담던 후남이 복례 쪽으로 고개를 돌렸다.
"응 거의 다 찼어."
복례가 소쿠리를 들어 보이며 말했다.
"인규가 앓아 누워 있어, 인규엄마가 애간장이 다 녹는다카더라."
후남이 보리수나뭇잎을 한 잎 따서 소쿠리에 담으며 말했다.
"인규가 많이 아파다던데, 어디가 아픈 거야."
"엉덩이에 난 종기가 점점 커지더니, 등하고 배에 붉은 반점이 생겨나면서 가렵대."
"우리 말순이도 허벅지와 배에 붉은 반점이 조금 나다가 저절로 없어졌어."
"아연 제련소가 생긴 뒤로 몸에 이상한 증상이 자꾸 생겨나 큰일이여… 그나저나 인규가 아래길 안 묵을라꼬 해서… 대꼬챙이처럼 비쩍말랐다니까."
"저런… 저런… 아래기죽을 먹으면 아래기에 남아 있는 알콜 때문에 술에 취한 사람처럼 얼굴이 빨개지지… 그래도 아래기라도 묵으면 그렇게 삐쩍마르진 않을 텐데…"
복례는 가슴속 한구석이 비어옴을 느꼈다.
복례와 후남이는 갯포를 내려다 보고 있었다. 하늘과 맞닿아 있는 바다 위에 어마어마하게 큰 유조선이 떠 있었다. 해안선을 따라 길다랗게 늘어져 있는 파이프 라인이 해명산 허리를 감싸안고 올라가다가 해명공단을 향해 구부러졌다. 울평의 하늘은 해명공단의 석유화학공장, 아연제련소, 동제련소, 펄프공장, 석유정제공장, 염료공장 등에서 내뿜는 가스와 매연, 그리고 분진으로 뒤덮였다.
"좌우당간, 저놈의 공장들 때문에 우리들만 몬 살게 되었제."
복례가 코를 힝 풀어서 해송 가지에다 쓱쓱 문댔다.
"그 말은 맞어. 갯포에 그냥 살았더라믄 우리가 이 고생은 안 할 낀데."
울음소리를 내며 해벽으로 달려왔다가 먼 바다로 달려가는 바닷물을 바라보며, 후남이가 나직한 목소리로 말했다.

갯포에서 동촌으로 집단 이주를 하고부터 고기가 잡히지 않았다. 갯포에 들어선 대한플라스틱, 산영무기화학, 울평아연제련소, 울평동제련소 같은 공장들이 쏟아내는 폐수로 바다가 붉게 물들면서 죽어갔기 때문이었다.

흉어의 거센 파도는 하동촌 사람들을 굶주림 속으로 밀어 넣었다. 살길을 찾아 마을을 뜨는 사람들이 줄을 이었다. 하동촌은 바다에 나가 고기를 잡거나 남의 논밭을 빌려 농사를 짓는 일 밖에는 다른 일을 거의 할 수 없는 동네였던 것이다.

화력 발전소 건너편의 울평동제련소 굴뚝 위에 불그스레한 빛이 감돌고 있었다. 굴뚝에서는 끊임없이 검붉은 연기를 하늘로 뿜어댔다.

"저거 좀 봐. 물이 더 불은 거 같애."

복례가 가리키는 손 끝에 잿빛 댐이 골짜기에 가로 걸려 있었다. 물은 흐름을 정지당한 채, 골짜기에 넘실거렸다. 댐이 끝나는 곳의 비탈에 잎이 황갈색으로 변하며 죽어 간 노송이 서 있었다. 노송만 죽어 간 것이 아니었다. 댐 관리실 옆의 대나무숲도 잿빛으로 변하며 죽어가고 있었다. 산허리를 가로질러 울평아연제련소로 달려가는 컨베이어 벨트가 은빛을 발산했다.

"저 회사가 울평아연제련소제."

후남이가 성냥갑 모양을 한 건물들이 완만한 경사를 이룬 채 열을 지어 서 있는 건물을 가리켰다.

"…바닷바람이 차다."

바짝 야위어서 병든 사람처럼 보이는 복례의 얼굴에 어두운 그림자가 드리워져 있었다. 바다에서 달려오는 바람이 복례의 얼굴에 줄기차게 달라붙었다. 보리수나뭇가지가 한쪽으로 쏠리고 있었다. 회목이 시려왔다.

"그만 내려 가재이."

후남이가 목덜미를 여미며 말했다.

"내가 와 이리, 멍하니 서 있노. 공장에서 일자리 준다꼬 기다리고 서 있는 거도 아닌데."

복례가 잡고 있던 보리수나뭇가지를 놓으며 말했다.

그들은 터덕터덕 성지미골을 내려갔다.

4

우리 모두 굳세게 싸우면서 일하고 일하면서 싸워서 새 조국을 만드세. 살기 좋은 새마을 우리 힘으로 만드세. 찍찍거리며 새마을 노래가 끝나자 마을은 깊은 적요 속으로 끝없이 빠져들고 있었다. 이따금 마을의 옆구리를 비껴 지나 바다를 향해 달려가는 기차소리가 마을의 적요를 깨뜨리곤 했다.

장생포집은 부지런히 돼지우리를 오갔다. 돼지들이 허연 배를 드러내놓고 누워 있는 것을 보면 신이 절로 나는 것이었다. 돼지를 기르려면 사료비가 많이 드는데, 아래기를 사료에 섞어 먹이면 사료대가 훨씬 적게 드는 것이었다.

"수고가 많아요."

붉은 넥타이를 멘 공장장이 다가왔다.

"아이휴, 공장장님이 으떻게 여길 다 오시고. 바쁘실 텐데…"

"하하하. 괜찮아. 돼지가 잘 자라고 있다고 해서 한 번 둘러 보러 왔어."

"아휴, 그래요. 글쎄 다 이게 공장장님 덕분이예요."

장생포집이 몸을 비비꼬며 말햇다.

장생포집은 트럭을 운전하는 아들이 매달 가져다 주는 돈에 미치지는 못하지만 돼지를 키워 돈을 벌어들일 수 있는 게 기뻤다. 비단, 장생포집뿐만이 아니었다. 아래기로 돼지를 키우면 짭짤한 수입을 올릴 수 있다는 소문이 돌고부터 해명양조회사 사택촌에서 살고 있는 사람치고 돼지를 기르지 않는 사람이 없게 되었다.

"다음 주쯤엔 돼지 우리를 한 칸 더 지을려고 해요."

"그렇습니까?"

"다 공장장님 덕분이지요 뭐."

"사무실에 먼저 갈 테니 천천히 와요."

공장장이 먼저 양조장을 향해 걸어갔다.

장생포집이 양동이를 손에 들고 어슬렁어슬렁 걸어왔다.

"애이고 일찍들 왔구마잉."

장생포집이 동이를 땅바닥에 내려 놓고 후남이 앞으로 왔다.

"장생포집은 뭐 할라꼬 와. 집에 가만히 앉아 있어도 공장장님이 어련히 알아서 해주실 텐데… 그까짓 아래기 한 초롱 더 타가 돼지들 배떼기 더 살찌게 해서 돈을 을매나 더 번다꼬 그래?"

새우처럼 등을 구부리고 있던 후남이가 이기죽거렸다.

"무신 소리 하능 기야. 부지런해야 돼지 새끼 굶어 죽이지 않는기여."

장생포집이 후남이를 향해 말했다.

"돈 좀 작작 벌어."

복례가 쏘아붙이듯이 말했다.

"모르는 소리 하지 마래이. 돼지 열 마리 키워 돈 될 게 뭐 있노."

장생포집이 샐쭉한 표정으로 말했다.

"누군 좋겠다. 손끝 하나 까딱 안하고 있어도 아래기 갖다 주는 사람 있어 좋고, 아래기로 돼지 먹이니 사료값 한 푼 들지 않아 좋고…"

후남이가 장생집포의 축 늘어진 볼살에 눈길을 던지며 말했다.

"와 이리 늦노. 빨랑 아래기 타가지고 가야 하는데, 우리 집 돼지 새끼가 배고파 안 죽겠나."

펑퍼짐한 엉덩이를 흔들며 장생포집이 사무실 안으로 들어갔다.

"화냥년, 화냥질 해서 처묵꼬 사니까 살이 돼지처럼 뒤룩뒤룩 쪄서 도라무깡통만 하대이."

후남이가 입꼬리를 일그러뜨린 채 비아냥거렸다. 웃음소리가 자욱하게 번져갔다.

사무실 안으로 사라진 장생포집이 좀처럼 모습을 드러내지 않았다. 얼릉 아래기를 타갖고 가서 죽을 끓여줘야 하는디. 세 끼를 아무 것도 안 먹고 방안에 누워 있는 해순이를 생각하니 복례는 마음이 급해졌다. 그녀는 바짝 말라오는 입술을 혀끝으로 축였다.

"아래기 배급을 안 줄라나?"
"줄라면 빨랑 주지. 뭐 하고 자빠져 있능 거야."
"공장장놈이 장생포집과 낮거리를 뛰고 있나? 와 이리 소식이 읎노?"
또 한 번 웃음소리가 자욱하게 번져갔다.

헝겊 조각을 덧대어 기워 입은 옷을 걸친 청계 영감이 지게를 지고 다가왔다. 옴폭 들어간 눈과 아무렇게 나 있는 수염으로 덮인 얼굴이 오늘따라 더 힘이 없어 보였다. 오늘 아래기 배급이 있다고 하여 거무개마을에서 이십 리 길을 마다하고 달려온 것이었다. 청계 영감이 손발을 덜덜 떨며 느릿느릿 걸음을 옮겼다. 굳게 닫혀 있는 철문 앞에 사람들이 웅성대고 있었다.

"저 영감쟁이가 얼릉 죽어뿌려야 하능긴데."
두리번거리는 청계 영감을 보고 몸피가 가느다란 창래 엄마가 입을 비쭉 내밀었다.

"내 같으면 쥐약을 사다 묵꼬 죽어뿌리지 가만 안 있는다. 몸도 성치 않는 영감쟁이가 뭐 묵꼬 살끼라고 거무개마을에서 아래기 타러 여기까지 오긴 뭘 하려고 와."

눈곱이 잔뜩 낀 왼쪽 눈을 깜박대며 복례가 소곤거렸다.

"그런 소리 하능 게 아녀. 목구멍이 포도청이라, 묵어야 안 사나. 다 목숨이 모진 기라. 억지로 죽지는 몬한다 하데이."

지게에 비스듬히 기대어 앉아 있는 청계 영감을 힐끗 쳐다보며 후남이가 나지막하게 말했다.

"저 영감쟁이 저래도 젊었을 적엔 다 한가닥 했다 안 캤나? 왕년에 청계광업소 일류 선산부가 앙이가. 청계 영감이 낀 조는 돈벌이가 제일 잘 되었다 앙카더나."

"청계 영감이 목욕 싸악하고 네꾸다이 처억 매고 황지 대밭촌에 나타나면 가시나들이 악악 소리를 질러댔다카더라."

후남이가 청계 영감을 일별하고 말했다. 황지 대밭촌은 황지 탄광촌 중앙시장가 근방에 있는 집창촌이었다.

"광산쟁이 십 년에 쇠꼽인들 배겨나나. 아연광석 가루가 폐에 박혀 철판도 뚫는다던 오줌발이 시들해지자, 마누라가 옆집 총각과 배가 맞아 울진으로 줄행랑을 쳤다지 아마."

청계 영감을 바라보던 복례가 충혈된 눈을 치켜떴다.

"나도 그 얘긴 들었대이. 바람나 도망간 마누라 찾아 울진에 갔다가 어물만 잔뜩 사왔다지. 그 길로 울진 십이령을 넘어 보부상길을 오가며 울진장에서 어물을 떼다가 춘양장에 내다 팔던 봇짐장수가 되어 돈좀 만졌다잖아."

후남이가 양동이를 만지작거리며 말했다.

바다 쪽으로부터 습기 찬 바람이 불어왔다.

"날쎄가 와 이리 차노."

옷 속으로 파고드는 한기에 인규엄마가 얇은 입술을 달싹거렸다.

바다 위로 불쑥 솟아 있는 공장 굴뚝에서 내뿜는 불기둥이 불그스레한 빛을 바다 위로 쏟아내리고 있었다. 거대한 지구본처럼 생긴 탱크를 스쳐온 바닷바람이 소나무숲을 흔들며 지나갔다. 바다가 웅웅거리며 불그스레한 거품을 게워내며 뒤척였다. 복례는 파도소리에 섞여 들려오는 남편의 목소리를 들었다. 아연괴 제조 공정 중 전기로가 폭발하는 순간 시뻘건 불기둥이 하늘 높이 솟았다. 아연광석·컨베이어 벨트 조각·벽돌·양철 조각들이 하늘에서 쏟아져 내렸다. 시뻘건 불기둥에 두들겨 맞은 명진은 하늘로 붕 떴다가 콘크리트 바닥에 떨어졌다. 그의 몸은 여러 갈래로 찢겨진 채 공장 바닥에 흩어졌다. 그의 동료들은 공장 밖으로 튕겨져 나가 관목 위에 떨어졌다. 전기로 폭발사고는 해명공단을 뒤흔들었다. 그러나 사흘 밤 나흘 낮이 지나자, 언제 폭발사고가 일어났느냐는 듯이 컨베이어벨트는 멈추지 않고 돌아갔다.

바다의 울음소리가 양조장 기왓골을 타고 넘어갔다. 불그스레한 거품을 연방 게워내던 바다는 바람소리가 잔잔해지자, 울음을 멈췄다.

검은 선글라스를 낀 공장장과 우묵한 코의 한 계장이 서로 말을 주고받으며 사무실에서 나왔다. 관리인 방씨가 한 계장 뒤를 바짝 따라나왔다. 공장장이 검은 선글라스 너머로 사람들을 물끄러미 바라보았다. 공장장의 각진 얼굴 쳐다보고 있는 복례의 얼굴이 굳어 있었다. 아래기 배급을 안 주는 게 아닐까. 아래기 배급을 타가지 않으면 말순이와 해순이가 굶어야 한다. 이마에 식은 땀이 돋아났다. 새마을 양돈 특성화 사업장을 만든다는 소문이 마을에 돈지 한 파수가 지났다.

"공장장님의 말씀이 있겠습니다."

한 계장이 헛기침을 하고 얇은 입술을 열었다.

"4천 년의 빈곤의 역사를 씻고 민족의 숙원인 부귀富貴를 마련하기 위하여 박정희 대통령 각하께서 울평을 찾아 여기에 신생 공업도시를 건설하기로 한 지 여러 해가 지났습니다. 여러분도 잘 알다시피 '이 울평 공업도시의 성패는 민족 빈부貧富의 판가름이 될 것이니, 온 국민은 새로운 각성과 분발과 협동으로 이 세기적 과업의 성공적 수행을 위하여 분발해 일어나 노력해주기 바라마지 않는다'고 대통령 각하께서 말씀하신 바 있습니다 … 너무 고생이 많습니다. 조금만 더 고생을 하면 우리나라는 잘 사는 나라가 되어 여러 분도 하얀 쌀밥에 고깃국으로 배를 채울 수 있게 됩니다. 허리띠를 졸라매고 제품을 만들어 수출을 해서 달러를 벌어들여 우리나라가 잘살게 되면 북한괴뢰들이 남침 야욕을 꺾게 되고 우리나라는 번영의 길로 들어설 수 있습니다. 번영의 그날까지 우리 모두 허리띠를 졸라매고 일합시다."

공장장이 검은 선글라스를 고쳐쓰며 말을 끝냈다.

사람들이 웅성거리기 시작했다. "무슨 소리 하능 기고. 아래기 배급은 안 주고, 대통령 각하는 무슨 말잉교. 당장 굶어죽게 생겼는디 수출은 뭐고, 또 북한괴뢰들은 무슨 소린교? 언구럭을 피워도 유만부득이지. 모르는 소리하지 말어. 지금 해명양조장이 수질검사에 불합격해 재검사를 받아야 되는데 재검사에도 불합격을 맞으면 회사 문을 닫아야 한다는 소문이 돌고 있어. 우짜든지 관청에 잘 보여야 하니께. 공장장도 마음에 읎는 소리를 지껄이고 있는 거여."

공장장에게 허리를 굽혀 인사를 하고, 관리인 방씨가 앞으로 나왔다.

"…자, 아래기 배급을 곧 시작하겠습니다. 아래기 배급을 재개하기 전에 몇 가지 주의 말씀을 드리겠습니다. 새삼 말씀을 드리는 거 같습니다만, 아래기는 소주를 곤 뒤에 남은 찌꺼기이기 때문에 알꼬루 성분이 많이 남아 있습니다. 가급적으루 사램이 식용으루 사용해서는 안 되겠지마는, 에또 아래기 배급을 중단한 이후로 원료 창고의 고구마가 없어지는 등 도난 사건이 자주 발생해, 회사에서 회의 끝에 아래기 배급을 다시 주기로 했습니다. 그라고 전번처럼 아래길 몬저 탈라꼬 싸움질 하다가 사람이 다치는 일이 있어서는 아니 되겠습니다. 한 계장님이 호명을 하시면 한 명씩 앞으로 나오세요."

관리인 방씨가 말을 끝내고 저장탱크를 향해 걸어갔다.

한 계장이 검정 장부를 들고 사람들 앞에 섰다. 그녀가 검정 장부를 펴자, 사람들의 눈이 일제히 장부를 든 그녀의 손으로 향했다. 여기저기서 양동이 부딪치는 소리가 났다.

"윤선자."

한 계장이 손가락에 침을 찍어 장부를 한 장 한 장 넘겼다.

"예."

꼿꼿하게 서 있던 순자가 양동이를 들고 앞으로 나갔다.

 방씨가 철문을 열었다. 뚜껑이 판자로 된 저장탱크가 우중충한 모습을 드러냈다. 사람들의 시선이 우르르 아래기 저장탱크 위로 모아졌다. 방씨가 딸기코를 벌름거리며 저장탱크 뚜껑을 열었다. 수증기가 뜨거운 열기를 대기 속으로 내뿜으며 희뿌옇게 솟아올랐다. 아래기가 철철 넘치도록 담긴 쇠바가지가 탱크 안에서 빠져 나오는 것을 숨을 죽이고 바라보는 사람들의 얼굴에 뜨거운 기운이 스쳐갔다.

"정금순."

한 계장이 장부를 쥔 오른손에 힘을 주며 말했다.

"예."

금순이 핏기 없는 입술을 달싹 하고 솥을 들고 앞으로 걸어 나갔다.

"다음은 해명양조장 가족들 차례입니다."

아래기가 뿌연 수증기를 줄기차게 허공으로 밀어 올렸다. 아래기 배급장은 뜨거운 열기와 수증기로 뒤덮여버렸다.

"얼릉 가서 허연 쌀을 폭 떠다가 밥을 해서, 묵은 김치 넣고 지글지글 볶은 돼지고기하고 먹고 굿 구경가야지. 젊디젊은 것들이 뭐 먹을 게 없어서 아래기 타 먹으러 와요."

장생포집이 양동이에 가득 담긴 아래기를 손에 들고 일어섰다.

"장생포집 말하는 꼬락서니 좀 보게. 지랄한다꼬 아래기 타러 와. 안방에 가만히 누워 공장장과 방아나 쿵더쿵 쿵더쿵 찧지. 쌀도 생기고, 돼지고기도 생기고 을매나 좋아."

빠른 걸음으로 아래기 배급장을 떠나는 장생포집으로부터 시선을 거두며 복례가 말했다.

"서방질 해 쳐먹꼬 사는 년이 그 주제에 젊디젊은 것들이 뭐 먹을 게 읎어서 아래기 타 먹으러 오느냐꼬? 흥, 더러바서. 내 원 참."

후남이가 캭 하고 가래침을 땅바닥에 뱉었다.

"그래, 아래기 타 먹고 사는 게 낫냐? 서방질 해서 처먹꼬 사는 게 낫냐? 입 가진 사람이면 누가 말 좀 해보소."

복례가 사람들을 휘돌아 보며 소리쳤다.

"그만들 하이소. 공장장님은 귀에 말뚝 박고 있나요? 가뜩이나 정부에서 양조장을 강제로 통폐합시킨다는 소문이 돌고 있다는디… 공장장님 심기 건드려 좋을 게 뭐 있을랑교? 괜히 입정 잘못 놀리다가 아래기 배급 몬 타 먹지 말고."

인규엄마가 손가락으로 복례의 옆구리를 쿡 찔렀다.

장생포집이 돼지에게 사료에 아래기를 섞어 준 후 집으로 돌아왔을 때 댓돌 위에 신발이 놓여 있었다.

상구다. 상구가 왔구나. 근디 상구가 이 시간에 웬일로? 장생포집은 문을 열고 들어갔다. 누워 있던 몸을 일으키는 상구가 얼굴을 몹시 찡그렸다. 이마가 벗겨져 피가 비치고 있었다.

"상구야. 우짜다 다쳤노?"

장생포집이 상구를 부둥켜 안으며 말했다.

"어머니…"
"우짜다 이렇게 됐노?"
"놀래미골 사람들이 논농사와 과수 농사를 다 망쳤다고 피해를 보해주든지, 이주를 시켜주든지 하라고 요구하며 회사로 들이닥치는 바람에… 난리도 그런 난리가 없었니더."
"경비들은 뭐 하고 있었는디?"
"놀래미골 사람들이 죽기살기로 덤비는 통에 경비들 힘만으로 우짤 수 없어서 우리 수송 팀 사람들도 동원령이 내리는 바람에 회사 정문으로 가서 회사 안으로 진입하려는 놀래미골사람들을 막다가 이리 되었니더."
"다쳤으면 병원으로 가야지 우째 집으로 왔노?"
"회사서 집에 가서 하루 푹 쉬면 괜찮아 질 거라면서 집으로 가라 했어요."
"보건소에라도 가 보는 기 좋지 않겠나?"
"괜찮아요. …놀래미골사람들이 경찰에 잡혀 갔는디 괜찮을지 모르겠어요."

5

소방차가 사이렌을 울리며 지나갔다. 짚차가 뒤따라 갔다. 이어서 앰뷸런스가 사이렌을 울리며 거리를 질주했다.
걸음을 멈추고 오른쪽으로 돌아 남쪽으로 내빼는 앰뷸런스를 바라보던 복례가 고개를 갸웃거리며 걸음을 옮겼다.
"말순이 엄마, 뭐 하느라꼬 안 나와."
후남이가 마당으로 들어서며 말했다.
"이제 막 나가려던 참이야."
복례가 빨간 색 배낭을 어깨에 걸머지고 부엌에서 나왔다.
"어디 소풍가는겨?"
후남이가 배낭에 눈길을 주며 말했다.
"소풍은 무슨?"

복례가 눈가에 웃음을 흘리며 말했다.
"배낭을 다 매고…"
"아 이거, 해명 시내에 날 품 갔다가 이사 가는 사람이 버리고 간 거 주워 온 거야."
"그래? 멀쩡하네."
복례가 배낭을 만져보며 말했다.
"자루도 집어 넣고 주먹밥도 집어 넣고… 둘러매고 다니기 좋을 거 같니더."
두 사람은 큰 길로 나섰다. 느티나무 가지 사이를 뚫고 나온 햇빛이 울온천 위로 쏟아져 내렸다.
"저걸 좀 봐."
후남이가 장자못 끄트머리에 서 있는 장승들을 손가락으로 가리켰다. 돌무더기 왼쪽에서 장자못을 바라보는 장승이 천하대장군이고, 오른쪽에서 장자못을 바라보는 장승이 지하여장군이었다. 천하대장군에 머리를 대고 부벼대던 길고양이가 빨갛게 충혈된 눈으로 지하여장군을 쳐다보았다. 지하여장군을 향해 걸음을 떼던 길고양이가 몸을 부들부들 떨며 온몸에 경련을 떨며 풀 위에 쓰러졌다.
"저 고양이가 와 저러지?"
복례가 손가락으로 길고양이를 가리켰다.
길고양이가 일어섰다, 쓰러지고, 쓰러졌다 일어서기를 반복했다.
"고양이가 뭘 잘못 먹었나벼."
후남이 길고양이에서 눈길을 떼며 말했다.
"그나저나 우릴 성주산까지 태워다 줄 트럭이 있넀냐."
복례가 혼잣소리처럼 말했다.
"눈 먼 총각기사라도 만나면 태워주겠지."
후남이가 배낭을 고쳐매며 말했다.
큰 길로 올라서자, 굴다리에서 요란한 소리를 내며 트럭이 한 대 빠져나오고 있었다. '육발이' 또는 '제무씨'라고 부르는 트럭이었다. 미국 제네랄 모터스 사에서 만든 화물자동차로 6·25 전쟁 이후 미군이 우리나라에 남기고 간 것이었다.

후남이가 손을 번쩍 들어 트럭을 세웠다.

"아침 일찍 어딜 가는 겁니까?"

인규 아버지가 고개를 차창 밖으로 빼면서 말했다.

"성주산에 나물 뜯으로 가니더."

"성주산 입구에 세워줄 테니 타소."

인규 아버지가 말했다.

복례와 후남이는 트럭 조수석에 몸을 바짝 붙어 앉았다. 트럭은 지방도를 내달렸다.

"근디 성주산, 그 먼데까지 가서 산나물을 뜯니껴?"

"해명읍 일대의 산나물이 씨가 마르고 그나마 남아 있는 거 뜯어 장마당에 나가 팔려고 해도 냄새 난다고 사지도 않니더."

복례가 혼잣소리처럼 뇌까렸다.

"해명읍뿐만 아니라 울평군 전체가 공해로 다 오염되었다더니 그 말이 사실일 거예요. 산나물인들 온전할 리가 없지요."

인규 아버지가 악셀레이터를 밟으며 말했다.

"아 참, 아까 보니까, 오늘도 불자동차와 앰뷸런스가 공단쪽으로 달려가던데 무슨 일이 났능교?"

복례가 궁금하다는 듯이 물었다.

"황산을 실은 탱크로리가 승합차와 충돌하여 울평아연제련소 인근의 언덕 아래로 굴러떨어져 황산이 누출되어 화재 사고가 발생했어요."

인규 아버지가 핸들을 천천히 돌리며 말했다.

"울평아연제련소에서 황산누출 사고로 화재가 발생하고 인부들이 화상을 입은 사고가 난지 을마나 되었다고, 또 사고나 나니껴?"

후남이가 말끝을 높였다.

"황산누출 사고가 났으면 큰 사고가 난 모양인데…"

복례가 말끝을 흐렸다.

"근디 사고를 당한 현장 작업자들은 보상을 제대로 받게 된다디겨?"

후남이가 다시 입을 열었다.

"울평아연제련소 1공장에서 발생한 황산 누출사고의 원인과 책임 소재를 놓고 원청사인 울평아연제련소와 공장의 설비 보수를 맡은 하청업체가 책임 소재를 놓고 공방을 벌이고 있어요."

"원청회사를 하청업체가 이길 수 있겠니겨?"

복례가 끼어들었다.

"울평아연제련소는 '현장 작업자들이 황산 밸브 교체 작업을 하다 배관 안에 남아 있던 황산이 누출되는 사고가 났다'면서 '작업 순서를 적은 서류와 작업 배관을 따로 표시한 사진도 나눠줬는데 숙지하지 못했던 것 같다'고 말하고 있어요. 울평아연제련소 부장이 '특정 배관 교체하는 작업을 할 때는 원청사 담당자에게 보고돼야 하는데 이런 절차가 생략됐다'고 말했다네요."

인규 아버지가 말했다.

"작업 안전 절차에 문제가 있었고, 1차적인 책임은 하청업체 쪽에 있다는 거네요."

복례가 말했다.

"그런 셈이지요."

"그런데 하청회사인 부림산업의 작업자는 '애초 이번 작업은 울평아연제련소가 배관 속 황산을 모두 빼내면 부림산업이 밸브 등을 교체하기로 했다'면서 '울평아연제련소가 이날 아침 안전작업허가서를 발급했기 때문에 작업을 시작한 것이고, 이는 해당 작업구역에서 손대지 말아야 할 배관은 없다는 뜻'이라고 반박했다는 거예요. 당시 목격자의 증언도 있었대요. 사고 당시 배관을 여는 작업을 한 작업자는 3명으로, 이중 1명은 드라이버를 가지러 잠시 현장을 떠났고, 그 직후 황산이 누출돼 그는 사고를 면했다면서 '부상 근로자들이 병원에서 소식을 듣고 억울해하고 있다'고 덧붙였다는 거예요."

"청계에 살 때 청계아연제련소에서도 종종 황산 누출 사고와 황산을 싣고 가던 트럭의 전복 사고가 나곤 했니더… 쇠심줄보다도 질긴 일신회사 사람들이 순순히 책임을 질 거 같지는 않니더. 모든 책임은 현장 작업자와 하청업체에게 있다고 덮어씌우는데 이골이 난 놈들 아니니껴."

복례가 침울한 목소리로 말했다.

자동찬 엔진 소리가 운전석과 조수석에 가득했다.

"참… 이번 황산 누출사고로 다친 사람은 없니껴?"

후남이가 침묵을 밀어냈다.

"다친 사람이 왜 없었겠어요. 신문과 방송에 보도되지 않아서 그렇지, 전신 화상을 입은 사람이 여섯이나 된다 해요."

인규 아버지가 전방을 주시하며 대꾸했다.

"그나저나 전신 화상을 입은 사람들이 제대로 치료받아야 될 텐데."

후남이가 혼잣말처럼 말했다.

"제대로 치료해주겠어요? 아연괴亞鉛塊와 연괴鉛塊를 만들어 팔아서 엄청난 수입을 올리면서도 전기로가 폭발해 현장 작업자가 죽었는데도 보상 책임을 하청 업체에게 떠맡기고 돈 한푼 안 내놓는 놈들인데 치료를 제대로 해주겠니껴."

복례가 말을 끝내고 차창 밖으로 시선을 옮겼다.

성주산 입구에 복례와 후남이를 내려 놓고 트럭은 떠났다.

보따리를 등에 둘러맨 사람들이 드문드문 보였다.

"성주산에 나물 뜯으러 가는 사람들인 가벼."

"사람 살아가는 게 다 같다 아이가. 목구멍이 포도청이라 산나물이라도 뜯어 팔아서 안남미라도 사 먹어야지. 우짜노."

한복 차림의 불자들이 꾸러미를 손에 들고 골짜기로 올라가고 있었다.

성주사 삼거리 빈터에는 불공을 드리러 온 신도들이 타고 온 차들이 빼꼭히 주차되어 있었고, 커다란 바위가 세 개 연이어 서 있는 산비탈 아래 대웅전에서는 불경소리가 휘추리 사이로 흘러나왔다. 복례와 후남이는 골짜기 길을 느릿느릿 걸어 올라갔다. 연분홍 연등이 골짜기 길을 따라 걸려 있었다. 나뭇잎들이 두껍게 떨어져 있어 길바닥이 포근해 걷기가 편했다. 복례의 몸뻬 바지를 진달래 가지들이 스쳐 지나갔다. 서늘한 기운이 그녀의 목덜미 속으로 끊임없이 스며들었다. 햇빛을 받아 계곡의 물들이 은어의 비늘처럼 하얗게 번득였다. '성주사 1km' 흰색 바탕에 검은 색 페인트로 쓴 안내판이 가파른 자드락길을 가리켰다. 삼 단 구조로 되어 있는 폭포에서 물이 떨어지며 생기는 물보라가 햇빛 속으로 퍼져 나갔다. 그들은 골짜기의 자드락 길을 밟고 성주사를 향해 올라갔다. 계곡의 맞은편까지 햇빛이 쏟아지고 있었다. 돌서럭 위에 뿌리를 내리고 있는 소나무 위로 햇빛이 쏟아졌다.

나뭇가지를 비집고 종소리가 들려왔다. 소나무 가지에 앉아 있던 멧비둘기들이 일제히 날아올랐다. 종소리는 멧비둘기들의 회색빛이 감도는 보랏빛 날개에 앉아 멀리멀리 퍼져갔다.

풍동광업소에서 붕락사고가 난 것은 명진이가 선산부로 출근을 시작한지 1년이 채 안 된 그해 11월 11일이었다. 갑방을 나갔다가 천정에서 떨어진 바위 덩어리에 머리를 맞아 피투성이가 되어 광차에 실려 나오는 선산부 장씨를 두 눈으로 본 명진은 그 달에 선산부 생활을 그만두고, 이삿짐을 실은 트럭 짐칸에 복례와 함께 앉아 청계로 향했다.

"자개문으로 이삿짐을 싣고 가면 자개문 안쪽으로 들어가서 번 돈은 다 털어먹는다는디."

복례가 쓸쓸한 목소리로 말했다.

"나들나들해진 헌 옷 보따리와, 병든 몸뚱아리뿐인데 털어먹고 자시고 할 게 어디 있노."

명진이가 적재함을 꼭 잡으며 말했다.

트럭이 자개문을 빠져 나갔다. 복례는 고개를 돌려 구문소를 바라보았다. 비둘기들이 날갯짓을 하며 암벽에 가 앉았다. 트럭은 황지천을 따라 굽이굽이 이어진 31번 국도로 뒤꽁무니에 먼지를 뿜어올리며 내달렸다. 갱목더미 옆에 은빛 아연괴가 쌓여 있는 동점역을 지난 트럭은 몇 구비를 돌았다. 강원도와 경상북도의 경계 지점에 천하대장군과 지하여장군의 큰 장승이 서 있었다. 금강송이 여섯 그루가 우뚝 서 있는 대치천가에 육송정이 보이자, 트럭이 오른쪽으로 방향을 틀었다. 청계광업소 제1 사택 앞에 트럭이 바퀴를 멈추었을 때, 해가 화염산 위로 잔광을 흩뿌리고 있었다. 청계광업소 제1사택은 연립주택 3동으로 이루어져 있었다. 연립주택 뒷편 언덕의 광미적치장鑛尾積置場에 광미가 산더미처럼 쌓여 있었다. 그 주위로 잿빛가루를 뒤집어 쓴 아카시아나무가 빼꼭이 뿌리를 내리고 있었다.

사택촌 옆으로 흐르는 대치천의 돌은 시뻘겋게 변해 있었다. 명진은 청계광업소에서 선산부로 일한지 3년째 되던 해, 갱 속에 들어가면 숨이 가빠지는 증상이 나타났다. 갱 속에 들어가지 않아도 되는 광미적치장 관리인으로 출근한지 9개월이 지났을 무렵 라디오에서 태풍이 온다고 예보했다. 장대비는 열흘을 잠시도 쉬지 않고 퍼부어댔다. 갑방 출근을 해 콘베이어 벨트를 타고 흘러오는 아연광석 가운데 돌과 나무 조각 같은 이물질을 8시간 내내 골라 내고, 집으로 돌아와 말순이에게 밥을 챙겨주고 나서 골아떨어졌던 복례는 등이 축축해 잠에서 깨어났다. 집안으로 물이 스며들고 있었다. 전기 스위치를 켰으나 불이 들어오지 않았다. 복례는 막장처럼 어두운 방안을 더듬었다.

"말순아, 말순아."

복례는 말순이를 깨워 들쳐업고 방문을 밀었다. 그 순간 물과 광미가루가 뒤범벅이 되어 벽을 쳤다. 비명 소리와 집이 무너져 내리는 소리가 빗소리를 뚫고 울려퍼졌다. 말순이가 울음을 터뜨렸다.

"말순아, 두 손으로 엄마 목을 꼭 잡고, 마음을 단디 묶어라. 우짜든지 여길 벗어나야 아버질 볼 수 있다."

집 밖으로 나오자, 마당은 진흙과 광미가루와 뒤범벅이 되어 무릎까지 차올랐다. 몇 걸음 앞으로 나가지 못했는데 허리까지 뻘이 닿았다. 비가 줄기차게 퍼부었다. 광미가루와 진흙이 순식간에 제1 사택 1동을 삼키고, 제1 사택 2동으로 몰려왔다. 복례는 전봇대를 꽉 잡았다. 순식간에 제1 사택 2동이 눈앞에서 사라졌다. 시커먼 물이 급류처럼 판자와 블록과 갱목을 휩쓸어 갔다. 제1 사택 3동이 눈앞에서 사라졌다. 진흙과 광미가루의 호수 한가운데서 오른손으로 전봇대를 꼭잡고, 왼손으로 말순이를 팔을 잡았다. 빗속을 뚫고 전등 불빛이 달려왔다. 말순엄마, 말순아. 명진의 목소리가 들렸다.

"신도들이 많이 왔네."

후남이가 절 마당을 가리키며 말했다.

청량한 목소리의 설법이 스피커에서 흘러나오고 있었다. 옛날 어떤 촌락에 늙었으나 재물은 한량이 없어 토지와 주택이 많았고 하인들을 많이 거느린 장자가 살고 있었어요. 장자가 사는 집은 집은 넓고 컸으나 문은 오직 하나만 있었고, 그 안에 일백, 이백 또는 오백 인이 살고 있었지요. 집은 낡아서 썩고 벽이 무너져 떨어지며 기둥뿌리가 썩고 들보가 기울어 위태한데, 갑자기 불이 나서 집이 타들어가기 시작했어요. 그 집 안에는 장자의 모든 아들들이 혹은 열, 혹은 스물, 혹은 서른이 있었지요. 장자는 큰 불이 사방에서 타들어가는 걸 보고 크게 놀라 두려워하며 "나는 불타는 집에서 무사히 빠져나왔지만, 내 모든 자식들은 집안에서 질탕히 놀며, 깨닫지도 못하고, 알지도 못하고, 놀라지도 않고, 두려워하지도 아니하며, 불길이 몸에 덮치면 고통을 한없이 받을 건대 빠져 나오려는 생각조차 아니하고 있구나"하고 탄식했어요.

『법화경』「비유품譬喩品」에 나오는 화택火宅, 즉 불이 일어난 집이라는 뜻으로, 번뇌와 고통이 가득한 속세를 비유적으로 이르는 말입니다. 열흘 전에 우리 절에서 얼마 안 떨어진 해명공단에 있는 울평아련제련소에서 폭발사고가 있었어요. 냉각수 파이프 손상으로 전기로에 물이 들어가 전기로가 폭발하는 사고가 발생했습니다. 이 사고로 아연광석을 녹인 물을 뒤집어 쓴 근로자 한 사람이 현장에서 사망하고, 두 사람은 생명은 건졌으나 심한 장애를 입었습니다.

소나무 숲에서 새 한 마리가 날아올랐다. 허공에서 빙빙 돌았다.

복례와 후남이는 성주사를 지나 걸음을 계속했다. 그들을 힐끗힐끗 쳐다 보는 스님들을 뒤로 하고, 산비탈로 올라갔다. 두릅 나무에 돋아난 새순이 햇볕을 받고 있었다. 두릅의 크기가 좀 작아보였으나 복례는 재빨리 손을 뻗어 따서 소쿠리 안에 집어 넣었다. 새는 허공에서 빙빙 돌다가 느닷없이 대나무숲으로 달려가 고개를 처박았다.

　산비탈을 오르내리며 취나물을 뜯고, 고사리도 꺾고, 더덕도 캐는 동안, 붉은 해가 바다 위로 기울어지기 시작했다.

　"말순이 엄마, 그만 가재이."

　후남이가 허리를 세우며 말했다.

6

　새마을 노래가 끝나자, 느릿느릿한 황 이장의 목소리가 동구 앞 느티나무에 매달려 있는 스피커에서 흘러나왔다.

　"부락미인 여러어부운께 알리어드리겠습니다아. 오는 토요일 오전 10시부터 해명 양조장 광장에서 상동촌마을 새마을양돈단지 기공식이 있겠습니다아. 부락미인 여러어부운께서는 한 사람도 빠짐 없이 기공식에 참여하여주시기 바랍니다아. 참석하신 부락미인들한테는 해명양조장에서 고구마 3킬로와 수건 한 장씩을 기념품으로 드린다 하오니 부라미인 여러분들께서는…"

　해명양조장 앞에 아래기 배급을 타려는 사람들이 길게 줄을 지어 서 있었다. 아래기 저장 탱크 안에서 쇠바가지가 빠져 나오자 희뿌연 수증기가 대기로 퍼져 나갔다. 아래기 저장탱크에서 뜨거운 열기가 계속 뿜어져 나왔다.

　"자, 해명양조장 가족들 차례입니다."

　해명양조장 가족들한테 우선적으로 아래기가 배급되기 시작했다. 아래기가 뿌연 수증기를 줄기차게 허공으로 밀어 올렸다

　"자, 박성환 수송주임님 차례입니다아…"

　박주임댁이 땀을 뻘뻘 흘리며 아래기가 가득찬 양동이를 들고 걸어 나왔다.

　"다음은… 김만용 개발주임님 차례입니다아…"

　김주임이 손수 양동이에 아래기를 받아 들고 걸어 나왔다.

　"사람 먹을 아래기도 없는데 아래기로 돼지 키워 돈 벌겠다고 저 지랄들이여."

　아래기를 한 방울이라도 더 타가겠다고 억척을 부리는 사택촌 사람들을, 인

규 아버지가 한심하다는 듯이 노려보았다.

"나도 해명양조장 주임을 사위로 보든지 해야겠어. 어디 빽 읎는 사람은 서러워 살 수 있어야제. 더러븐 세상."

후남이가 화가 난 듯이 내뱉았다.

"공업단지가 들어서면 너도 나도 잘 살게 된다더니, 없이 사는 사람들은 점점 더 몬 살게 되가니, 으떻게 되먹은 세상이니껴?"

복례가 끼어들었다.

"그기 다 공단 굴뚝에서 뿜어대는 연기와 정화도 안 하고 바다로 마구 흘려보내는 폐수 때문에 생긴 공해 때문에 그렇다지 않습니까?"

키가 작고 몸집이 옆으로 딱 바라져 있는 인규 아버지가 숨을 크게 들이쉬며 말했다.

"그럼 정화를 하고 바다로 내보내든가 해야지 그냥 내보내다니 죽일 놈들 아니니껴?"

복례가 인규 아버지를 바라보며 말했다.

"그러게 말입니다. 웃대가리들이 문제가 많아요. '공해방지법' 시행령이 경제 장관 회의에 상정되었던 날, 회의를 주재하던 부총리라는 작자가 시행령의 자료를 훑어보고 나서, 보사부장관을 수행해서 회의에 참석했던 법무담당관에게 '당신이 이걸 만들었나? 돌대가리 같은 친구 같으니. 공해문제가 중요한지는 나도 알아. 그러나 차관으로 공장을 건설하는 마당에 공해 방지 시설까지 하려면 빚을 더 내야 할 게 아닌가. 지금은 경제건설부터 할 때야. 공해방지시설은 앞으로 공장들이 번 돈으로 하면 돼. 그러니까 공해문제는 십 년 후에나 가서 의논해도 된다'고 씨부려댔다잖아요."

인규 아버지가 눈을 빛내며 말했다.

"인규아버진 아능 게 무지하게 많아. 모르는 게 없다 카이. 고등학꼴 다녀본 사람은 뭐가 달라도 다르다니깐."

후남이가 굳게 다물고 있던 입을 열었다.

"외국 차관을 끌어들여 공장을 짓는 마당에 공해는 사치스러운 단어라는 게 웃대가리들의 생각이었어요. 공해 방지시설 투자는 기업의 국제 경쟁력 약화를 가져온다고 생각한 웃대가리들은 공장들이 공해 물질을 배출하는 걸 눈감아 주었거든요."

인규 아버지가 말을 끝내고 심호흡을 했다.

공해방지 시설을 하지 않고 가스와 매연, 그리고 분진을 대기로 뿜어대고, 짙은 붉은 색, 검은 빛이 도는 짙은 갈색, 희뿌연 색, 검은 색, 누런 빛을 띤 갈색의 폐수를 바다와 강으로 배출하면서 기계를 돌려 생산한 제품들을 판매한 이익은 서울에 살면서 대기업을 경영하는 사람들이 몽땅 가져가고 그 피해는 해명공단 주변의 농어민들과 노동자들이 고스란히 입고 있었다.

장생포집이 양동이를 들고 다시 나타났다. 사람들이 웅성거렸다.

"두 번, 세 번 타가는 사람은 뭐야. 차례를 지켜야 할 게 아녀."

"사람 차별 드럽게 하네. 어디 해명양조장에 다니지 않는 사람은 사람이 아닌가?"

복례가 양동이를 내팽개치며 소리쳤다.

"더러우면 안 타가면 될 게 아녀. 아래기는 돼지 새끼나 먹는 거지. 어디 사람이 먹을 겐 가. 사람이 뭐 먹을 게 읎어서 아래기 타 먹으러 와요. 우리 집 애들은 맨날 허연 쌀밥만 먹으니 목구멍이 간지랑간지랑 해서 몬 먹겠다고 끼니 때마다 투정부리잖니껴."

김주임댁이 복례를 힐끗 쳐다보며 거드모리로 찌껄여댔다.

복례와 김주임댁은 사이가 벌어져 있었다. 김주임댁이 학교에 자주 들락거리며 선생님들과 학교를 떡 주무르듯 한다는 것이었다.

"엄마, 민숙이엄마가 학교에 오면 아이들이 알랑방구쟁이 온다고 속닥거려."

언젠가, 아침밥을 먹을 때 말순이가 재잘댔다.

"부지런히 아래기 배급 타가서 돼지 키우소. 돼지 팔아 목사님에게도 알랑방구 퀴고 선생님에게도 알랑방구 퀴고 남거들랑 국물이라도 날 좀 주소. 배고파 죽겠소."

복례가 이죽거렸다.

"흥, 말순이엄만 자기가 알랑방구 못퀴니까 배가 아픈가 보지. 알랑방구도 아무나 퀴는 줄 아능가벼."

김주임댁이 내뱉듯이 말했다.

"야, 벌써 저녁 밥차가 간다야."

누군가 소리쳤다. 울평으로 가는 열차가 기적을 울리며 북쪽으로 내뺐다.

김주임댁이 직접 아래기를 양동이에 받아 가지고 나왔다. 수증기가 그녀의 갸름한 얼굴에 줄기차게 달라붙었다. 시야가 흐려졌다.

"원 앞이 보여야 나가지."

김주임댁이 추춤하는 순간 말순이와 부딪쳤다. 말순이가 나동그라지면서 양동이를 걷어찼다. 아래기가 엎질러졌다. 뜨거운 열기가 김주임댁의 얼굴에 확 끼쳤다.

"야, 이 가시나야 눈까리가 없나."

그녀가 발길질로 말순이의 다리를 걷어찼다. 말순이가 울음을 터뜨리며 엎어졌다.

"앙이 왜 남의 애는 차고 지랄이야. 니 남편이 양조장 주임이면 주임이지. 동네 주임이야, 유세를 부릴 걸 부려야지."

복례가 거칠게 숨을 몰아쉬며 김주임댁에게 달려들었다.

"이 쌍년, 주뎅일 싹 문질러 놔야 아가릴 닥치겠어."

김주임댁의 주먹이 복례의 입을 향해 날아갔다. 복례가 뒤로 벌렁 나자빠졌다. 김주임댁의 주먹이 다시 복례의 가슴에 내리꽂혔다. 두 사람은 서로 엉겨붙었다.

"아이쿠. 이년이 사람 잡네. 네년이 우리 집 식구 다 벌어 멕일라문 날 잡아라."

복례의 입에서 붉은 핏방울이 튀어나왔다.

"이제 새마을양돈단지가 조성되면 아래기 배급도 끊겨 이년아. 돼지 먹일 아래기도 없는데 너 같은 년들에게 줄 아래기가 어디 있어."

김주임댁이 삿대질을 하며 말했다.
"무엇이 어쩌고 어째? 돼지 먹일 아래기도 없는데 너 같은 년들에게 줄 아래기가 어디 있느냐고? 김주임이 천 년 만 년 주임 노릇 할 줄 아냐?"
복례가 김주임댁의 팔을 힘껏 잡아당기며 쏘아부쳤다.
사무실에서 한계장과 김주임이 허겁지겁 뛰어나왔다.
"진정들 하세요."
한 계장이 김주임댁과 복례를 향해 말했다.
"없이 사는 사람들은 사람도 아닌가? 저런 년은 그냥 둬서는 안 돼."
복례가 김주임댁의 뒤통수를 노려보며 말했다.
"자자, 같은 동네에 사는 사람들 끼리 서로 죽기 살기로 싸워 좋을 게 뭐 있겠습니까?"
몸집이 튼튼한 김주임이 얼굴을 복례 앞으로 천천히 걸음을 떼며 말했다.
"말순이엄마, 고만 하소."
후남이가 복례의 어깨를 잡아당겼다. 키득거리며 싸움을 지켜보고 있던 사람들도 줄을 맞춰 서기 시작했다.
복례가 거칠게 숨을 토해내며 말순이에게 다가갔다.
"어디 괜찮니?"
복례가 말순이를 일으켜 세우며 물었다.
"다리가 좀 아파."
말순이가 정강이를 만지며 말했다.
아래기 배급이 다시 시작되었다. 아래기를 가득 담아 물동이를 머리에 이는 인규엄마의 저고리 사이로 뽀얀 젖무덤이 살짝살짝 드러났다. 관리인 방씨의 눈길이 자꾸 인규엄마의 젖무덤으로 쏠렸다.
청계 영감이 물동이를 지게에 지고 느릿릿느릿 걸음을 옮겼다. 아래기 저장탱크를 빠져 나온 수증기가 희뿌옇게 솟아올랐다. 아래기가 뜨거운 열기를 청계 영감의 얼굴에 내뿜었다.
"아이고, 저, 저런."

복례의 입에서 비명 소리가 터져나왔다.

청계 영감이 아래기가 가득 담긴 물동이를 지게에 지고 일어서다, 엎질렀다. 그의 눈앞이 뿌옇게 흐려왔다.

"저걸 우짜지."

"청계 영감 아닌 가베?"

후남이가 달려가 청계 영감의 어깨에 걸린 멜빵을 벗겼다.

"등데긴 안 데었나베?"

복례가 청계 영감의 윗도리를 벗기며 말했다.

"큰일 날 뻔했제. 물동우가 옆으로 자빠졌기 망정이지 머리로 쏟아졌더라면 우짤 뻔했노."

후남이가 이마에 맺힌 땀을 손등으로 닦으며 말했다.

"이렇게 살믄 뭘 하노. 혀를 깨물고 빨라 죽어뿌려야 하는듸 사람 목숨이 무언지 죽기도 여렵소오."

청계 영감이 말을 끝내고 어깨를 들먹이며 훌쩍거렸다.

공장장이 놀란 얼굴로 바투 다가왔다.

"영감님, 언제부터 손발이 아팠습니까?"

공장장이 검은 선글라스를 벗어 오른손에 들고, 손발을 덜떨 떠는 청계 영감을 들여다보며 말했다.

"청도에서 울평으로 이사온 뒤부텀 몸이 아프기 시작했니더."

"영감님은 식구가 몇입니까?"

"혼자 사니더. 아들 하나 있던 거 어릴 때 홍역으로 죽고, 딸 둘은 지 발로 걸어다니며 밥을 얻어 먹을 만하니까 서울로 가서 돈벌며 공부한다고 내빼버린 후 아즉까지 소식이 없니더."

"영감님은 청계에서 그대로 살지 울평까지 우찌 오셨습니까?"

"사람들이 청계 영감, 청계 영감 하는데 내 나이 이제 쉰 여섯이니더. 장성 광업소에서 탄을 캐는 일을 하다가 폐에 돌가루가 쌓여 진폐증에 걸려 장성을 떠나게 되었니더. 산곡의 청계아연제련소 광미적치장에서 관리원 일을 하다가 그만두고 울진을 드나들며 봇짐장수로 겨우 입에 풀칠을 했니더. 어물을 지고 십이령을 넘다가 자빠져 무릎을 다쳐 그 일도 몬하고 청계를 떠나 먼 친척이 사는 청도에서 돼지 농장에서 일하다가 돼지열병으로 돼지 농장이 문을 닫게 되어 울평으로 온 거니더. 울평아연제련소 하청업체에서 아연 광미鑛尾를 처리하는 일을 하면서 입에 풀칠을 했니더. 그 일을 한 지 두 해째 되던 해 오월이었니더. 아침에 일어나서 문턱을 내려설려고 하는데 발이 엉켜가지고, 걷지를 못했니더…"

청계 영감이 잠시 말을 멈추었다.

"…"

"한의원에 갔더니 중풍이 왔다 하면서 침을 나주디더. 한 달을 다녀도 차도가 없기에 울평 보건소에 갔더니 보건소장님이 등에서 주사기로 물을 뽑고 나서 주사를 한 대 나주디더. …그라고 나서 다음 날 회사에 나갔는디 나뿐만 아니라 광미처리 일을 하는 장씨와 권씨도 나처럼 아침에 일어나서 문턱을 내려설려고 하는데 발이 엉켜가지고, 한참 동안 걷지를 못했다 하디더…"

청계 영감이 흐물흐물한 눈으로 침을 흘리며 말했다.

울평 아연 제련소 하청업체에서 일하던 노동자들이 손발을 덜덜 떨며 동물과 같은 소리를 지르는 괴질怪疾에 걸렸다는 이야기를 보건소장한테서 들은 적이 있는 공장장은 잠시 생각에 잠겼다가 고개를 돌렸다.

"방씨, 이리 와 봐요."

공장장이 관리인 방씨를 향해 손짓을 했다.

"원료 창고에 가서 고구말 한 포대만 가져와요."

공장장이 청계 영감을 일으켜 세운 뒤 지게를 바로 세워주었다.

"우리 공장님은 인정도 많으셔."

김주임댁이 소곤거렸다.

"누가 주임 여편네 아니라 할까봐… 인정 많은 거 좋아하네. 이왕 줄려면 쌀이나 한 포대 주지, 겨우 고구마 한 동우야. 그것도 회사 걸로."

후남이가 혼잣말처럼 중얼거렸다.

"택도 없는 소리 하지도 마래이. 공장장이 어떤 사람인데…"

복례가 말끝을 흐렸다.

복례는 양동이에 아래기를 가득 담아 이고 숲속으로 들어섰다. 파도가 찰삭거리며 돌각담 밑을 핥고 있었다. 불빛이 동촌 약방에서 새어나오고 있었다. 복례는 양동이를 내려 놓고 동촌약방으로 걸음을 옮겼다. 문이 삐걱 소리를 내며 흔들리자, 한웅식이 고개를 쳐들었다.

"그래, 해순이는 어떻소?"

한웅식이 궁금했다는 듯이 빠른 목소리로 물었다.

"아파, 아파, 아파 소리를 자꾸 내며 시도 때도 없이 팔, 다리, 배를 벅벅 긁어대니더."

"…해명공단에 기병奇病이 돈다더니…"

한웅식이 혼잣말처럼 웅얼거리며 약품 진열장으로 다가갔다. 창문 틈으로 파도소리가 끼쳐들어 오고 있었다.

"벅벅 긁어댈 때마다 이 약을 발라줘요. …내가 보건소장에게 얘기 해 놀테니, 내일 보건소에 해순이를 한번 데리고 가서 진단을 받아보도록 하이소."

한웅식이 연고를 복례에게 건네주며 말했다.

별무리가 흔들리고 있었다. 복례의 발자국 소리 밑으로 모래톱을 물어 뜯는 파도소리가 스며들었다. 파도소리를 열차의 기적이 삼켜버리고 남쪽으로 내뺐다.

"옴마, 배고파."

말순이가 부엌에 들어서며 칭얼댔다.

"조금만 참아라. 빨리, 저녁 지어줄게."

복례가 쌀독에서 쌀을 한줌 퍼내며 해순이를 달랬다.

복례가 뜨거운 김이 모락모락 나는 아래기 죽을 솥 채로 방으로 가지고 들어갔다. 말순이가 행주로 밥상을 훔쳤다.

"해순아, 약 사왔다. 어서 일어나. 약 바르고 저녁 묵어라."

복례가 연고를 끝순이에게 건네주었다.

"옴마, 얼릉 한 그릇 줘."

말순이가 배를 긁적이며 말했다.

"그래, 그래 내가 쌀죽을 줄게."

복례가 아래기 죽 그릇을 밥상에 올려 놓았다.

"치 쌀죽은 무슨 쌀죽이야. 아래기 죽이지."

해순이가 톡 쏘아부치고 진물이 흐르는 다리를 긁어대기 시작했다. 붉은 반점이 퍼져 있는 장딴지의 긁은 자리에서 핏방울이 맺혔다.

"조년의 주뎅이를 싹 문질러나 볼까부다. 아래기 죽이라도 먹는 게 뉘 덕인 줄 알어?"

복례가 아래기 죽을 그릇에 갈라 놓으며 소리를 버럭 질렀다.

"내가 뭐 돼지새낀 줄 아나? 엄마나 혼자 실컷 먹어."

"…안 묵을라믄 관둬라. 목숨줄을 이어갈라문 아래기죽이라도 끓여 먹어야지 우짜겠노."

복례가 아래기죽을 떠서 말순이의 그릇에 담아주며 말했다.

"온몸이 가려운 대다 허리가 아파죽겠어."

두 눈이 충혈되고 눈꺼풀이 부은 해순이가 배를 벅벅 긁어대다가 연고를 짜서 배에 바르고 이불을 머리끝까지 덮어썼다.

7

날이 밝자마자 복례는 해순이를 데리고 해명읍내 보건소로 갔다. 보건소 앞마당에는 이른 아침인데도 많은 사람들이 몰려 와 있었다. '울평약사회'라는 띠를 두른 사람들이 분주하게 보건소 앞마당을 오고 갔다. 청계 영감이 다리를 절룩거리며 들어왔다.

천막 안에 책상을 두 개 놓고 약사들이 앉아 있었다.

"자, 줄을 서서 질문지에 답변하여 주시면 증상에 따라 약품을 나눠드립니다."

삼십대 초반으로 보이는 약사가 말했다.

복례는 해순이와 함께 앞으로 나갔다. 회색빛 머리카락이 귀바퀴에 늘어져 있는 약사가 질문지와 볼펜을 건네주었다.

"관절과 허리가 자주 아프거나 손발이 마비되는 등의 증상이 있습니까?"

검은 테 안경을 쓴 약사가 물었다.

"네 있어요. 나도 그런 증상이 약간 있지만, 집에 누워 있는 우리집 큰 애는 더 심하니더."

복례가 말했다.

"그래요? 증상이 어떤데요?"

"엉덩이에 종기가 나서 앉지도 잘못하고, 온몸에 붉은 반점이 나고, 아파, 아파, 아파 소리를 자꾸 내요. 애가 뭘 잘 먹지 못하고 주야장창 누워 있니더."

"병원엔 가 보았습니까?"

"병원비가 있어야 가보거나 하지요."

"보건소에라도 꼭 데리고 와서 진찰을 한번 받아보세요."

"선상님 말씸대로 하겠니더."

"그럼 설문지를 작성해주세요."

약사가 말했다.

해명공단 괴질 실태조사

1. 통증이 시작된 것은 언제부터입니까?
   ① 금년부터이다. ② 작년부터이다. ③ 2~3년 전부터이다.
   ③ 4~6년 전부터이다. ④ 해명공단이 울평에 들어서기 전부터이다.
2. 신체 부위 가운데 통증을 많이 느끼는 부위는 어디입니까?
   ① 허리이다. ② 팔이다. ③ 다리이다. ④ 어깨이다.
   ⑤ 손이다. ⑥ 발이다. ⑦ 전신이다.
3. 통증이 어느 정도로 심합니까??
   ① 거동을 못해 집에만 있다. ② 거동은 하지만 힘든 노동이나 운동은 못

한다.

　　③ 밤에 잠을 못잔다. ④ 통증은 있지만 참고 지낼 만하다.
　4. 몸에 통증이 와서 약국에 약을 지러 간 적이 있습니까? (1) 예 (2) 아니오
　　1) 병원에 간 적이 있다면 (　　　)병원　(　　)회.
　　2) 병원에서 의사 선생님이 병명을 무엇이라고 하였습니까?
　　　　(　　　　　　　　　　　)
　5. 이러한 신경통은 무엇 때문에 생겼다고 생각하십니까?
　　　① 공해로 인하여 생겨났다.　② 선천적으로 생겨났다.
　　　③ 일을 많이 해서 생겨났다 ④ 신경을 많이 써서 생겨났다.
　　　⑤ 나이가 들었기 때문이다. ⑥ 다른 원인이 있을 것이다. ⑦ 모르겠다.
　6. 공해 때문이라면 주로 어떤 요인에 의해 생겼다고 생각하십니까?
　　　① 해명에 나는 해산물을 많이 먹어서 생겨났다.
　　　② 해명에 나는 농작물을 많이 먹어서 생겨났다.
　　　③ 해명공단 굴뚝에서 내뿜는 매연 때문에 생겨났다.
　　　④ 제련소에서 나오는 황산가스가 섞인 수증기 때문이다.
　　　⑤ 위에 든 이유들이 복합되어서 나타났기 때문이다.
　　　⑥ 모르겠다.

　복례와 해순이는 서로 말을 주거니 받거니 하면서 설문지를 작성해 나갔다.

　7. 최근 환경청에서는 해명집단괴질에 대해 역학조사를 하였는데 공해와는 관계없다고 발표하였습니다. 이에 대한 의견은?
　　　① 공해병이 아니라는 환경청 발표는 믿을 수 없다.
　　　② 권위있는 교수와 국가기관에서 했으니 정확하다.
　　　③ 모르겠다.

　"엄마, 7번은 뭐라고 답해?"

해순이가 볼펜을 만지작거리며 물었다.

"① 공해병이 아니라는 환경청 발표는 믿을 수 없다'에 표시해야지. 공해병이 아니긴 뭐가 아니야."

"설문지를 다 적성한 사람들은 차례로 이쪽으로 오세요."

청계 영감이 앞으로 몇 걸음 나갔다.

"언제부터 통증이 오기 시작했습니까?"

둥그스럼한 얼굴이 하얀 약사가 물었다.

"2년 전부터 팔다리가 쑤셔대기 시작했고, 자주 관절이 아프고 손발이 마비되는 증상이 왔니더. 이젠 잘 걷지도 몬하고 양쪽 정강이가 아파 견딜 수 없니더. 수돗물 한 바가지 푸는 데도 뼈 마디가 쑤셔오니더. 손도 꽉 안 잡히지고 몸도 녹자지근한 기 늘 피곤하니더. 요근래에 들어서는 손이 마비되고 다리가 떨려 고무신 신기도 힘듭니더."

청계 영감이 말했다.

"보건소나 병원에 진료는 받아봤습니까?"

"처음에 신경통인 줄 알고 울평에 있는 강동 병원에 가서 엑스레이 검사를 아홉 군데나 했는데 의사 선상님이 허리병이라고 웃기만 하고 신경통 약 처방만 해주어 신경통을 먹었는데도 낳지 않아 다시 은혜병원에 가서 일주일에 한 번씩 주사를 맞았지만 아무런 효과가 없었니더. 그간 치료비에 쓴 돈만 해도 엄청 많이 들었니더."

"의사 선생님이 무슨 병이라고 해요?"

약사가 물었다.

"의사 선상님이 허리병이라고 웃기만 하고 신경통 약 처방만 해주어 신경통약을 먹었는데도 낳지 않아요."

"3년 전부터 머리가 빠개지는 것처럼 아프고 허리를 잘 못 쓰고 다리와 몸 전체가 붓고 해서 병원에 갔더니 신경통이라 합니다. 치료 받느라 허드렛일 번만 다 쓰고 아무 효과도 없었니더."

청계 영감이 말했다.

8

　밤바다가 진한 안개를 뭍으로 밀어내고 있었다. 복례는 이불을 덮고 누워 있었다. 일어나 아이들에게 죽이라도 쑤어 먹여야겠다는 생각이 들었으나 꿈적거리기조차 싫었다.
　"말순이 엄마 있나?"
　인규엄마의 목소리였다. 복례는 일어나 이불을 한쪽 구석으로 밀어 놓았다.
　"애들 주라고 고구마 좀 가져왔다."
　인규엄마가 삶은 고구마를 그릇에 담아 가지고 왔다.
　"이 귀한 고구마가 어데서 나서, 다 갖고 왔제."
　복례가 고구마 그릇을 받았다.
　"고구말 어디서 갖고 왔는지가 뭐 그리 궁금해… 김주임이 고구말 갖고 우리 집으로 찾아왔댔어."
　"김 주임이?"
　"…앞으로 먹고 살 일이 큰 일이라고 한숨만 푹푹 쉬다가 갔어. 해명 양조장이 수질검사에 불합격을 해 문을 닫게 되었대. "
　인규엄마의 목소리엔 기운이 없었다.
　"공단 폐수로 동촌 지하수가 오염되었다는 소문이 사실인가벼."
　복례의 얼굴에 그늘이 잔뜩 끼었다.
　"사장과 공장장은 안동으로 옮겨간대. 다른 사람들은 다 밥줄이 끊기는 가봐."
　"증말, 양조장이 문을 닫는다는 거야? 이젠 아래기도 타 먹을 수 읎게 된단 말이지…"
　"궁지에 몰리면 쥐도 고양이를 문다는데 가만히 앉아서 굶어 죽을 수야 없지 않겠어. 어제 내가 창래 엄마를 만났어…"
　인규엄마가 바투 다가앉으며 말했다.

인규엄마와 복례는 나지막한 목소리로 이야기를 주고 받았다. 복례는 그다지 마음이 당기지 않았으나 인규엄마의 말에 고개를 끄덕였다.

"그럼, 거서 봐."

인규엄마가 일어서며 말했다.

"말순이가 뭘 묵어야 할 긴데… 토옹 먹질 않으니… 아래기죽은 냄새조차 맡기 싫다고 허구헌날 이불 뒤집어 쓰고 저렇게 누워 있기만 하니."

말순이의 시든 호박꽃 같은 얼굴을, 복례가 오른손으로 천천히 쓸어내렸.

빽빽하게 늘어서 있는 나뭇가지 사이로 안개가 뿌옇게 내려앉고 있었다. 아카시아나무 가지가 희미한 어둠 속에서 흔들렸다. 파도 소리가 이따금 귓전을 할퀴었다. 나무 그늘 밑으로 사람의 그림자가 여럿 움직였다. 그림자는 재빠르게 그늘을 타고 철로 쪽으로 이어졌다.

"자, 빨리 가시더. 굿이 끝나기 전에 일을 다 끝내야 하니더."

인규 아버지가 수건으로 입을 틀어막으며 뒤를 돌아다보았다. 그 뒤로 인규엄마, 후남이, 복례, 창래 엄마가 코와 입을 수건으로 막고 따랐다. 그들은 철로를 가로질러 넘어갔다.

둥… 둥… 둥…

마을 쪽에서 북소리가 나지막하게 고막을 두드려왔다. 공단에서 하얀 수증기와 붉은 연기가 밀려오고 마을 한복판으로 안개가 뿌옇게 내려앉기만 하면 들려오는 소리였다.

사만 약사 여래불이 팔천 보살 거느리고
동방 청유리 화장세계 상주 설법 하옵시고

"장생포집이 무당이 될라카나. 서방이 고기밥이 된 뒤부텀 허구헌날 영일 무당과 붙어 사니."

후남이가 중얼거렸다.

"마을에 붉은 역병 귀신이 들어오는 걸 막을라고 허구헌날 저러고 있다 앙이가."

복례가 숨넘어가는 소리로 말했다.

파도 소리가 동촌을 두드렸다. 어둠이 마을 깊숙이 스며들었다. 바닷바람이 해명공단 굴뚝이 토해내는 붉은 빛이 도는 가스와 그을음이 섞인 연기를 해명산으로 밀어냈다. 짙게 가라앉아 있는 어둠 속에서 돼지우리가 희미한 모습을 드러냈다.

"내가 돼지우리 안으로 들어갈 테니께, 민숙이엄마는 누가 오나 잘 감시하고 나머지 사람들은 바닷가에다 펄펄 끓는 물을 준비해 두소."

임규아버지가 후남이를 바라보며 말했다.

인규 아버지를 따라 복례와 창래 엄마가 돼지우리에 깔린 어둠 위로 발자국을 조심스럽게 내디뎠다. 후남이는 인규엄마와 함께 가마니, 도끼, 톱, 칼, 해머, 솥을 날랐다. 복례가 손전등으로 돼지우리 안을 비췄다. 돼지가 허연 배를 드러내 놓고 널브러져 있었다. 복례의 이마에 구슬땀이 돋았다. 기적이 밤하늘에 긴 여운을 끌면서 들려왔다. 복례가 손전등을 껐다. 돼지가 꿀꿀거렸다. 터널을 빠져나온 불빛은 철로 건너편의 사택촌을 둥글게 원을 그리며 빨아들였다. 이마가 반질반질한 인규 아버지는 해머를 든 손에 힘을 주었다. 창래 엄마가 손전등으로 돼지머리를 비췄다. 기차 바퀴 소리가 요란하게 들려왔다. 복례가 얼굴을 찡그리며 돼지머리를 향해 해머를 힘껏 휘둘렀다.

한 번, 두 번, 세 번

돼지의 비명 소리를 송두리째 삼키고 기차가 멀어져 갔다. 복례의 가슴에서 쿵쾅거리는 소리가 났다. 몹쓸 짓을 하고 있다는 생각이 들었다. 움켜쥔 손에 땀방울이 맺혔다.

"다음 기차가 지나갈 때까지 이놈부터 빨랑빨랑 처리합시다."

인규 아버지가 돼지 다리를 잡아당기며 말했다.

창래 엄마가 재빨리 둔덕에 대기하고 있던 후남이한테 손전등으로 신호를 보냈다.

"자, 다음 기차가 지나갈 때까지 이것부터 빨리 처치합시다."

질질 끌려간 돼지가 언덕 아래로 굴러 떨어졌다. 돼지는 인규 아버지의 칼끝에 갈기갈기 해체되었다.
"대단한 솜씨니더."
복례가 인규 아버지의 손놀림을 들여다보며 말했다.
"피는 못 속인다 안했니껴. 우리 조상이 진주 땅에서 백정질 안했니껴."
인규 아버지가 신들린 사람처럼 칼질을 해댔다.
"자, 또 한 마리 합시다."
인규 아버지가 허리를 세우자 복례도 따라 허리를 세웠다.
"여기 끓는 물을 좀 더 부으라고."
인규 아버지가 칼을 빠르게 놀리며 살가죽에 붙어 있는 털을 밀어버렸다.
"서 있지만 말고 앞발을 쥐고 있으이소."
인규 아버지가 칼을 바꾸어 잡으며 말했다.
복례가 앞발을 쥐었다. 인규 아버지가 기관을 다치지 않게 칼을 사용해 혈관을 잘랐다.
"장생포집이 날이 밝아져서 돼지우리 안을 들여다 보면 눈이 확 뒤집힐 거야."
인규 아버지가 말했다.
"모두 합해서 돼지 백여 마리 키우면서 '새마을양돈특성화단지' 간판 붙이고 공장장과 요란을 떨더니…"
복례가 맞장구쳤다.
둥, 둥, 둥, 둥.
북소리가 파도 소리를 가르고 끊임없이 번져왔다. 부산에서 오늘 화물열차가 지나갈 때 세 번째의 돼지가 쓰러졌다.
"살이 많이 쪘구나. 이놈의 돼지들아, 우리를 원망하지 마라. 너희들이 사람도 먹지 못해 하는 아래기를 먹고 자랐기에 빨리 죽는 거다."
복례가 돼지 머리 숫자를 세면서 혼잣소리처럼 말했다.
북소리를 끊고 자동차 엔진 소리가 들려왔다. 정육업자가 차를 끌고 온 것이다.

"수고하오. 강씨."

오십이 넘은 정육업자 김씨가 인규 아버지의 손을 잡고 흔들었다.

"좋소. 빨리 차에다 옮깁시다."

돼지고기를 일일이 손전등으로 비추어 본 뒤, 정육업자가 말했다.

붉은 빛이 도는 수증기와 붉은 연기를 입에 문 바닷바람은 해명산 마루를 넘어 동촌 마을을 향해 밀려갔다.

둥, 둥, 둥, 둥, 둥. 둥. 둥. 둥. 둥.

북소리가 점점 크게 들려오고 있었다.

복례는 돼지고기를 머리에 이고 날랐다. 작달막한 다리가 바깥쪽으로 비스듬히 휘어져서 땅에 자꾸만 착착 달라붙는 것만 같았다. 붉은 빛이 도는 연기가 해명산 마루 쪽으로부터 밀려오고 있었다.

"말순이 엄마, 힘들지요."

인규 아버지가 숨을 헐떡이며 말했다.

"아휴, 난 자꾸 눈이 아프고 목이 따가워 죽겠니더."

복례의 입안은 바싹 말라 있었다.

"오늘 수고들 했니더."

인규 아버지가 돈봉투와 돼지고기 뭉텅이를 복례에게 건네주었다.

바닷바람이 내뿜는 가스를 머금은 하얀 수증기와 붉은 연기가 상동촌으로 내려앉으며 하동촌으로 빠져나갔다. 상동촌 사람들이 방문을 밀치고 뛰어나왔다. 이번엔 우리가 살아갈 방도를 찾아야만 돼. 제대로 숨을 쉬지 못하는 아이를 안은 김주임댁의 뒤를 따라가는 김주임이 몸을 부르르 떨며 말했다.

복례는 이마에 맺힌 땀을 훔친 뒤 천천히 발걸음을 뗐다. 눈이 아프고 목이 따가워오기 시작했다. 상동촌 사람들은 가스를 머금은 하얀 수증기와 붉은 빛이 도는 연기가 한 올이라도 문틈으로 스며들지 않도록 틀어막고 고샅길에 모습을 드러내지 않았다. 자드락길로 아이들의 울음소리가 흘러나왔다. 자드락길이 끝나는 곳에서 후남이와 헤어진 복례는 숨을 거칠게 내쉬며 집을 향해 걷기 시작했다. 벼랑에 매달려 있는 애솔나무 사이로 안개를 밀어내며 바닷바람이 몰려갔다. 아연광석을 캐던 남편이 폐에 아연광석 가루가 차곡차곡 쌓여 토해내던 신음 소리 같은 바람소리가 와글와글 몰려왔다. 밤바다가 검푸르게 일렁였다. 복례의 귓속으로 우우우 하는 바다의 울음소리가 들려왔다. 그 소리는 전기로가 폭발해 갈기갈기 찢겨진 남편의 비명 소리 같기도 하고, 산매 들린 바람이 아래기 배급장을 스쳐 지나가는 소리 같기도 했다.

용마루를 삼킨 안개가 마루에 내려앉았다. 공기는 희박해져 있었다. 집 가까이 갔다. 불빛이 마당으로 새어 나오고 있었다. 이상하다. 분명히 불을 끄고 갔는데. 복례는 고개를 갸웃거렸다. 애들이 깨었나? 혹시 순경들이 알고 나를 붙잡으러 온 게 아닐까. 복례는 살금살금 마당으로 걸음을 옮겼다. 댓돌 위에 고무신이 두 켤레 나란히 놓여 있었다. 복례는 두근거리는 가슴을 누르며 문틈으로 방안을 들여다 보았다. 해순이가 퍼질러 앉아 울고 있었다.

복례가 방문을 열고 안으로 들어가 해순이를 껴안았다.

"왜 울고 있는 거야?"

"언니가… 언니가 이상해."

복례는 말순이가 덮고 있는 담요를 휙 걷었다. 말순이의 노란 얼굴이 불빛에 드러났다.

"말순아, 말순아, 엄마가 돼지고기 구해 왔다."

복례가 돼지고기 덩이를 말순이의 코 앞으로 들이밀었다. 그 순간, 말순이의 머리가 맥 없이 베개 밑으로 굴렀다.

"말순아, 말순아."

복례의 얼굴이 하얗게 변해버렸다.

"아니, 얘가 …?"

가슴에 귀를 대 보았다. 가늘었다.

"아이고, 이 불쌍한 것아."

복례가 말순이를 들쳐업고 마당으로 뛰쳐나갔다.

"동네 사람들 우리 말순이 좀 살려주이소."

마을사람들이 뛰쳐나왔다.

인규 아버지가 팔다리가 축 늘어진 말순이와 복례를 트럭에 태워 약방으로 갔다.

한웅식이 말순이의 눈꺼풀을 들쳐보고, 등을 살폈다.

"괴질이야."

한웅식이 혼잣소리처럼 중얼걸렸다.

"괴질이라뇨?"

"해명공단 인근 마을에 괴질이 퍼지고 있대요. 얼른 읍내 보건소로 가보시소."

인규 아버지가 말순이와 복례를 트럭에 태워 해명읍내로 달려갔다.

보건소에 도착했을 때 말순이의 몸은 싸늘하게 식어 가고 있었다.

괴질이라고 보건소에서 나와 복례의 집을 소독하고 출입을 금지시켰다. 연막 소독차가 석유 냄새 풍기는 하얀 연막을 뿜어내며 골목길을 휘저었다.

9

두웅, 두웅, 두웅, 두웅.

북소리가 바람 소리를 타고 달려왔다.

소나무숲이 세차게 흔들리자, 검은 구름이 바다를 시커멓게 내리덮기 시작했다. 어둠이 복례의 목덜미로 파고 들었다. 바람 소리와 파도 소리가 서로 뒤엉켜 동촌을 온통 쓸어갈 것처럼 울부짖었다. 시커먼 구름이 바람을 부르자, 파도가 붉은 거품을 연방 토해내며 소나무숲을 휘감았다. 소나무가지가 부러지는 소리가 연이어 났다. 어둠으로 뒤덮인 동촌으로 파도가 줄기차게 바람을 몰고 왔다.

인규 아버지와 인규엄마가 고무호수를 제각기 손에 들고 왔다. 그 뒤를 검붉은 연기를 뒤집어 쓴 인규와 해순이가 따라왔다. 후남이가 가쁜 숨을 몰아쉬며, 바싹 마른 맞은 가지처럼 마른 성순이를 앞세우고 돈대로 다가왔다. 파도가 동촌을 온통 뒤엎을 듯이 몸부림치며 달려오고 있었다. 밤바다는 아우성 소리를 내며 벼랑을 물어 뜯었다. 수십 개의 굴뚝이 하늘을 향해 붉은 불기둥을 일제히 뿜어대고 있었다.

조금만 더 고생을 하면 하얀 쌀밥에 고깃국으로 배를 채울 수 있게 된다더니 이젠 아래기도 옳어. 앉아서 굶어죽으나, 꿈적하다가 굶어죽으나 마찬가지지. 복례가 고무호수불에 불을 붙이며 웅얼거렸다. 고무호수불을 든 동촌 사람들이 활시위처럼 휘어진 채 북쪽으로 길게 뻗어 있는 철로 곁을 지나 해명양조장 앞에 도착했을 때 거무개마을 사람들도 청계 영감을 따라 고무호스불을 들고 줄을 지어 나타났다. 새마을양돈단지 앞에서 상동촌 사람들도 기름솜방망이에 불을 붙여 들고 하나둘 대열의 꼬리에 붙었다. 대열은 고샅길을 벗어나 해명산으로 가는 자드락길로 들어섰다. 치지직치지직 하는 소리가 해명산 등갱이를 타고 내려온 바람 소리를 삼켰다. 대열이 해명산 등갱이를 향해 산길을 더위잡기 시작하자, 컨베이어벨트 위로 전등 불빛이 소나무숲을 뚫고 쏟아져 내렸다. 등갱이를 타고 올라온 파이프라인이 똬리를 풀며 거대한 지구본같이 생긴 탱크를 향해 스르르 미끄러져 내려가고 있는 곳에 이르렀다. 인규 아버지가 고무호스불을 높이 치켜들었다. 해명산을 삼킨 파도가 해명공단으로 몰려가자, 붉은 바다가 으르렁거리며 들끓기 시작했다. 복례의 얼굴은 고무호수불의 불빛을 받아 붉게 번들거렸다. 후남이가 든 기름솜방망이불에서 잿가루가 흘러내렸다. 고무호수불과 기름솜방망이불이 짙은 어둠 속을 뚫고 비탈을 오르락내리락 하며 불꽃을 펄렁였다.

붉은 바다가 어둠 속에서 아우성치고 있었다.

김종성 1986년 《동서문학》 등단. 소설집 『마을』, 『연리지가 있는 풍경』, 『탄炭』, 『말 없는 놀이꾼들』 등 있음. 한국작가회의 소설분과 위원회 위원장.

■경기학 평설

경기 지역의 정체성
-실학과 개방성을 중심으로

김 준 혁
(한신대학교 교수)

1. 서론

우리 역사에서 경기도의 의미와 정체성은 무엇일까? 5천년의 역사에서 경기지역은 삼국시대에도 삼국 통일의 기반이 되는 전략적 요충지였다. 한강유역을 차지하기 위한 삼국의 노력은 지속적으로 이어졌고, 끝내 한강을 차지한 신라에 의해 통일이 되었다. 통일 이후 중국과 교통하는 국제 교통로로 개방성의 중심에 있었다.

고려시대 역시 건국 주제가 경기지역 출신이다. 서해와 예성강을 아우르는 송도를 기반으로 하는 해상세력 왕건과 연천과 철원을 기반으로 하는 농림 세력 궁예의 대결은 왕건의 승리로 마감되면서 새로운 국가 고려가 건국되었다.

조선의 건국 역시 경기지역을 기반으로 하는 신진사대부들과 무장 출신의 이성계의 결합이 경기지역을 기반으로 하고 있지만 무능과 부패로 얼룩진 구왕조를 물리치고 새로운 국가를 창출하였다. 이로 볼 때 경기지역은 우리 역사에서 건국의 중심축이자 문화와 교류의 종심지이다. 이를 어느 누구도 부인할 수 없다.

그렇다면 조선시대 경기지역은 어떤 의미를 가지고 있을까? 경기 지역만의 정체성은 과연 무엇일까? 물론 경기지역은 수도 서울을 포함하고 있기 때문에 정치, 경제, 사회, 문화의 중심일 수 밖에 없다. 그렇다고 이것이 과연 경기지역의 정체성이라고 할 수 있을까?

조선후기 실질적인 주자성리학의 중심지는 서울과 경기지역이 아닌 퇴계 학통의 근원지인 영남이고 율곡의 학통을 계승한 우암 송시열 학문의 근원지인 호서이기도 했다. 이들은 수도가 아닌 지방이지만 산림山林으로 서울의 관료들을 지배하였다. 그렇다고 한다면 경기지역이 주자성리학의 중심지라고 말할 수는 없는 것이다.

그렇다면 경기지역의 정체성은 무엇인가? 그것은 바로 국가 전체의 개혁을 주도하면 민산民産을 풍부하게 하고 국가를 안정시키기 위한 실학實學에 있는 것이다. 더불어 실학을 기반으로 열려 있는 사고를 통해 다양한 문화를 받아들이는 개방성에 있다. 이러한 실학과 개방성은 다른 지역에서 드러나지 않은 경기지역만의 독특성이라 말할 수 있다.

실학을 조선후기 경세치용과 이용후생, 실사구시의 학풍만으로 규정하는 이들이 있을 수 있지만 실학이란 말 그대로 시대에 맞는 실질적인 실용지학實用之學이다. 그렇기 때문에 조선 초기 주자성리학도 실용지학이 될 수 있었고, 그 학문을 익혀 경세가로 활동한 이들은 모두 실학자라고 할 수 있다. 그런 측면에서 경기지역은 건국의 주체 지역으로 백성을 위한 위민정책을 만들기 위한 실학이 발전할 수 밖에 없었다.

더불어 경기지역은 특유의 개방성을 보여주고 있다. 개방성이란 외부적 개방성과 내부적 개방성을 들 수 있다. 외부적 개방성이란 대외교류의 추진 및 확대를 의미하는 것이고, 내부 개방성이란 주자성리학만이 아닌 다양한 학문사상을 수용하고, 자신이 신분을 뛰어넘는 발상과 행동을 추구하는 것을 의미한다. 즉 사농공상士農工商 체제하에서 이를 뛰어넘는 새로운 사회구성을 추구하는 것임과 양반 사대부의 특권을 내려놓고 이를 통해 실용적 사고와 행동을 하는 것을 의미하는 것이다.

이를 실천하기 위해서는 특별한 용기를 기반으로 하는 실천 행위가 있어야 하는데 이를 위해 오랫동안 지속되어온 나름대로의 사회적 합의가 있어야 한다. 이러한 사회적 합의가 경기지역에서 유수의 가문들과 백성들 사이에서 나타난다.

이와 같은 실학과 개방성은 단순히 경기 지역이라 무조건 나타나는 것이 아니다 이는 다른 지역과 다른 독특한 지정학적 위치와 인문지리적 요인이 함께 결합하여 나타나는 것이다. 이것이 바로 조선시대 경기지역의 특성이라고 할 수 있다.

2. 경기 지역의 실학과 개방성의 인문지리적 특성

경기지역은 삼국시대부터 중국과 교통하는 개방성을 갖고 있는 지역이었다. 신라가 한강 유역을 점령한 이후 대당 무역기지로서 강화의 혈구진과 남양의 당성진을 이용하였다. 이와 같은 교통로는 중국과 무역을 통해 선진 문화를 받아들였고, 이는 자연스럽게 한반도의 새로운 문화를 창조하는 구심점 역할을 하였다.

고려시대에서 예성강의 벽란도를 중심으로 하는 개성 일대의 무역 전진기지는 전 세계의 중요한 국가들이 교역을 하는 곳으로 유럽의 해상 도시들과 버금가는 도시로 성장하기도 하였다. 이처럼 경기지역은 바다와 강을 연결하여 서울과 함께 하는 지리적 측면과 경기지역 특유의 정치적 문화적 특성이 어우러져 실용성과 개방성이 다른 그 어떤 지역보다 두드러지게 나타났다.

특히 경기지역은 정치적 중심지가 되면서 아울러 경제의 중심지가 되어 물자유통이 활발히 이루어졌다. 역대 왕조들은 전국에서 세금을 거두어 다시 분배하는 체제를 취했기 때문에 고려시대 이래 수도를 둘러싼 경기지역은 역로驛路와 조운漕運이 발달하여 물자 유통의 중심지를 이루었다. 이러한 정치적인 측면이 아니더라도 경기지역은 국토의 중심에 위치해 있고 한강·임진강 등의 수로교통이 발달하여 지리적으로 경제 발전에 유리한 조건을 가지고 있었다.

조선시대 역시 경기지역은 수도인 한성부를 둘러싸고 있으면서 해상과 육로 등 주요 교통로와 직접 연결되어 발전하였다. 육로는 한성을 중심으로 하여 방사선 모양으로 전국에 뻗어 나갔는데, 경기도는 서울과 지방을 연결하는 중간 경유지로서 기능하였다. 이러한 지리적 요인 때문에 경기지역의 도시는 예성강 이북 지역의 도시나 금강 아래 지역의 도시들에 비해 훨씬 빠른 성장을 가져왔다.

대읍에 속하는 수원, 양주, 개성, 강화가 있었고, 한강변이나 해안에 위치한 남양, 양근, 안산, 통진, 양천, 시흥이 있으며, 대로大路를 끼고 있는 죽산, 용인, 안성, 포천 등이 있었다.

특히 경기지역은 조선 후기부터 상업의 중심지로 발전하면서 다양한 물류의 유통이 존재하였다. 광주의 송파장은 영남에서 충청을 거쳐 서울로 올라가는 한강변의 유통 거점이었다. 특히 송파장은 서울의 시전상인이 갖고 있는 '금난전권禁難廛權'이 적용되지 않게 설정한 곳이어서 시장의 활성화가 촉진되었다. 양주의 누원점은 서울에서 원산과 함경도를 잇는 교통의 요지에 형성되었고, 안성은 영남로와 호남로를 이어주는 길목에 위치하여 충청도와 전라도의 토산품이 집하되는 지역이었다. 특히, 중국과의 교통이 편리하여 일찍부터 대외무역을 비롯한 상업이 발달할 수 있었다. 이와 더불어 개성의 송도상인松都商人은 세계 최초의 복식 부기인 송도사개문서를 작성할 정도로 탁월한 상업 능력을 갖추고 있었다.

도로망이 발달한 곳은 사람과 물자의 통행이 빈번하여 외세의 침입이 있을 때도 중용한 전략적 요충지가 된다. 그렇기 때문에 경기지역 대부분의 교통로는 문화와 문물이 교류되는 중요한 지점이었다.

이러한 특성으로 인하여 경기지역은 일찍부터 실용적 사고가 발전할 수 있었다. 지리적 측면에서 강과 인근해 있으면 강을 통해서 성장하는 특유의 개방성이 드러난다. 이러한 개방성은 자연히 경기지역을 발전시켜 조선후기에는 교하, 양근, 가평, 여주 등 서울에서 100리권인 원교遠郊의 범위를 벗어난 지역임에도 불구하고 '경읍京邑'이라 불렸다.

3. 조선 전기 경기도의 실학과 개방성

경기 지역은 조선 건국을 전후하여 지역의 문화가 실용적 형태로 나타났다. 이러한 가장 큰 변화는 바로 당대인들이 실학으로 평가하는 성리학의 등장이었다. 고려 말 불교의 폐단은 극심하였다. 이러한 불교의 폐단으로 인하여 이제현과 정도전 그리고 권근 등은 성리학의 '인의충신仁義忠信' 등의 수기修己와 충효를 비롯한 오륜과 육예六藝의 학습으로 제가濟家, 치국治國, 평천하平天下의 실효성을 거둘 수 있다고 판단하였다.

즉 고려말 조선 초기 성리학자들은 성리학을 실학이라 규정짓고, 불교와 한당漢唐 유학을 대신하여 새로운 국가 수립의 기반으로 삼았다. 이러한 실학으로 인하여 조선 건국 후 국가 체제를 수립하고 부정부패를 일소하는 사상으로 인식하였다.

조선 초기 경기지역의 대표적 인물인 황희는 성리학을 실학으로 인식하고 세종대에 실용적 경세사상을 보여주었다. 그의 경세사상의 핵심이 '인권존중과 민본의식, 개혁을 통한 백성의 불편과 고통 해소'를 목표로 하고 있음과 더불어 구체적인 경세 정책으로는 '기강 확립 방안, 치안과 국방강화책, 빈민구제책, 교육정책, 언론과 여론 중시'의 5가지 측면으로 나타났다. 이러한 그의 실용적 경세사상은 일반유학의 경세사상의 정신을 충실하게 계승하고 있으면서, 더 나아가 유학의 이상세계인 대동사회를 목표로 왕도정치를 몸소 실천함으로써 당대를 태평성대로 이끌었다는 점에서 특징적이다. 무엇보다 황희는 공맹의 왕도정치보다 훨씬 더 평등의식에서 앞서 있으며, 사회적 약자에 대한 인권존중 정책을 좀 더 구체적으로 제시하고 실천하였다. 이러한 황희의 사상과 정책은 경기지역 지식인들에게 모범으로 작용하였다.

황희의 뒤를 이어 경기지역에서 가장 인상적인 학문수련에 집중한 이는 화담 서경덕이다. 그는 임진강과 예성강의 사이에 있는 개성이라는 매우 의미 있는 도시에 거주함으로써 개성지역의 개방성을 느끼면서 성장을 하였다. 조선초기 일반적인 숭유의식崇儒意識과 달리 상업의지가 강한 개성은 실용적 사고를 사람들이 접하면서 성장하였고, 특히 다른 도시와 달리 상업적 분위기가 남달랐다. 이러한 상업적 분위기를 서경덕 역시 그대로 받으면 성장할 수 있었다. 그래서 그가 기수학氣數學에 관심을 기울인 것이나, 변화와 다양성을 중시한 주역周易에 깊은 관심을 기울인 것은 바로 개성지역의 상업을 기반으로 하는 실용성 때문이었다. 나중에 서경덕의 문인들과 남명 조식의 문인들인 북인北人들이 상업을 바탕으로 부국富國을 꾀한 것을 보면 북인 세력들과 개성일대의 서경덕 학파간의 상업적 분위기의 연결고리가 있다고 보아야 할 것이다.

　서경덕은 다양한 학문에 관심을 기울이는 한편, 문호를 개방하여 많은 사람들이 신분에 구애없이 학문을 배울 수 있게 하였다. 신분 질서가 엄격히 고착화되어 가던 당시에 미천한 신분의 인물이나 호협豪俠하다는 평가를 받던 인물, 그리고 정권에서 소외되어 있던 종실宗室들을 기꺼이 문인으로 받아들인 것에서도 그의 학문적 개방성을 확인할 수 있다.

　황희와 같은 파주 지역 출신인 율곡 이이 역시 실학을 추구한 인물이었다. 율곡은 경세학을 추구한 인물로 실천이 수반되지 않으면 학문과 지식은 의미가 없다고 보았다. 학문은 실천적으로 현실에 적용이 되어야 그 존립 기반이 확보되는 것이기 때문이라고 보았다. 이처럼 이이는 성리학 전성기와 실학의 맹아기에 위치하여 성리학을 하면서도 실학적 사유에 앞장섰던 선구자라고 할 수 있다.

　더불어 율곡 이이는 개방성을 추구하였다. 율곡은 불교, 도가, 육왕학 등을 전면적으로 부정하지 않고 비판적 수용의 태도를 보여주고 있다. 정주학의 테두리안에서만 머무는 것이 아니라 다양한 사상을 폭넓게 이해하고 받아 들이려고 하였다. 즉 율곡은 다른 학설과 사상을 무조건 이단이라고 하여 배척하지 않고 그 장점과 단점, 옳고 그름을 분석하여 종합화하는 특성이 있었다. 이러한 특성은 이후 전개된 기호학파의 학풍에 지대한 영향을 미치게 되었으며, 영남 유학의 단조로움과 달리 다양성을 중시하는 학풍의 전개를 가져왔다.

　이러한 율곡의 개방성은 그의 개혁 정책에서도 드러난다. 그는 신분제 사회가 정착된 조선시대의 부조리를 철폐하고자 하였다. 그는 서얼과 천민에 대한 신분제도 개선을 요구하며, 서얼들의 허통과 공사천인公私賤人의 종량從良을 주장하였다. 율곡은 사회를 통제하는 법이 법제화 될 당시 훌륭한 의도를 가지고 만들어졌다고 하더라도, 시대가 변하면 폐단이 생겨 때에 맞추어 변통變通해야 한다고 하였다. 이러한 율곡의 개혁적 사고와 실천은 유교의 명분주의에서 벗어난 현실주의자로서의 모습을 보여준 것이고, 자연스럽게 경기기역의 지식인들에게 개방성을 추구할 수 있는 기반을 마련해 주었다고 할 수 있다.

사상사思想史 측면에서 보면 16세기에 기氣철학을 중심으로 한 화담학파가 형성은 독자적인 성리학 연구의 학파로 평가되어 온다. 하지만 화담학파가 기존의 성리학파와 대립되는 것이 아니라 보다 나은 학문의 방향성을 위해 훗날 사상계를 주도한 율곡학파에 큰 영향을 미치고 율곡학파도 화담학파의 사상을 받아들여 보다 나은 학문으로 발전하게 된다. 이것이 바로 경기지역의 통합성을 의미하는 것이다.

4. 조선 후기 경기 지역의 실학과 개방성

임진왜란을 거쳐 병자호란을 치르는 17세기 초기에 전통적 도학파의 일반적 관심이 예학과 의리론에 집중되고 있는 반면 경기지역의 일부의 유학자들은 성리학의 지식을 가지고 있으면서 현실의 경제적 내지 사회제도적 문제에 관심을 돌리고 있는 태도를 보여주고 있다.

이들은 '성시城市의 산림'을 자처하며 자신들과 재야의 산림을 구별하였는데, 이들은 성리학을 하면서도 양명학, 노장학, 불교와 같은 당대 사회에서 이단으로 평가하는 학풍을 널리 수용하려고 하였다. 이들은 도시화가 본격적으로 진행되는 과정에서 수도권에 거주하면서 이 지역의 역동적인 변화를 직접 경험하였고, 이를 통해 자신이 새로운 사회 개혁을 추진하고자 하였다. 이는 자연스럽게 경기지역의 정체성을 보여주는 실학으로 발전하게 된 주요한 계기가 되었다.

이와 같은 경기지역에서 나타나는 새로운 학풍의 특징은 당파를 가리지 않고 현실 개혁과 문화적 다양성을 추구하고 있다는 사실이다. 이것이 바로 조선후기 경기지역의 실학과 개방성에 있어 가장 중요한 요인이라고 할 수 있다.

경기지역 실학의 또 다른 특징은 민족의 존재를 확인하면서 전통적인 화이관華夷觀을 극복하면서 중국과는 구별되는 자아自我에 대한 인식을 강화시킨 것이다. 조선의 존재 자체를 정확히 이해하고자 노력을 하였고 조선어와 문학에 대한 관심뿐만 아니라 세시 풍속을 비롯한 민속에 관해서도 애정을 가지고 조사와 연구를 진행하였다. 이와 같은 학문이야 말로 진정한 실학인 것이고, 중국의 예속된 국가가 아니기에 주체성을 가진 개방에 대한 적극적인 고민을 할 수 있었다.

경기지역 실학을 주도한 세력은 남인으로 이들은 18세기 개방성을 추구하며 서학을 받아들이고, 적극적인 서양 기계문명론을 받아들였다.

그중 가장 대표적인 이가 바로 한백겸이다. 퇴계 이황의 학통을 계승한 그는 경기도 양주 수이촌水伊村에서 지낸 그는 개인이 저술한 최초의 역사지리서라고 할 수 있는 『동국지리지東國地理志』를 저술하였다. 17세기 초에 저술된 이 책은 실증적이고 고증적인 역사 연구와 서술로 18세기에 출현한 실학사상에 큰 영향을 끼쳤다.

한백겸의 실학사상을 이은 이가 바로 유형원이다. 유형원은 그의 주저인『반계수록磻溪隧錄』에서 정치 사회 경제의 조직적인 제도개혁론에 관심을 기울이고 있음을 볼 수가 있다. 그는 율곡의 시무론時務論에 영향을 받고 있으며 독자적인 초기 실학파라고 할 수 있다. 하지만 실제 유형원은 전라도 부안에서 평생을 공부한 인물이다. 다만 그의 학문을 경기학의 범주에 넣을 수 있는 것은 그의 학문이 성호 이익으로 이어지면서 기호남인 계열의 실학으로 전개되었기 때문이다.

반계의 학통을 이어 경기지역의 실학과 개방성을 주도한 인물은 성호星湖 이익李瀷이다. 성호는 퇴계를 사숙하고 이기론이나 예학 등에도 상당한 조예를 가졌지만 그의 학문적 관심은 사회제도의 개선에 있었다. 성호는 18세기 전반기 환국과 무신란(戊申亂, 1728)을 거치면서 공멸의 위기감이 고조되는 가운데 조성된 탕평蕩平 정국에서 민산民産을 안정시킬 방안을 적극 모색하였다. 민산 안정은 부귀와 빈천을 고르게 함으로써 가능하였으며, 이를 구체화시키기 위한 주요정책으로 토지개혁론을 제시하였다. 한전론限田論은 지주 전호제 확산에 따른 토지소유의 불균등을 제도적 차원에서 바로잡을 수 있는 방안이자, 부세제도 개편만으론 실현할 수 없었던 도기일치道器一致를 구현할 수 있는 대안이었다. 이익은 한전론을 통해 민산을 확보하고, 법을 확립하여 탕평을 실현하고자 했다. 한편 이익은 국가를 좀 먹는 6가지 요소 가운데 하나로 신분제를 들었다. 천인분리天人分離의 관점에서 인간의 능동성을 강조하고 있었던 그에게 개인의 능력을 고려하지 않은 신분의 세습은 모순으로 인식되었다. "법을 지키는 사람[人]과 사람을 다스리는 법法이 상호 보조를 맞추면 위가 안정되고 아래가 제대로 순응하여 다스림이 이루어질 수 있다"는 인법상유人法相維의 원리는 신분에 구애됨이 없이 능력 있는 자를 선발하여, 그 재능을 발휘할 수 있는 기회를 제공해야 한다고 주장하였다.

이익은 이와 같은 개혁적 사상과 함께 파격적인 개방성을 보여주고 있다. 당시 한역된 서학 문헌에 해박한 지식을 가져 천문 역법등 서양 과학지식에 적극적인 긍정 태도를 밝혔고 천주교 교리에 대해서도 신앙적 내용에 대한 부분적 비판을 보여 주면서도 윤리적 내용에 긍정적 태도를 가졌다. 이러한 서학에 대한 이익의 지식과 관심은 그의 제자들에게 계승되어 이른바 성호학파에 있어서 신후담, 안정복 등 공서적 입장과 권철신, 이가환 등 신서적 입장으로 분열이 되지만 서학이 이들에게 중요한 문제로 제기되었던 것이다. 결국 이익의 서학에 대한 개방적 인식은 이후 18세기 서학의 적극적인 도입의 계기를 마련해 주었고, 자연스럽게 서교西敎 중심이 아닌 서기西畿 위주의 서학으로 발전하게 되었다.

정약용은 실학의 완성자라고 불리울 정도로 경기지역의 대표적 실학자이다. 그는 일찍부터 성호를 사숙하면서 가학으로 토목학, 건축학, 상수학 등 다양한 학문을 익혔다. 이러한 학문적 기반이 그를 실학자로 성장시킬 수 있었고, 정조시대 한강의 주교舟橋 설치와 화성 설계 등 개혁추진의 일원이 될 수 있었다. 정약용은 개방성에 있어 탁월한 면을 보여주고 있다. 그는 국가 제도를 개혁하여 오래된 구습의 조선을 새롭게 하기 위하여 『경세유표』를 저술하였고, 수령들이 올바르게 백성들을 다스려 한 백성이라도 목민관의 은혜를 입은 자가 있기를 바라는 마음으로 『목민심서』를 저술하였으며, 옥사를 올바르게 다스려 비록 죄수일망정 인권을 중시하는 나라가 되기를 바라는 마음에서 『흠흠신서』를 저술하였다. 이러한 정약용의 위민정신을 실학정신으로 발현되어 개혁을 추구하게 된 것이다.

그는 북학의를 저술한 박제가와 깊은 인연을 맺으며 그 자신이 연경에 가보지 못했지만 발전된 청나라의 문화를 받아들이고, 이를 실용적으로 이용하는 것에 적극 지지를 보냈다. 더불어 그는 천주교를 신앙하다가 제사 금지의 교리를 알고 난 직후부터 서학을 배척하였지만 서양의 학문과 기술 문명을 적극적으로 받아들여야 한다는 생각을 갖고 있었다. 그의 실학과 개방성은 유배 기간 저술된 여유당전서에 담겨 있어 19세기 조선의 개혁론에 기반이 되었다.

경기 지역의 실학은 남인만의 전유물이 아니다. 서인에서도 실학과 개방성을 추구한 이가 등장하여 조선 사회의 근본적 변화를 추구하였다. 그가 바로 김육金堉이다. 김육은 민생에 대한 구체적인 현실체험과 개방적 학풍을 바탕으로, 실용적인 경세사상을 제시했다. 양난兩亂 이후의 국가적 혼란을 타개하기 위한 대책으로 당시 유학자들은 도덕 수양론의 강화를 주창했다. 이들은 '안민安民'의 중요성을 인식했지만 그 선결조건으로 내놓은 군주의 '수기修己' 문제에 지나치게 치중함으로써, 민생안정과 국가재건이라는 시대적 요구에 효과적으로 대응하지 못했다.

이에 비해 김육은 통치자의 도덕적 책임과 수양을 강조하는 주자학의 이념을 지지하면서도, 경세의 영역에 '실實'이라는 특수성을 부여함으로써 차별성을 보인다. 도덕적 깨달음이 경세의 영역으로 나아갔을 때 실재적인 것에 부합하지 못하고 구체적 정책으로 이어지지 못한다면, 아무런 의미가 없다는 것이 그의 생각이다. 김육은 '변통變通'을 강조하여 그의 논리에 정당성을 부여하고, 최우선의 정책기조로 '안민'을 삼았다. 그는 지배층이 반대하더라도 백성에게 이로운 정책이라면 과감히 추진했으며, 백성의 신뢰를 무엇보다 중요하게 여겼다. 백성을 위하는 정책이라 해도 민심을 얻지 못했으면 결코 독단적 행해서는 안 된다고 생각했다.

그래서 그는 대동법을 추진하였고, 수차水車 보급에 노력을 하였다. 이러한 실용정책과 함께 중국으로부터 서양의 달력인 시헌력時憲曆을 도입하는 등 과감한 개방성을 갖추었다.

경기지역의 대표적 소론 역시 실학과 개방성을 취하고 있었다. 가장 대표적인 이가 바로 박세당이다. 박세당은 당시 배청의리론에 대해 현실적 사대론을 제기하는 데서 도학파의 정통적 입장으로부터 분리되었고 주자의 주註를 벗어난 경전 해석 등에서 실학파의 입장을 좀 더 선명하게 드러낼 수 있는 계기를 이룬다. 이러한 사실에서 이 시기를 실학파의 맹아기라고 볼 수 있을 것이다.

박세당은 도교와 불교에 대한 긍정적 평가를 하였다. 불교에 대해 유교적 입장에서 이단으로 받아들일 수 있겠지만 심정적으로 그는 불가의 승려들을 이웃으로 받아들이려는 마음을 가지고 있었다. 이러한 도교와 불교에 대한 개방성이 유교와의 소통을 통해 사회의 부조리를 없애는 성과를 보였다.

이와 같은 경기지역에서 나타난 각 당파의 실학과 개방성은 정조시대 경기지역을 중심으로 새로운 실학과 개방성으로 구현된다. 정조시대에는 서명응, 강세황, 홍양호, 홍대용, 서호수, 이가환, 박제가, 서유구, 정약용 등 경화사족 출신 '실학자'들이 정조의 탕평정치에 힘입어 당색과 신분의 차이를 넘어 함께 조정에 포진하여 개혁을 주도하였다. 이들은 정조를 보좌하여 학문과 문화예술의 발전을 도모하였으며, 개혁의 시범도시이자 실학의 도시로 화성신도시를 건설하였다. 화성에는 그들이 구상했던 개혁론을 실제 정책으로 입안하여 시행하였으며, 그 결과 '양반 상인론'과 '국영 시범농장론' 같은 상업과 농업 진흥책이 실현되었다.

결국 경기 지역은 백성들을 위한 실질적인 정책을 만들고 학문과 사상의 다양성을 추구하는 지역의 정체성을 보여주는 곳이었다.

■참고문헌
1차 사료

『다산시문집』, 『택리지』, 『성호사설』, 『정조실록』

단행본 및 논문

경기도 학예사, 『학예사와 떠나는 경기도 답사기』, 푸른역사, 2010.
김문식, 조선후기 경기도의 발전과 경기학인, 『경기논단』 6, 경기연구원. 2004.
김준태, 「잠곡 김육의 실용적 경세사상 연구」, 『유교사상연구』 31, 2008.
김지은, 「성호 이익의 대외인식과 조선의 대응방안 모색」, 『한국사연구』 152, 한국사연구회, 2011.
신병주, 「화담 서경덕의 학풍과 현실관」, 『한국학보』 22, 1996.
양보경, 서울의 공간 확대와 시민의 삶, 『서울학연구』, 창간호. 1994.
원재린, 「星湖 李瀷의 國家 改革論과 그 思想的 특질」, 『태동고전연구』 26, 한림대학교 태동고전연구소, 2010.
유봉학, 「실학의 계보와 학풍」, 『한국사민강좌』 48, 일조각, 2011.
이영자, 「기호 유학에 있어서 율곡의 학풍과 그 영향」, 『동서철학연구』 35, 한국동서철학회, 2005.
이영자, 「방촌 황희의 경세사상과 그 의의」, 『동서철학연구』 32, 한국동서철학회, 2002.
정구복, 「한백겸의 「동국지리지」에 대한 일고 -역사지리학파의 성립을 중심으로」, 『전북사학회』 2, 전북사학회, 1978.
조광, 「실학사상의 현대적 의미」, 『경기논단』 6, 경기연구원, 2004.
주영아, 「박세당의 개방적 학문관 연구」, 『동방학』 20, 2011.

서사시 금강산

시작시인선 **0316** 공광규 시집

서사시 금강산 | 공광규 | 380쪽
2019년 12월 30일 발간 | 값 13,000원

서사시 『금강산』에 담긴 정신은 우리나라 역사의식을 주제로 한 통일 기원의 절절한 외침이기도 하며, 그리운 금강산을 자유롭게 오가는 시대를 갈망하는 이 시대 시인의 뜨거운 외침입니다.(김후란 시인, 2020년 제9회 녹색문학상 심사평)

읽고 또 읽어도 여전히 아름답다. …(중략)… 이 시집 한 권으로 공광규 시인은 민족의 성산 금강산을 독보적으로 장악하였다.(이동순 시인·영남대 명예교수, 계간 『시작』 2020년 여름호)

이 시집이 현재 답답하게 닫혀 있는 남북 관계를 두드리는 북소리로 작용했으면 좋겠다. 공광규 시인의 예언과 기도가 우리의 미래를 긍정적 방향으로 열어 줄 것으로 기대한다.(안도현 시인, 2020년 단국문학상 심사평)

누가 금강산의 비경을 제대로 노래할 수 있을까? …(중략)… 18세기 정선의 〈금강전도〉가 아득할 따름인데, 아침내 우리의 시인 공광규가 서사시 금강산을 탄생시켰다.(홍용희 문학평론가)

이규보의 민족의식, 신동엽의 저항 의식에 이어 공광규가 보여 준 주체 의식은 한국시가 잊고 있던 중요한 가치이다.(고광식 문학평론가, 『문학에스프리』 2020년 봄호)

조기천의 『백두산』과 고은의 『백두산』에서 공광규의 『금강산』으로 이어지는 이 민족 서사시집은 민족분단과 통일, 외세로부터 자주성 문제 …(중략)… 등 복합적인 사유와 논쟁거리를 제공하고 있다.(권성훈 문학평론가, 『불교와문학』 2020년 여름호)

천년의 시작
주소 (03132) 서울시 종로구 삼일대로32길 36 운현신화타워 502호
전화 02-723-8668 팩스 02-723-8630 이메일 poemsijak@hanmail.net 홈페이지 www.poempoem.com

■수필

往五北國傳왕오북국전

김 학 민
(전 경기문화재단 이사장)

첫째 날(9월 30일)

　나는 2006년 9월 30일부터 10월 4일까지 실시 된 재북 애국지사 후손 방문단 50명의 일원으로 방북했다. 나는 재북 애국지사의 후손은 아니었지만, 대한민국임시정부기념사업회의 임원 자격으로 방문단의 기록 일을 맡아 합류하게 된 것이다. 방문단은 애국지사 후손 28명, MBC, 중앙일보, 연합뉴스 등 취재단 10명, 그리고 나머지 임시정부 관계자들로 구성되었다. 방문단 일행은 9월 30일 오전 10시 인천공항에 집결하여 출국 수속을 밟기 시작했다. 서해 직항로로 가면 간단한 것을 중국 심양을 경유하여 평양으로 들어가기 때문에 시간도 더 걸리고, 출입국 수속도 복잡했다.

　제반 수속이 끝나고 비행기에 탑승하기 직전 공항 한쪽에 모여 서영훈 단장과 김자동 후손대표의 남북 당국에 대한 감사 인사와 단원들에 대한 당부의 말씀 등이 있었다. 12시 50분 드디어 심양 행 중국 남방항공 CZ682 여객기가 이륙했다. 한국 표준시보다 1시간 빠른 중국 시간 14시에 심양 공항에 도착하였다.

　심양 공항에는 임시정부 국무위원이었던 최동오 지사의 손자이자 최덕신 전 외무장관의 아들인 최인국 씨가 기다리고 있다가 우리 일행과 합류하였다. 시간 계획으로는 심양 공항에서 바로 북한의 고려항공으로 환승하여 출발하는 것으로 되어 있었는데, 웬일인지 환승이 계속 지체되었다. 여기에 오기까지 숱한 고비가 있었는데, 뭔가 일이 잘못되는 것은 아닌가, 모두 조마조마 가슴을 졸이고 있는데 무사히 해결되었단다.

인천공항 출발 때부터 약간 문제가 되었던 포장된 도자기('平和統一 在北愛國志士後孫 省墓記念'이라는 고 김대중 대통령의 휘호가 새겨진 이 도자기는 김 전 대통령이 북측 민화협에 보내는 선물이었다)를 풀어 중국 세관에 설명하여 확인을 받아야 한데다가 동행한 MBC 취재진이 소지한 외화의 신고 문제 때문이었다는 것이다.

중국 시간 14시 40분, 평양행 고려항공 JS156편에 탑승했다. 고려항공에는 외국인 몇몇과 북한 동포 50여 명이 먼저 탑승하여 허겁지겁 뛰어 들어오는 우리 일행을 호기심 어린 눈으로 바라보고 있었다. '아, 이 사람들 때문에 이륙이 늦었군!' 하고 생각하는 듯한 그분들에게 가벼운 눈인사를 건넸다. 기내에서는 북한의 혁명가요가 크게 흘러나오고 있었고, 27D 내 좌석에 앉자마자 주스 한 잔과 9월 30일 자 《로동신문》이 배부되었다.

17시 10분에 평양 순안공항에 도착했다. 남측의 입출국 서류는 북측에서 보내온 초청장을 근거로 통일부가 발급한 '방문증명서' 한 장이었고, 북측도 공항에서 나눠 준 '통행검사소'(우리의 출입국관리사무소) 발행 '입/출국 수속표'를 내는 것으로 입국심사는 간단했지만, 통관하는 데는 꽤 시간이 걸렸다. 우리 일행의 짐도 뒤져 보았지만, 북한 내국인들에 대한 짐 검사는 더욱 세밀했다. 통행검사소 측은 우리 일행이 소지한 휴대폰을 임시 보관하여 출국할 때 돌려준다고 하며 걷어갔다.

순안공항에는 북측 민화협의 박경철·정덕기 부회장 외 다수가 우리 일행을 환영하기 위해 나와 있었다. 18시 35분, 어둠이 짙게 깔린 순안공항을 출발하였다. 평양까지는 가로수가 우거진 4차선 도로가 시원하게 뚫려 있었다. 나는 북측 민화협이 제공한 4호 버스에 탑승했는데, 이 버스에는 북측의 조장

강순일과 태영일 부조장, 함철호 참사가 함께하며 우리 일행을 통솔했다. 강순일은 버스에서, '평양으로 들어가는 동안 주행 시 바깥 촬영 금지, 환영 만찬 기념촬영 허용, 위생실은 안내원에게 물어 이용할 것, 호텔 밖으로 나가는 것 금지' 등 주의사항을 전달했다.

나는 한해 전인 2005년 10월 4일 아리랑 축전 참가차 1박 2일의 짧은 일정으로 평양을 방문한 적이 있었다. 그때는 그야말로 번갯불에 콩 구워 먹듯 한 방문이어서 평양의 거리를 제대로 구경하지 못했다. 그런데 이번 방북은 4박 5일의 여정이니 첫날부터 좀 느긋하게 평양 구경을 할 수 있을 것으로 생각했다. 그러나 이미 날이 어두워진데다가 가로등조차 희미해 거리 풍경이 제대로 눈에 들어오지 않았다. 전력 사정 때문인지 도시 전체가 침침했다. 띄엄띄엄 잿빛 옷을 입은 평양시민들의 오가는 모습이 보였다.

내가 탄 버스는 개선 거리로 접어들어 금수산 궁전과 22층 높이의 김일성 종합대학 부근을 지나갔다. 여기서부터가 평양의 도심으로 대형 건물들을 색등으로 장식해 놓았다. 고층 아파트도 즐비했다. 호텔로 가는 길목에 프랑스 자본으로 착공했으나 자금난으로 공사가 중단된 105층 높이 유경호텔의 불 꺼진 모습이 유령처럼 보였다.

19시 50분, 평양에서 4박 5일 동안 머물 고려호텔에 도착하자, 호텔 복무원들이 나와 열렬히 환영해 주었다. 평양의 신도시 격인 평천 구역에 소재한 고려호텔은 45층짜리 두 동이 이어진 쌍둥이 건물로, 내외부 모두 깨끗하고 시설도 글로벌 수준에서 떨어지지 않았다. 배정된 방에 입실하여 호텔 편의 시설 목록이 적힌 팸플릿을 보니, 3층에 큰 한식당이, 2층에는 술을 파는 식당과 상점, 지하층에 사우나, 수영장, 이발소, 미용실, 안마방, 가라오케, 찻집이 있었다. 그리고 호텔의 맨 꼭대기인 45층에는 360도 회전하는 원형식당이 있었다.

20시 30분, 호텔 3층 한식당에서 북측이 주최한 환영 만찬이 있었다. 북측 민화협 김영대 위원장의 환영사가 있었고, 남측 서영훈 단장의 답사가 있었다. 음식들은 약간 싱거운 듯하였으나 정갈했다. 만찬이 마무리되었을 때 우리 테이블을 서빙 했던 식당 복무원 남주룡, 석영아와 기념촬영을 했다. 환영 만찬이 끝나고 방에 돌아와 달뜬 마음으로 평양에서의 첫날을 보냈다. 그러나 이대로 잠들 수 있겠는가? 내 방 위층에서도 누군가 창문을 열고 헛기침을 해대어 누구냐고 물으니 김자동 회장님의 막내딸 김미현이어서 그녀와 허공을 사이에 두고 한참을 이야기했다.

둘째 날(10월 1일)

아침 7시에 모닝콜이 왔다. 이날 재북 애국지사 묘를 성묘하기로 북측과 합의했기 때문에 일찍부터 서둘러야 했다. 그러나 어제저녁 환영 만찬이 끝나고 9시부터 새벽 3시까지 북측과 묘소 참배문제를 협의하였으나 세부 일정이 합의되지 못하였다고 한다. 쟁점은 두 가지였다. 남측은 재북 애국지사들의 묘를 후손이 각자 개별적으로 참배하자고 제안했고, 북측은 애국열사릉 앞에 헌화하고 단체로 참배한 후에 개별 묘소를 참배하자고 주장했다. 그러나 이는 북한의 국립묘지를 참배하는 것으로 비칠 것이 빤하니, 남측으로서는 받아들이기가 쉽지 않은 제안이었다.

평양의 형제산 구역 신미리에 위치한 북한의 국립묘지 격인 '애국열사릉'에는 김일성과 함께 한 항일 무장투쟁가, 북한 정권 관련 공로자, 조국 전쟁(6·25) 공훈자, 임시정부 요인(김규식, 윤기섭, 조소앙, 조완구, 최동오)과 함께 남쪽 출신 홍명희, 최승희, 최덕신 등이 묻혀 있다. 그리고 용성 구역 용궁1동에 위치한 '재북인사릉'에는 김상덕, 김의한, 안재홍, 장현식, 정인보 등의 애국지사들과 현상윤, 박열, 김약수, 조헌영, 양재하, 양주삼, 백상규, 이광수 등이 묻혀 있다. '애국열사릉'과 '재북인사릉'은 차로 20여 분 떨어져 있으므로 북측의 요구대로 하면 '재북인사릉'에 묻힌 지사의 후손들은 성묘를 못 할 수도 있게 된다.

그 문제는 아침 식사 때까지도 합의되지 못하여 일단 식사를 하고 일정을 바꿔 평양 시내 관광을 먼저 하기로 했다. 그러나 북측과 성묘 문제를 계속 논의하기 위해 기념사업회의 빙인섭 사무처장과 김선현 이사, MBC 통일협력단 박정근 단장은 오전 관광을 포기해야만 했다.

　8시에 아침 식사를 하고 9시에 김일성의 생가 유적인 만경대로 출발했다. 우리 일행이 들어갈 즈음 만경대에는 경비원 등 북한 관계자들도 많이 있었지만, 자기들끼리 한쪽에 몰려서 담배를 피우는 등 내가 1년 전에 방문했을 때 보다는 분위기가 많이 풀려 있었다. 일행 중 한 사람이 그 옛날 김일성 가족이 먹었다는 우물을 들여다보다가 앞가슴에 단 명찰을 빠트려 당황했는데, 다행히 북측 사람들이 알아채지 못해 그냥 넘어갔다.

　1시간여 동안 관람하고 10시 40분에 만경대를 출발, 11시 주체사상탑에 도착했다. 주체사상탑 해설자 김주숙은 "주체사상을 창시한 김일성 수령님의 사상이론적 업적과 공화국 정권의 혁명 위업을 빛내려는 의도로 1982년 4월 수령님의 70세 탄생일 때 세운 높이 170미터의 거대한 화강암 탑"이라고 설명했다. 주체사상탑 건너편 인민대학습당 광장에서는 10.10절(노동당창건일)을 앞두고 시민·학생들의 집단체조 연습이 한창이었고, 대동강에는 유람선이 평화롭게 떠다니고 있었다.

　11시 35분 주체사상탑을 출발했다. 우리 버스에는 북측 민화협의 한웅희가 탔다. 12시 20분에 고려호텔로 돌아와 한식당에서 점심을 먹었다. 북한에서는 개고기를 '단고기'라 하여 인기가 높고 귀하게 여기는데, 그날 점심에 개고기 요리가 나왔다. 일행 중 보신탕을 먹는 사람들에게는 수육, 껍질, 슬라이스, 갈비찜, 등뼈찜, 다리찜, 탕 등 개고기가 코스별로 나와 큰 환영을 받았다.

　점심 후에 바로 재북 애국지사들의 묘역으로 성묘하러 갈 예정이었으나, 그때까지도 참배 형식문제가 합의되지 않아 계속 미루어졌다. 일행은 방에서 이제나저제나 기다리고 있었지만, 합의 소식은 들려오지 않았다. 3시간이나 지나 참배형식 문제가 합의되었단다. 남측의 주장대로 애국열사릉이나 재북인사릉에 묻힌 재북 애국지사 묘를 후손들이 개별적으로 참배하되, 후손이 아닌 방문단원은 제외한다는 것이었다. 그러나 북측과 끈질기게 교섭하여 취재진은 참배단에 포함되었다. 그리하여 나를 비롯하여 12명을 호텔에 남겨두고서야 성묘단은 4시가 넘어 출발했다.

후손들이 성묘하러 떠난 동안, 나는 호텔 밖은 나가지 못하더라도 고려호텔의 편의시설을 모두 체험해 보기로 했다. 우선 호텔 지하에 가서 머리를 깎았다. 이발사는 여성 혼자였는데, 내가 이발하는 동안 한 사람이 계속 의자에 앉아 나를 쳐다보고 있었다.

가라오케는 대낮이라 문을 열지 않아 가보지 못했고, 안마방에 들어갔다. 내가 들어갔을 때는 손님이 없어 나 혼자만 안마를 받았다. 요금은 30분에 25유로, 또는 29달러였는데, 남자가 하는 '건전 안마'였다. 머리 깎고, 안마를 받으니 절로 술 한 잔이 생각나 45층 회전식당으로 올라갔다. 거기도 손님이 없었다. 평양의 야경을 볼 수 있는 명소라 밤에 주로 손님이 온다고 복무원이 변명하듯 말했다. 대동강 맥주 두 병을 시켜놓고 식당이 360도 모두 도는 동안 평양의 풍경을 구경하고는 내려왔다. 방북 기록 담당자로서 애국지사 성묘에 참석 못 해 아쉬웠지만, 나로서는 좋은 체험이었다.

18시 30분 성묘를 갔던 후손 일행이 돌아왔다. 헤어진 지 60여 년이 지나서야 선조들께 인사를 올린 슬픔과 회한 때문인지 후손들은 모두 말이 없었다. 그래도 다소나마 위안이 된 것은 한국전쟁 때 '모시기 작전'으로 북으로 간 '재북 인사'들의 묘역이 '애국열사릉'의 묘역과 크기도 같았고, 잔디도 아주 말끔하게 관리되어 있었다는 점이라고 한다. 김선현 이사는 '재북인사릉'은 '애국열사릉'의 분원 같은 모습이었다고 설명했다.

19시 10분 대성백화점 건물 1층에 있는 대성식당에서 만찬을 했다. 식당은 고려호텔 건너편의 5분쯤 되는 곳에 있어 모두 열을 지어 걸어갔다. 짧은 거리지만 평양 시내를 걸어보는 것에 모두 들뜬 기분이었다. 최인국 씨에 의하면, 대성식당은 북송된 재일동포가 사장이라고 한다. 어느 정도 식사가 진행되자 식당의 여성 복무원들이 함께 나와 노래 공연을 했다. 북한 노래인 〈반갑습니다〉부터 시작하여 〈홍도야 울지 마라〉, 〈찔레꽃〉, 〈눈물 젖은 두만강〉 같은 일제하 민족의 아픔을 담은 노래들을 불렀다.

저녁을 마치고 호텔로 돌아와 호텔 상점에서 맥주를 구입, 정철승 변호사, 박창기 감사, 김자동 회장님의 아들 김준현과 늦게까지 이야기하며 마셨다.

곽태원 이사가 MBC의 저녁 9시 뉴스에 오늘의 성묘 행사가 방영되었다고 전해 주었다.

셋째 날(10월 2일)
아침 식사를 마치고 오전 8시 40분, 묘향산(북한에서는 향산이라고도 부른다)을 구경하기 위해 출발했다. 김일성종합대학 부근의 등교하는 대학생 중 많은 학생이 걸어가면서 책을 보는 광경이 이채로웠다. 우수한 학업성적을 얻기 위한 목적은 여러 가지가 있겠지만, 어쨌든 북한의 대학생들은 남한 학생들보다 더 열심히 공부하는 것 같았다.
묘향산 가는 길은 북한의 고속도로 격인데, 차가 많지 않아 한가로웠다. 도로변의 논밭은 가을걷이가 끝나 휑했고, 띄엄띄엄 오가는 농촌 주민들에게 손을 흔드니 같이 손을 흔들어 답을 했다. 버스는 1천 4백여 년 전 수나라 30만 대군을 궤멸시킨 을지문덕 장군의 살수 대첩의 현장 청천강 다리를 건넜다. 가물어서인지 물길은 그리 넓지 않았지만 푸르렀다. 허옇게 드러난 강변에 트럭 한 대가 한가로이 모래를 싣고 있었고, 물가에서는 아이들이 물고기를 잡고 있다가 버스를 향해 손을 흔들었다.
10시 40분, 묘향산에 도착하여 먼저 김일성·김정일 부자가 세계 각국으로부터 받은 선물들을 전시해 놓은 '국제친선전람관'을 관람했다. 관람에는 통제가 철저했다. 가방, 카메라 등은 가지고 들어갈 수 없고, 한번 들어가면 중간에 뒤돌아 나올 수도 없었다. 국제친선전람관은 1978년 8월 6일에 개관하였는데, 이곳에는 5만㎡ 면적의 (김일성)'수령관'과 2만㎡ 면적의 (김정일)'장군관'에 총 179개 나라에서 보내온 22만 356종의 선물이 전시되어 있다고 한다. 전람관의 마지막 방에는 김일성의 등신대 밀랍상이 세워져 있어 관람객들의 참배를 유도하고 있었다.
전시품 중에는 남한의 박정희, 전두환, 노태우, 김대중 전 대통령들과 김우중 전 대우그룹 회장, 정주영 전 현대그룹 회장 등이 보내온 선물도 있었다. 김우중 회장은 수예로 장식된 옷장을 선물했고, 통일교 계통의 평화자동차 사장 겸 세계평화연합 사무총장은 김일성 사후 솜이불 1세트를 보낸 것으로 적혀 있었다. 황해도 사리원 출신의 '에이스 침대' 안유수 사장은 각종 가구 333점을 선물하였다고 안내문에 씌어 있었다.

12시 40분에 국제친선전람관 관람을 마치고 나와, 13시 20분 묘향산의 비로봉 입구 경치 좋은 계곡에서 야외식사로 점심을 먹었다. 향산호텔에서 준비한 불고기, 오리고기, 각종 산채 등과 특히 묘향산 계곡에서만 난다는 칠색 송어구이의 인기가 높았다.

15시 30분, 임진왜란 때 승병을 지휘했던 서산대사 휴정이 입적한 묘향산 보현사를 관람하였다. 북한의 국보 제40호인 이 절은 옛 그대로인 가람의 보존상태가 아주 좋았으며, 특히 단청이 찬란하였다. 팔만대장경 목판도 잘 보전되어 있었다. 안내를 맡은 보현사의 탈미 스님은 "보현사는 243칸 규모로 3개의 일주문이 있으며, 건물로는 대웅전, 관음전, 영산전과 1794년 서산대사와 사명당, 처영 스님을 모신 수충사가 있고, 다라니석상과 유점사 종이 있다"고 설명했다. 나는 재빨리 보현사 가람들을 관람하고는 묘향산을 조금이라도 올라가고 싶어 향로봉 쪽으로 발을 재촉했다. 30분쯤 올라가 보현사를 중심으로 아래쪽 경치를 보고는 바로 내려왔다. 오가는 도중 북한 동포들을 만날 때마다 인사를 건네니 그들도 반갑게 답을 했다.

17시에 묘향산을 출발하여 18시 30분에 고려호텔에 도착한 후 19시에 윤이상 음악당 지하에 있는 민족 식당으로 이동해 저녁 만찬을 들었다. 여성 복무원들의 인물이 아주 출중하였다. 복무원들은 우리 일행에게 서비스하던 도중 즉석 공연을 펼쳤는데, 모두 프로 뺨치는 재주를 지녔다. 남한에도 잘 알려진 북한 노래 〈임진강〉, 〈반갑습니다〉와 남한 노래 〈칠갑산〉, 〈감격시대〉를 불렀다. 특히 20여 복무원 전체의 조장인 김해김씨 김광옥의 〈번지 없는 주막〉, 〈홍도야 울지마라〉 독창은, 미모, 말솜씨, 노래 모두 빼어나서 만장의 갈채를 받았다.

넷째 날(10월 3일)

오전 8시 20분, 서해갑문을 관람하기 위해 출발했다. 북측과 이야기가 잘 되었는지 최동오 지사의 손자 최인국 씨는 북에 홀로 계신 어머니 류미영 여사를 뵈러 간다고 하여 서해갑문 관광에서 빠졌다. 최인국 씨의 아버지 최덕신 전 외무장관은 공직에서 물러난 후 부인 류미영(임시정부 요인 류동렬 선생의 딸) 여사와 함께 미국으로 이민 간 후 아버지 최동오 지사의 묘소를 참배한다는 명목으로 수차례 방북하였다. 그리고는 1986년에 북한으로 정식 이주했다가 1989년에 별세했다. 류미영 여사는 2006년 당시 최고인민회의 상임위원 직책에 있었기 때문에 1차 방북 성묘가 성사되도록 큰 힘을 보탰고, 이후 2차 방북 성묘를 실현하기 위해서도 많은 노력을 기울였으나 이는 남북관계의 경색으로 성사되지 못했다. 2019년에는 최인국 씨도 북한으로 올라갔다.

서해갑문이 소재한 남포시로 가는 도중의 평양거리는 노동당창건일(10.10절) 행사를 위한 집단체조 연습에 한창이었다. 인민대학습당 앞 광장에서는 매스게임 연습을 하고 있었다. 평양-남포 간 고속도로는 10차선 35km의 길이로, '속도전청년돌격대'가 중장비 하나 없이 지게 또는 맨손으로 건설하였기 때문에 이 도로를 '청년영웅도로'라 이름 붙여졌다고 한다. 도로변 추수를 끝낸 들판은 한적했다. 9시 30분에 남포시에 도착하였다.

거리에는 남포 시민들이 옹기종기 모여앉아 우리 일행이 탄 버스를 호기심 어린 눈으로 바라보고 있었다. 와우도 유원지를 지나니 수만 평의 갈대밭이 나오고, 잇달아 수만 평 염전의 가지런한 풍경이 이어졌다.

북측 안내원에 따르면, 서해갑문은 서해를 운항하는 배가 대동강을 통해 최대한 평양 가까이 닿을 수 있도록 할 목적으로 계획되었다고 한다. 광대한 바다를 가로지른 8km의 서해갑문은 1981년부터 86년까지 5년에 걸쳐, 평안남도 남포시와 황해남도 경계, 곧 대동강이 서해와 만나는 지점에 건설되었다. 이 지점은 조수 간만의 차가 7m에 달해 항만 기능에 문제가 있었는데, 이 갑문의 건설로 대동강을 거슬러 8km 더 올라가 5만 톤급 선박도 댈 수 있다고 한다. 갑문에는 물고기 길도 설치되어 있다고 하며, 갑문 완공 때 3,224명이 1급 전사명예훈장, 1,956명이 2급 전사명예훈장을 받았다고 한다. 안내원의 설명을 듣고는 높이 34m로 등대 역할도 겸하는 서해갑문기념탑을 관람하고, 10시 45분 남포시를 출발했다.

정오에 고려호텔에 도착, 곧 1층 '평양불고기냉면식당'에서 평양냉면을 먹었다. 평양냉면으로 유명한 옥류관이 수리 중이라 점심을 이곳에 정했다고 한다. 서울의 유명 냉면집보다 면발은 덜 쫄깃하지만 슴슴하고 시원한 육수 맛이 평양냉면이 허명이 아님을 실감했다.

다음 일정까지 시간이 넉넉해 나는 호텔 지하의 사우나에 갔다. 사우나 요금은 3유로, 또는 4달러였다. 사우나에는 평양시민들 몇몇과 함께 온 아이들도 있었다. 당시는 서울에서도 호텔 사우나를 이용하는 사람들이 흔치 않았는데, 그들이 아이들까지 데리고 온 것을 보면 북한의 특권층인 것 같았다. 큰 탕에도 몇몇이 있어 나도 들어가 목만 내놓고 앉아있으니, 그중 한 사람이 남조선에서 왔느냐고 물었다. 이발도 북한식으로 하고, 목만 내놓았는데도 금방 내 신분을 알아차리는 것을 보면, 거기를 이용하는 사람들은 서로가 잘 아는 관계인 것 같았다.

15시 정각에 쑥섬으로 출발했다. 쑥섬에는 1948년 5월 2일 56개 남북정당·사회단체연석회의가 열렸던 것을 기리는 높이 13.5m, 무게 550톤의 '통일전선탑'이 있었다. 김구 선생과 김일성 주석이 회담을 하였던 장소에 이 탑이 세워진 것이다. 이밖에 김구와 김일성이 뱃놀이를 했다는 나룻배, 벽초 홍명희와 조소앙 선생이 장기를 두었다는 원두막 등 몇몇 유적들도 복원되어 있었다. 김자동 회장님의 선친 김의한 지사는 이때 김구 선생을 수행하여 쑥섬에 왔다. 60여 년 전 그날을 떠올리시는지, 회장님의 얼굴에 회한이 스쳐가는 것 같았다.

16시 10분에 쑥섬에서 출발하여 16시 20분 '조국통일 3대 헌장 기념탑'에 도착했다. 이 탑은 김대중 대통령의 방북을 기념하여 2001년 8월 15일에 세웠다. 나는 평소 책 이외의 비문, 플래카드, 선전물 등의 북한 글씨체가 천

편일률 똑같은 것이 궁금했는데, 3대 헌장 기념탑 글씨도 같아 이때 북측 안내원에게 물어보아 그 사유를 알 수 있었다. 남한의 궁체를 변형시킨 것 같은 그 글씨체는 청봉체靑峰體라고 하는데, 항일 빨치산 활동의 근거지인 백두산 청봉에서 그 이름을 따온 것이기 때문에 다른 글씨체들이 있지만 이를 고수한다는 것이다.

16시 40분에 '조국통일 3대 헌장 기념탑'을 출발하여 17시에 개선문에 도착했다. 개선문은 문이 완공되었을 당시 김일성의 나이 70세를 상징하여 70송이의 진달래꽃이 조각되어 있고, 남쪽 면에는 김일성이 만경대를 떠난 해인 '1925'와 해방으로 개선한 해인 '1945'라는 글자가 금빛으로 새겨져 있었다. 부근에는 김일성경기장, 모란봉경기장 등 체육시설이 있다.

17시 30분에 개선문을 출발하여 윤이상 음악당 내에 있는 민예전람실에서 쇼핑을 했다. 미술품, 공예품을 비롯하여 의약품, 식료품, 술 등 북측의 상품들이 제법 많이 진열되어 있었다. 나는 대충 쇼핑을 마치고는 음악당을 돌아보는데, 1층에 컴퓨터방 비슷한 곳에서 희미한 형광등 아래 청소년들이 재잘거리며 게임을 하고 있었다. 남과 북 어쩔 수 없는 비슷한 풍경이었다.

18시 30분에 고려호텔에 도착하여, 19시 40분 호텔 식당에서 남측 주최 고별 만찬이 있었다. 북측에서는 민화협의 김영대 위원장, 박경철·정덕기 부위원장 등이 참석하였다. 남측의 후손대표 김자동 회장의 고별사 후 김영대 북측 민화협 위원장의 답사가 있었다. 만찬에는 아침에 어머니를 뵈러 간 최인국 씨도 돌아와 참석했다. 최 선생은 어머니께서 보내는 작은 선물이라며 북한에서 생산된 감자 당면 한 상자를 가져와 나에게도 한 봉지를 주었다.

21시에 만찬이 끝나 숙소로 돌아와 이번 방북 동안 북측 민화협의 '김학민 담당자'로 여겨지는 '나철남'과 많은 이야기를 나누었다. 처음 이틀간은 서로 서먹서먹하여 조심스레 탐색하며 이야기를 나누었지만, 내일이면 헤어지니 그도 나도 서로 간에 쌓았던 벽을 조금씩 헐었다. 그는 아버지, 본인, 아내 모두 김일성대학을 나온 북한의 엘리트였으며, 소학교(한국의 초등학교)에 다니는 남매를 두었다고 한다.

나는 방북 짐을 꾸리면서 세면도구, 내복, 항생제·진통제·소화제 등을 비교적 여유 있게 가져왔다. 북측 사람들은 자존심이 상당히 강하다. 그에게 모르는 체 "나 선생, 내가 비상용으로 세면도구 등을 더 가져왔는데, 선물을 너무 많이 사서 그러니 이것들 좀 처리해 주실 수가 있겠소?" 하고 물으니 머리를 끄덕였다. 꾸러미를 들고 방을 나가려는 그에게 "평양에 며칠 있다 보니, 나도 딸애들 생각이 나네요" 하며, 애들 과자라도 사주라고 약간의 성의를 건네니 머뭇거리다가 받았다. 그날 밤 이런저런 이야기를 나누며 웃음꽃을 피우고 있을 평양의 어느 가족을 떠올리며 마지막 밤을 곤히 보냈다.

다섯째 날(10월 4일)

아침 9시, 호텔 복무원, 북측 민화협 관계자들의 뜨거운 환송 속에 4박 5일 숙소였던 고려호텔을 출발, 고구려의 시조 고주몽의 묘인 동명왕릉으로 향했다. 동명왕릉은 평양 동남쪽 역포구역 용산리에 있는데, 1972년 김일성의 교시로 발굴 조사하여 고주몽의 묘로 증명되었다고 한다. 그러나 봉분을 너무 웅장하게 조성하였고, 능 주위 조경도 너무 인위적이어서 2천여 전 고주몽의 묘인지는 실감이 나지 않았다. 동명왕릉은 2004년 유네스코에 의해 세계문화유산으로 지정되었다고 한다.

11시에 순안공항에 도착하여 바로 출국 수속을 밟았지만, 방문단 중 사진을 많이 찍은 몇몇 사람의 카메라를 일일이 확인하기 때문에 시간이 꽤 걸렸다. 12시 40분에 심양행 고려항공 JD155편 23D 내 좌석에 탑승하여 중국 시간 12시 50분에 도착했다. 중국 시간 17시에 심양 공항을 출발, 방문단 모두가 무사히 인천공항에 도착한 것은 한국 시간 17시 50분이었다. 꿈만 같았던 4박 5일의 평양 방문이 모두 끝난 것이다.

덧붙이는 이야기

평양 시내는 온통 구호 천지다. 나는 우리 일행이 일정에 따라 지나간 거리에서 본 구호들을 일일이 메모해두었다. 평양에서 본 '주마간구호走馬看口號'

라고나 할까?

-가는 길 험난해도 웃으며 가자
-김일성 동지를 수뇌부로 하는 당을 목숨 걸고 사수하자
-단결의 정치를 빛나게 구현하자
-당이 결심하면 우리는 간다
-모두 다 당 중앙위원회 군사위원회
-모두 다 선군시대를 빛내는 영웅이 되자
-백두산의 아들 김정일 장군을 천만년 받들어 모시자
-새로운 승리를 위하여 총진군 앞으로!
-새로운 승리 앞으로 총진군 앞으로!
-선군의 위력으로 강성대국의 새로운 비약을 이룩하자
-선군정치의 위대한 승리 만세!
-수령님은 만인의 태양
-오늘을 위한 오늘에 살지 말고 내일을 위한 오늘에 살자
-올해 공동사설에서 제시한 전투적 과업을 철저히 관철하자
-우리 당의 빛나는 혁명전통 만세!
-우리 시대 영웅들처럼 살며 일하자
-우리식대로 살아나가자
-위대한 김정일 동지를 정치사상적으로 목숨으로 옹위하자
-위대한 수령 김일성 동지는 우리와 영원히 함께 계신다
-위대한 수령 김일성 동지 만세!
-위대한 장군님만 계시면 우리는 이긴다
-위대한 주체사상 만세!
-21세기의 태양 김정일 장군 만세!
-장군님 따라 천만리
-조국을 위하여 배우자
-전설적 영웅 김정일 장군 만세!
-주체혁명 위업을 대를 이어 계승하자

■수필

봄, 영혼을 이식하다

이 용 준

　어떤 사람이 자기 영혼을 몸에서 꺼내 어떤 은밀한 장소에 안전하게 보관해 놓았다. 위험한 상황이 지나가면 다시 몸속에 가져올 생각이었다. 더 나아가 절대적으로 안전한 장소를 발견한다면 자기 영혼을 영원히 그곳에 두리라 마음먹었다. 가장 큰 장점은 영혼이 그곳에서 손상당하지 않고 보관되는 한, 그는 불사의 존재가 된다는 점이다. 그의 몸 안에 영혼이 없어 그 어떤 것도 그를 죽일 수 없을 테니. 북유럽 신화에 나오는 발데르가 좋은 일례가 될 것이다. 하늘이나 땅의 어떤 것으로도 발데르를 죽일 수 없었다. 그의 영혼을 보관해둔 겨우살이를 제외하고는. 사실 그 여린 겨우살이는 발데르의 화신이어서 그것을 꺾어야만 그를 죽일 수 있었다.
　이러한 외재적 영혼에 관한 설화는 다양한 형태로 나타난다. 아주 흔한 형태는 이런 에피소드를 담고 있다. 어떤 마법사나 거인 등 동화의 나라에 사는 사람들은 불사의 존재다. 자기 영혼을 멀리 떨어진 어떤 비밀장소에 감추어놓았기 때문에 해칠 수가 없는 까닭이다. 그런데 유괴를 당해서 마법사의 성에 갇힌 아름다운 공주가 교묘하게 그 비밀을 알아내어 이야기의 주인공에게 알려준다. 그 영웅은 마법사의 영혼(마음, 심장, 생명 또는 죽음 등 그 명칭은 다양하게 불린다)을 찾아내서 그것을 파괴함으로써 마법사를 죽인다.

나도 영혼을 떼어내 다른 곳에 숨겨둔 적이 있다. 살해당하고 싶지 않았다. 교직에서 명퇴한 뒤에야 여기저기 숨겨 놓았던 내 영혼을 다시 걷어왔다. 그것은 물고기 뱃속과 뒷동네 숲속 산책로에서, 그동안 틈틈이 써놓은 소설이나 번역 속에서 나를 기다리고 있었다. 그 영혼, 생각보다 푸석푸석하고 눅눅했다. 그 과정은 쉽지 않았다. 내가 문학 공부를 하고 싶어 그만 명퇴하겠다고 하자, 가족이나 친지들은 내가 현실적인 궤도를 벗어나 비현실적인 길로 들어서는 것이라고 믿고 지켜보고만 있지 않았다. 그동안 이상해져 가던 내가 최악의 판단을 내렸다고 그들은 단언했다. 생존 자체가 점점 힘들어져 가고, 문학이 활력을 잃어가는 시대에, 소설을 쓰기 위해 밥줄을 놓으려 하다니. 정상대로 정년퇴직하고도 나머지 인생을 건사하기도 힘들 텐데 미리 나가려 하는 건 더 명백한 과오라고 입을 모았다. 만류가 질책으로 바뀌어 갔다.

영혼을 분리시켜 놓는 연습을 하곤 했는데 그땐 나는 이미 예전의 내가 아니었다. 그래서 나는 다른 사람들에게 현실에 잘 적응하지 못하고 부적응아가 되어 점점 더 서툰 생활을 하고 있는 사람으로 인식됐다. 그래서 인터발이라는 별명도 얻었다. 딴 데 정신을 두고 다니고, 느려 터졌으니 걱정이라는 의미였다. 한마디로 미쳤다는 소리였을 게다. 낸들 당혹스럽지 않았을까? 그러면서 나는 깨달아 가고 있었다. 그건 내가 감당해야 하는 외로움이고, 잘 참고 견뎌내야 한다는 것을. 나는 확신하기 시작했다. 내 진정한 실재는, 내 몸이 떨어져 있던 영혼과 만날 때, 읽고 쓰고, 또 사유에 빠져 있을 때 비로소 나 자신으로서 존재한다는 것을. 그 영혼, 또 그 영혼의 동경을 눈치 챈 사람들과의 모임에 나가면서 나는 자신감을 찾아갔다. 미쳤다는 얘기는, 뭔가를 이루기 위해 내가 아주 훌륭하게 잘 해 나가고 있다는 찬사였다.

그러다가도 힘든 상황에 직면하면 주변에서 하고픈 일 하면서 살아가는 사람들을 보면서 내 소망을 다시 상기시키곤 했다. 모험을 걸어야 내가 가보고 싶었던 길을 가거나, 적어도 그 준비를 할 수 있으리라. 당시 나는 등단 뒤 장편소설을 다듬고 있었고, 창작집도 낼 계획을 세우고 있었다. 그러기 위해서는 절대 시간이 필요했다. 마침내 퇴직을 감행하고 기어코 그것을 은밀한 곳에 옮겨놓았다. 창작과 번역에 심혈을 기울였다. 나는 비로소 행복했다. 복된 마음이 내게 충만했다. 그러나 그 이후 몇 년 동안 무리한 까닭에 건강이 많이 상했다. 빨리 성과를 내고자 하는 조급함과 여러 권의 책을 발간할 수 있게 되었다는 흥분 사이에서. 또 여러 강의까지 소화해내느라 건강을 돌볼 여유가 없었다. 특히 불면과 위염이 심했다. 잘 버텨낼 수 있으리라 여기고 그때그때 임시방편으로 약을 복용한 탓에 병을 키웠다. 1년 6개월 가량 투병 생활이 이어졌다. 흰죽에 자극성 없는 반찬만을 먹고 마음의 안정까지 찾아야 했는데 그게 잘되지 않았다. 위와 뇌가 한몸이 되어 죽어라고 나를 공격했다. 체중이 10킬로그램 이상 빠졌다. 겨우겨우 버텨오던 강의들도 그만 둘 생각을 여러 번 했고 사직 의사를 밝힌 적도 있었다. 학교와 수강생들에게 누가 되지 않기를 바랐던 것이다.

　영혼을 다시 찾아왔음에도 불구하고 고통은 여전하지 않은가. 이렇게 힘드니까, 사람들이 나를 말린 게구나. 그렇다고 돌아갈 길은 이미 없었다. 그걸 없애버리고 배수의 진을 친 것은 나 자신이었다. 당연히 발을 들여놓은 것에 대해 책임을 져야 했다. 앞으로 나가는 것 외에 선택의 여지가 없었다. 외길 위에서 지난 시간들을 되짚어 보았다. 두 가지 사실이 도출되었다. 영혼을 서툴게 분리시켰는가, 고삐 풀린 영혼이 자기 혼자서만 앞으로 질주한 건가. 사실 몸과 마음은 하나여서 영혼을 분리해내기가 쉽지 않다. 다행히 나는 그전부터 내 몸속에서 영혼을 떼어내는 일에 대해서 공부를 좀 했다. 훗날 번역된 『독일 낭만주의 이념』은 그 산물이었다. 가끔 나는 나와 비슷한 영혼들과 마주치곤 했다. 그런 사람들이 꽤 있었다. 그들도 나를 눈치챘으리라. 그렇다면 남은 문제는 영혼의 의욕만큼 육체가 따라잡지 못했다는 사실이리라. 더 많이 쉬고, 운동도 더 많이 했어야 했다고 결론을 내렸다. 그러다가 그 이상으로 내게 위안을 주는 결정적 계기가 다가왔다.

　지난해 6~7월, 나는 횡성의 예버덩 문학의 집에서 두 달을 보냈다. 몸이 조금 좋아졌나 싶어서 지원서를 냈는데 운 좋게 입주 추천을 받았다. 덜컥

겁이 나기도 했다. 과연 집을 떠나서 잘 생활할 수 있을까, 취소하는 게 낫지 않을까 망설이다가 일단 가서 지내보다가 포기하든지 더 머무를 건지 결정하기로 했다. 막상 가보니 생각보다 훌륭했다. 주천강이 집필실을 휘감으며 한반도 지형처럼 흘러 24시간 물 흐르는 소리가 들리고 사방이 녹색으로 에워싸고 있었다. 조용하고 공기 좋은데다 시원하기까지 해서, 한밤중에 가벼운 차림으로 나가곤 했는데 어느 날 밤에는 냉기에 소름이 오싹 돋아 황급히 되돌아오기도 했다. 텃밭에서 키워내거나 근처에서 구해오는 식재료로 요리된 식사는 언제나 풍성했다. 그곳에서 점차로 불면증이 해소되기 시작했다. 또 식사도 맛있게 하고 제법 소화력도 좋아졌다. 다른 문인들과 지내면서 위안을 받았고, 그동안의 고통에서 벗어나기 시작했다. 위와 뇌가 힘을 합해 내 건강을 챙기느라 협력하기 시작하는 게 느껴졌다. 살기 위해 이곳에 왔구나, 하는 생각이 들어 전율하곤 했다.

 그곳이 너무 좋아 그 근처에 집을 마련했다. 아파트 값은 천정부지로 치솟고 있었다. 그동안 힘들여 모은 돈을 시골에 모두 퍼붓기가 쉽지 않았다. 별로 망설이지 않고 일을 벌였는데 주변의 여러 사람이 도와주어 순조롭게 진행되었다. 문학의 집에서 퇴소하자마자 그 집으로 들어가 살았다. 이제 12월이면 그곳에서 생활한 지 1년 반이 되어간다. 여름과 가을, 겨울을 나면서 눈에 띄게 몸이 좋아졌다. 겨울엔 벽난로에 불을 지피고 불멍하는 재미, 맛있는 군고구마를 먹는 맛, 밤새 내린 함박눈에 감탄하고, 또 그 눈을 치우며 흘리던 땀도 인상적이었다. 봄이 되자 공기와 햇살이 좋은데다 곳곳이 여린 녹색으로 물들고 꽃들이 화창해지기 시작하는 풍경을 보면서 베란다에 앉아 있는 것만으로도 큰 기쁨이었다. 산세가 좋아 거실과 창문 밖의 풍광도 그만이다. 저 모든 산과 들판, 강물, 특히 밤에 집 아래쪽에서 강물이 흐르는 소리도 모두 새로 사귄 내 친구들이다. 지대가 높은 이곳에서 봄비 내리는 걸 지켜보는 비멍은 빗소리와 더불어 겨울에 장작 타는 것을 바라다보는 불멍을 대신해주었다. 이곳을 방문한 가족, 친지 등도 한결같이 집과 풍광에 빠져들었다. 기뻤다. 다른 사람들과 그런 즐거움을 주고받는 것도 오랜만이다.

뜻밖의 곳에서 서로 간의 내면으로부터 우러나는 미소를 보기도 한다. 수수함과 싱그러움이 도심보다 더 멋지게 피어나는 것을 보는 행복감에 황홀하다. 마치 코로나에서 벗어나 사람들이 생활을 되찾듯이 나도 정상을 회복해 가는 중이다.

 횡성의 진가를 진하게 느낄 수 있다는 봄 5월, 이곳에 영혼을 슬며시 옮겨 심을 준비를 했다. 여러 군데를 탐색해 보았다. 발데르처럼, 땅도 아니고 하늘도 아닌 나뭇가지 위, 구석진 다락방, 서재의 책꽂이, 텃밭 등등. 텃밭에 자꾸 눈이 갔고 그곳에 오래 머물렀다. 얼마 전 갖가지 상추, 쑥갓, 대파, 취나물, 곰취나물 등등을 심었다. 그전에 난생 처음 퇴비와 비료 등을 사서 흙에 섞어 밭을 일구고 모종을 사왔다. 다음에는 열매가 맺히는 식물들, 이를테면 가지와 고추, 방울토마토, 애호박 등을 심을 생각이다. 약해진 몸으로 쉽지 않았지만 천천히 기쁘게 작업했다. 여름 식탁이 풍성하겠다 싶은 생각을 하자 설레는 봄기운이 몸에서 샘솟는 것 같았다. 어디서 이 같은 생각과 감정이 내 몸속을 휘젓고 있단 말인가. 그렇다고는 해도 전원생활은 생각보다 일이 많았다. 오죽하면 그것은 노후에 하지 말아야 할 일들 중에 하나라고 하지 않던가. 특히 잡초와의 전쟁과 동장군 걱정은 이만저만이 아니었다. 보일러 기름값이 많이 들어 안달을 하고, 장작을 어떻게, 얼마나 구해야 하는지 몰라 여기저기 수소문하기도 하고, 정작 배달되어 온 장작을 날라다 쌓느라고 애를 먹었다. 불명은 그 대가를 요구했고, 늦은 밤 방울방울 수돗물을 틀어놓지 않고 잤던 다음날 아침은 아찔했다. 또 안 쓰던 근육을 쓰면서 다치기가 일쑤고, 너무 많이 이것저것 물어보다가 동네사람들에게서 퉁망을 받기도 했다. 그런데 그러는 사이, 그러니까 다행히 이렇다 할 사고 없이 봄을 맞기까지, 그동안 읽지 못했던 소설을 읽고, 다음 학기 수업 준비를 하면서, 틈틈이 청소하고 빨래하고 끼니를 챙겨 먹는 재미를 붙여갔다.

 그렇게 특별한 일도 아니었건만 그런 것들을 통해서 몸과 마음이 하나가 되고, 몸 구석구석에 건강이 채워져가는 느낌이었다. 의외였다. 곰곰이 생각해 보니 사실 나는 이런 생활 속 곳곳에 문학을 심고 있었던 것이다. 그것들과 더불어 영혼이 안정을 찾고 익어가기를 바라면서. 영혼에 싹이 틀까? 이제 새로운 장편소설이 그 맛이 기막힌 두릅과 엄나무 여린 순처럼 올라오기를 고대해 본다.

봄과 여름 지나 가을 지나, 이제 겨울을 앞두고 있다. 우여곡절은 모두 새로운 추억으로 쌓여갔다. 처음 지어보았던 농사로 여름과 가을 밥상은 푸짐했다. 겨울 밥상도 기대가 된다. 특히 배추 30여 포기로 김치를 담궈, 5일장에 나갔다가 사온 장독에 넣어 묻어두기도 했으니. 함께 넣어둔 섞박지 맛을 생각하면 벌써부터 침이 고인다. 밭은 다시 깨끗이 정리됐다. 아무 일 없었다는 듯이. 맑은 공기와 햇살, 바람 덕분에 나는 다시 살아나고 있다. 다들 제 멋에 살아가는 것이리니. 건강도 눈에 띄게 좋아져 복용하던 약도 갈수록 줄어들고 있는데, 글의 분량은 늘어가고 있다. 어쩌면 근근이 써온, 지금 쓰고 있는 수필을 바탕으로 한 소설이 내 목숨을 이끌어 주고 있는지도 모른다는 생각을 하고 있다.

*참고 서적-『황금가지』'외재적 영혼에 대해서'

이용준 2014년 심훈신인문학상에 당선되어 작품 활동 시작. 작품집 『피시스케이프』, 번역서 『독일 낭만주의 이념』, 『독일의 질풍노도』등 있음. 한국외국어대학교 및 동대학원에서 독일어 전공.

"모두 다 살림망에 갇힌 물고기 신세야"

FISHSCAPE
피시스케이프

이용준 지음 | 값 15,000원

삶과 인간에 대한 깊이 있는 천착을 보여주는
이용준 작가의 첫 번째 장편소설

찌가 올라오다가 순간적으로 멈추는데 이 순간을 포착하기가 쉽지 않다. 말하자면 그 순간이 먹이가 입천장에 닿기 직전 혹은 막 닿았을 때이고 그때 걸어야 한다. 그걸 정확하게 읽고 행동해야 월척을 낚을 수 있다. 꾼은 그러니까 그 상황을 동영상으로 머릿속에 그릴 수 있어야 한다. 녀석들도 지구상에서 오래전부터 온갖 수난을 극복하고 살아남았다는 사실을 잊어서는 안 된다. 어쩌면 그걸 빨아들였다가는 누군가에게 낚인다는 것을 녀석도 알고 있을지 모른다. 그러면서도 삼키는 게 어리석다고만 할 수는 없다. 인간은 걸려들 수 있다는 걸 알면서도 뇌물을 삼키지 않는가. _본문 중에서_

작가는 보이지 않는 것과의 더 많은 대화 혹은 힘겨운 사투를 통해 비루한 생의 의미를 되짚는다. 중요한 것은 어떤 경우에도 서두르지 않는다는 점이니, 이것, 늦어도 한참 늦게 등단한 작가의 놀라운 내공이 아닐 수 없다. 소걸음으로 부디 천리를! 김남일(소설가)

그가 옮긴 방대한 『독일 낭만주의의 이념』과 『독일의 질풍노도』는 물론이고 역작 『피시스케이프』는 수상한 시절을 딛고 자기 생을 밝혀낸 실존들의 경험적이고 지성적인 탐색으로서 짝패들이다. 생이여, 잔잔하여라, 자신과 더불어 처연한 생을 치러낸 두 친구의 행로를 밝혀놓고 막 책상에서 일어서는 한 작가의 아침을 나는 지금 뻐근한 마음으로 기록하고 있다. 전성태(소설가)

아시아 031-944-5058 bookasia@hanmail.net

■지역 탐방 및 회원 동정

평택, 역사의 고장 지키는 문인들

권 혁 재

경기 지역 최남단에 위치한 평택은 물이 넉넉하고 평야가 많으며 노을이 아름다운 곳이다. 인근에 아산만으로 흘러드는 안성천과 둔포천을 경계로 충남과 맞닿아 있다. 근대 이전의 평택은 통치자나 전쟁의 승패에 따라 행정구역이 각각 달리 변해왔다. 5세기의 평택은 백제의 지배를 받아 행정구역이 진위현으로 구분되다가 5세기 이후에는 고구려가 남하하면서 부산이라는 명칭으로 개편되기도 하였다.

조선 건국 이후에는 충청도 직산현에 속했다가 태조 이후에 다시 경기도의 진위현으로 지명을 되찾았다. 갑오개혁 이후 진위군으로 지명을 고쳤고, 1938년 군의 명칭이 평택군으로 변경되면서 진위는 지역명을 상실하게 되었다. 1981년 시로 승격된 송탄시와 1995년 평택시가 시군통합정책에 따라 평택시로 명칭을 통합하였다.

평택시의 현재 인구는 작년 8월 기준으로 57만 5천여 명 정도이나 삼성반도체 사업장이 평택에 입주하면서 점차 인구가 늘어날 전망을 보인다. 평택시도 60만 명에 이르는 시의 인구에 맞춰 미래 지향적이고 역동적인 문화예술사업을 기획하고 시행할 것으로 예상된다. 현재 평택의 문화사업은 이렇다 할 대표적인 것이 없다. 그러나 앞으로 문화사업을 이끌어갈 동량의 작가나 시인들은 많다. 이윤훈, 우대식, 박후기, 한도숙, 권혁재 그리고 인근의 안성에 기거하는 김평엽, 이은유 시인들이 그들이다.

먼저 맏형격인 한도숙 시인은 전 전국농민회총연맹 의장을 역임하였고, 실질적인 농사의 경험을 바탕으로 한 풍부한 사유와 노동이 결합 된 작품들을 많이 배태해냈다. 시집에는 『며느리 밑씻개』, 『개불알풀꽃』, 『딛고선 땅』이 있고, 산문집으로는 『고구마꽃이 피었습니다』, 『농사의 종말』이 있다.

다음은 이윤훈 시인이다. 필자가 등단하고 몇 달이 지나서 등단을 축하한다고 먼저 전화를 한 시인이다. 정이 많고 그의 웃음은 진실한 시인의 웃음으로 느끼게 한다. 2002년 조선일보 신춘문예로 등단하여 시집 『나를 사랑한다, 하지 마라』, 『생의 볼륨을 높여요』가 있다. 제3회 나혜석 문학상 대상을 수상했다.

우대식 시인은 참으로 바쁘고 다재다능하다. 필자의 시집에 해설문과 표사를 흔쾌히 써 주었고, 재작년에 재직 중인 진위고등학교에서 명예퇴직을 하여 시작품이나 후학에 매진하고 있다. 1999년 《현대시학》으로 등단하여 『늙은 의자에 앉아 바다를 보다』, 『단검』, 『설산 국경』, 『베두인의 물방울』 등 내공이 가득 찬 시집을 출간하였고, 박사논문을 재정리한 저서 『해방기 북한 시문학론』이 있다.

박후기 시인에 대해서는 할 말이 참 많다. 초등학교부터 고등학교까지 동문인데다, 불행히도 일찍 죽은 그의 형과 필자의 둘째 형은 동창으로 필자의 형도 사고로 이십 대에 세상을 떠났다. 그의 형과 필자의 형은 동창이자 죽음의 동창이기도 한 셈이다. 그리고 그의 누나와 필자는 또 동창이다. 평택역 앞 길거리에서 우연히 박후기 시인을 만난 적이 있었다. 언제까지, 어디서, 시화전을 하고 있으니 꼭 한번 들러 달라는 박시인의 말에 필자는 대답을 하였지만 결국은 가보지 못했다. 지금이라도 미안하다는 말을 하고 싶다. 2003년 《작가세계》로 등단하여 『시집 종이는 나무의 유전자를 갖고 있다』, 『내 귀는 거짓말을 사랑한다』, 『격렬비열도』, 『엄마라는 공장 여자라는 감옥』, 『사랑의 발견』 등이 있다.

그리고 필자인 권혁재인데 본인이 자찬을 하긴 그렇고 간략히 적고자 한다. 2004년 서울신문 신춘문예로 등단하여 시집 『투명인간』, 『잠의 나이테』, 『귀족노동자』, 『고흐의 사람들』, 『안경을 흘리다』, 『당신에게는 이르지 못했다』, 『누군가의 그늘이 된다는 것은』이 있고, 저서로는 『이기적인 시와 이기적인 시론』이 있다.

이외에 안성에 기거하면서 교류하고 지내는 김평엽, 이은유 시인이 있다. 김평엽 시인은 전화를 할 때마다 막걸리 한 잔 하세라고 말하지만 실제로 대작을 한 적은 없다. 가끔 원고청탁이나 안부는 묻고 하였는데, 만나는 시간이 잘 정해지지 않았다. 김평엽 시인은 1997년 《시대문학》과 《애지》로 등단하여 임화문학상과 교원문학상을 수상하였다. 시집에는 『미루나무 꼭대기에 조각구름 걸려 있네』, 『노을 속에 집을 짓다』가 있다.

이은유 시인은 시인들과 많은 교류를 통해 시의 폭을 스스로 확장해 나가는 시인이다. 시와 시인들에 대한 정보를 많이 알고 있어 정확하지 않은 정보를 확인할 때는 가끔 이은유 시인에게 전화를 하는 일이 종종 있다. 이은유 시인은 1996년 《현대시》로 등단하여 일상의 존재에서 되묻게 되는 심리적인 작품을 엮은 『이른 아침 사과는 발작을 일으킨다』, 『태양의 애인』 등이 있다.

권혁재 2004년 서울신문 신춘문예 당선. 시집 『투명인간』, 『잠의 나이테』, 『아침이 오기 전에』, 『귀족노동자』, 『고흐의 사람들』 등 있음.

고양시에서 발기한 시 전문지 《아토포스》를 찾아서

박 남 희

　요즘 고양시에 거주하는 몇 명의 시인들을 중심으로 시전문지《아토포스》창간호를 내기 위한 준비가 한창이다. 처음 시작은 시와 소설을 함께 내는 종합지로 출발하려고 했으나 사정상 시전문지로 바뀌어서 창간호 출간과 창간식이 모두 늦추어지게 되었다. 잡지 이름을 '아토포스'라고 한 것은 '장소 없음'이라는 의미가 주는 자유로움과 그 말에 들어있는 무궁무진한 창의적 정신 때문이었다. '아토포스'라는 말 속에 들어있는 '장소성'은 좁은 의미의 장소만을 의미하지는 않는다. 문학에서의 '장소성' 역시 일상적인 장소의 개념에 머물러 있지 않다. '인간은 장소를 통해 자유와 실재성의 깊이를 확인한다'는 하이데거의 말은 장소성이 단순히 머무는 공간으로서의 의미에 국한되지 않는다는 것을 말해준다. 보다 보편적이고 광범위한 개념으로 흔히 사용되는 '시간성'과는 달리 '장소성'은 상대적으로 개별성이 강조된다. 민족과 민족, 지역과 지역의 대립과 갈등은 장소의 문제이다. 이러한 문제들은 보편성보다는 개별성에서 발원한다. 이런 관점에서 보면 인간은 '시간성'보다는 '장소성'에 더 민감한 존재라는 생각이 든다.
　이것은 문학을 하는 인간에게 있어서도 예외는 아니다. 특히 우리나라처럼 문학 판에서조차 출신을 따지는 것도 '장소성'과 무관하지 않다. 어떤 신문이나 잡지로 등단을 했는지, 어느 학교를 나오고 어디에서 태어났는지가 문학성을 앞서는 중요한 척도가 되는 불합리가 요지부동의 세력을 얻고 있는 곳이 우리나라 문학 판이다. 이번에 고양시 시인들이 중심이 되어 창간되는 본지의 이름이 '장소성'과 관계된 '아토포스Atopos'인 것도 이러한 문제와 무관하지 않다. '아토포스'는 장소를 뜻하는 그리스어 '토포스Topos'와 대립되는 개념어로 사용되면서 '장소없음'이나 '비장소성'의 의미를 지니게 되었다. 롤랑 바르트에 의하면 본래 이 말은 소크라테스의 대화자들이 끊임없는 독창성으로 인해 분류될 수 없고 예측할 수 없는 소크라테스의 탁월성을 나타내기 위해 소크라테스에게 붙여준 명칭이라고 한다. 진은영은 롤랑 바르트의 말을 인용하면서 '정체가 모호한 공간, 문학적이라고 한 번도 규정되지 않은 공간에 흘러들어 그곳을 문학적 공간으로 바꿔버리는 일, 그럼으로써 문학의 공간을 바꾸고 또 문학에 의해 점유된 한 공간의 사회적-감각적 공간성을 또 다른 사회적-감각적 공간성으로 변화시키는 것이 문학의 아토포스'라고 말하고 있다.(『문학의 아토포스』, 180쪽) 이러한 아토포스의 문학적 비전은 신생 시 전문지인《아토포스》에도 동일하게 적용된다. 이런 관점에서 보면 '아토포스'라는 이름을 달고 이 세상에 나온 잡지가 여러 면에서 비문학적인 문학 판을 어떻게 문학적인 문학 판으로 변화시킬 수 있을 것인가 하는 문제와 연관되어 있다. 이 문제는 해묵은 난제라는 문학적 클리셰의 테두리를 과감하게 허물어서 새로운 문학 판을 조성해나가려는 시전문지《아토포스》의 첫 번째 비전이기도 하다. 기존의 우리 문학 판은 지나치게 '토포스'에 얽매여서 '아토포스'적 문학의 본질을 외면해온 것이 사실이다. 따라서《아토포스》는 앞으로 순수한 문학성을 넘어서는 지나친 파벌주의나 물신주의를 배격해 나갈 것이다. 그리하여 그동안 왜곡되었던 문학의 순수성을 회복하는데 총력을 기울여 나갈 것을 다짐한다.

  시 전문지《아토포스》는 고양시에 사는 조정(편집인), 박남희(주간), 권성은(편집장), 김옥전(편집위원), 전영관(편집위원) 등의 시인과 중부지방에 사는 문근식(발행인), 김경린 시인(편집위원 겸 편집차장) 등과 경기작가회의 소속

김효숙 평론가와 인천 지역에 사는 고광식 평론가 등이 중심이 되어 창간호를 준비 중에 있다. 아마도 이글이 지면에 발표될 즈음에는 이미 《아토포스》 창간호가 지상에 나와 있을 것이다.

　잡지의 편집 주간을 맡은 필자가 쓴 창간사를 인용하자면, 시전문지《아토포스》는 '장소 없음'의 창의적인 장소성을 표방하고, 이미 정해져 있지 않은 새로운 문학과 문학환경을 지향하는 잡지이다. 다행스럽게도《아토포스》는 발행인이나 편집인이나 주간 한 사람에 의해서 독단적으로 운영되는 잡지가 아니다. 일차적으로《아토포스》의 주체는 여러 명의 편집진들이지만, 궁극적으로 이 잡지는 문학을 사랑하는 여러분들의 것이다. 그런 점에서《아토포스》는 열려 있다. 앞으로《아토포스》는 문학계의 소크라테스를 발굴하고 지원하는데 앞장서 나갈 것이다. 독일의 문호 괴테는 '내가 시를 만든 것이 아니라 시가 나를 만든 것이다'라는 말을 했는데, 앞으로《아토포스》는 '아토포스'가 '시인'을 시인답게 만들 뿐 아니라 '시인'이 '아토포스'를 아토포스 답게 만드는, 아름다운 시 전문지로서의 역할을 다해 나갈 것이다.

*

　필자는 얼마 전에 시「어쩌다 시간 여행」이라는 시를 썼는데, 인과론적으로 추정해보면 아마도 그 때 쓴 그 시가 본격적으로《아토포스》를 만나리라는 직감적 시간 여행의 시작이었던 것 같다. 다음은 그 때 필자가 쓴 시 전문이다.

어쩌다 시간 여행

박 남 희

내가 너에게 가기까지가 시간이다
너는 감자, 어쩌다 무지개

그러다 바람, 이럴 땐 적당히 꽃이라고 해두자

네가 나를 규정하지 않았으므로
나는 나를 모른다
그러므로 네가 내게 오기까지가 시간이다

나는 날마다 너를 찾아 시간 여행을 떠난다

나는 여행을 떠나면서 누군지도 모르는 너에게
소크라테스를 사랑하는 자들이
소크라테스에게 붙여준 이름을 붙여준다

아토포스,
아마도 이것은 너의 이름이 아닐지도 모른다
내가 너에게 가는 길을 알지 못하므로,

도처에 길이 너무 많다
아무 길이나 들어서서 너를 찾다가
깜박, 나를 잊는다

시간여행을 하면 할수록
시간의 한가운데가 비어있다는 걸 알았다
그 안에
생각이 없어서 아름다운 것들이 있다는 것도 알았다

빈 것이 아름다운 것이라는 진리가 나를 깨웠다
빈 꽃병이 꽃을 유혹하듯
그 빈자리가 너를 꽃피게 했다는 걸 알았다

이 시의 화자가 시간 여행을 떠나는 것은 너를 만나기 위한 것이다. 여기서 너는 사랑하는 사람도 될 수 있고, 시도 될 수 있고, 시전문지《아토포스》가 될 수도 있다. 이 시에서 너와 나는 서로를 어떤 것으로 규정하지 않는다. 그러므로 여기서의 시간 여행은 내가 너를 찾아가는 시간여행이고 네가 나를 찾아가는 시간여행이다. 이 시에서 나는 너를 찾아가면서 너의 이름을 어렴풋하게 '아토포스'라고 이름 붙여준다. 하지만 어떤 대상에게 고정적 이름을 붙여주는 행위는 '아토포스' 정신에 위배된다. 그리하여 나는 '이것이 너의 이름이 아닐지도 모른다'고 불확실한 고백을 한다. 그 때 화자인 내가 깨달은 것은 '시간여행을 하면 할수록/ 시간의 한가운데가 비어 있다는 걸' 알게 된다는 점이다. 여기서 비어있음은 '무위無爲'나 '무욕無慾'을 의미하기도 하지만, 역설적으로 말하면 무한한 가능성의 다른 이름이기도 하다.

　'생각이 없어서 아름다운' 시 또는 시인이라는 물고기는 비어있는 공간에 산다. 고양시를 중심으로 생겨난 시전문지《아토포스》가 장차 생각이 없어서 아름다운 물고기가 되어 자유롭게 상상력의 물살을 헤쳐 나가는 경기작가 시인들의 친근한 연못이 되기를 바라는 마음이다.

박남희 1996년 경인일보, 1997년 서울신문 신춘문예 등단. 시집 『폐차장 근처』, 『이불 속의 쥐』, 『고장난 아침』, 『아득한 사랑의 거리였을까』, 평론집 『존재와 거울의 시학』 등 있음. 현재 시 전문지《아토포스》주간과 경기작가회의 이사를 맡고 있다.

시흥, 문학의 또 다른 중심

임 경 묵

■ **처음 始, 일어날 興의 '시흥'**

경기도 중서부에 위치하며 서해에 곁을 주고 있는 시흥은 선사시대부터 바다를 개척하고 소중한 생명을 키워낸 삶터이다. 시흥始興이란 명칭이 처음 등장한 것은 고려 성종 대인데 『고려사』와 『대동지지大東地志』의 기록에 따르면, 성종 때 금주의 이칭을 '시흥'이라고 하였다고 한다. 시흥은 시흥군에서 1989년 시흥시로 승격된 이후, 1996년 시화국가산업단지가 조성되면서 큰 변화를 겪었으며, 2022년 현재 외형적으로 면적 138.660㎢, 인구 51만 명의 도시로 급격하게 성장하고 있고 이에 따른 나름의 지리적, 역사적, 문화적 정체성을 확립해 오는 중이다. 시흥시는 포동, 월곶동, 정왕동, 오이도까지 이어지는 서해의 바다 풍경과 생태학적 보고인 내만갯벌, 군자봉, 소래산 등 명산과 물왕호수, 시화방조제, 월곶포구, 관곡지 등의 명소가 자리 잡고 있다. 이러한 자연의 아름다움과 그 안에서 뿌리를 내리고 사는 사람들의 정서가 어우러져 특색있는 문학작품으로 승화하고 있다.

　길손이 묻기를
　시흥이 어딥니까.
　처음 始, 일 興자 붙은 마을.

시흥역이 있는 곳
독산동 옆동에
여기 맞습니까.

안양쪽으로 다시 돌아가
만안교 살금 건너서
박미고개 넘으면 됩니다.

소래란 고장이 여깁니까.
차조기 蘇, 쑥 萊자 붙은 곳.

물새들은 고깃배를 반기고
꽃게도 옆걸음 치는 곳
여기 맞습니까.

아닙니다, 여긴 아닙니다.
장수동 지나 시 오 리 길
남동 다리서 또 시 오 리 길
갯마을 바로 거깁니다.

이리 쪼개지도 저리 묶이고
떠밀린 이 고장 始興
시흥이란 이름 붙었으니
어찌하랴, 우리 부르지 않고서.

-박영만, 「시흥이 어딥니까?」 부분

쓸쓸하지만, 시흥에 대한 연민과 애정이 담긴 이 시는 시흥 출생 박영만의 첫 시집 『始興詩篇』(1992년)에 실려있는 시다. 그는 이 시에서 '시흥'을 글자 그대로 '처음 始, 일어날 興'이라 했는데, 한자만 보더라도 '始興'은 뭔가를 '처음 일으킨다', '처음 일을 벌인다'는, 역동적이고 도전적인 의미가 담겼음을 알 수 있다. 이는 '시흥'이 차이의 가치를 드러내는 한 기점이며, 새롭고 독자적인 문학이 탄생할 수 있는 또 다른 '중심'이라는 뜻일 것이다.

■시 쓰기 모임 중심의 근대 시흥 문학

근대 시흥의 문학의 면모를 자세히는 알 수 없으나 문헌을 통해 시 쓰기 모임이 중심이 되었음을 짐작할 수 있다.

사로사四老社는 경기도 시흥 지역을 포함한 18세기 안산 지역의 남인 및 소북계 사대부들이 결성한 시 모임으로 백상형白尙瑩, 강세황姜世晃, 조중보趙重普, 이태길李泰吉, 엄경응嚴慶膺, 최창헌崔昌憲이 참여하였으며, 1년에 4차례[3월, 5월, 9월, 10월] 각 달의 보름날 회원들의 집을 순회하며 시 쓰기 모임을 했다.

1920년 시흥 지역 한시 문인들이 결성한 연성음사蓮城吟社는 한시를 짓고 친목 도모를 위한 것으로 지역 문인들이 상부상조하는 계契의 전통도 잇고 있다. 1927년에는 신문에 광고를 게재하여 전국적으로 한시를 공모하는 일을 도모하기도 했는데, 일제강점기라는 시대 상황 속에서 주체적으로 전통적 한시 창작 활동을 계승하고, 지역의 문화 활동을 전국에 홍보하여 참여를 유도하였다는 점은 주목할 만하나 문학의 사회적 기능보다는 순수 문학만을 추구했다는 점에서 한계가 있었다.

■문학의 시흥다움을 생각하다

현재 시흥문학은 주로 시흥에 거주하는 문인들의 활동을 통해 활발하게 전개되고 있으며 최근에는 음악, 미술, 연극 등의 이웃 예술 장르와 연계하고 다양한 변주를 통해 문학의 저변을 넓히고 있다. 시흥 거주 문인들은 꾸준한 작품 활동뿐만 아니라, 소속된 문학 단체와 문화원 주관의 백일장, 시 낭송회,

문학 세미나 등을 통해 문학을 사랑하는 시민과 소통하며 지속적으로 문학적 역량을 키우고 있다.

특히 시흥은 문학 동아리 활동이 활발한 편인데 작품에 대한 치열한 성찰과 문학 동아리의 정체성을 확보하면서 꾸준히 성장하고 있다. 가장 오래된 문학 동아리인 소래문학회와 시향문학회는 매년 《소래문학》과 《시향문학》을 발간하고 시 낭독회, 시인 초청 강좌, 월례 합평 모임 등을 개최하며 특색있는 문학 활동을 하고 있다. 1992년에 창립된 소래문학회는 시흥에서 가장 오래된 문학 동아리로 2022년 《소래문학》 제30집을 출간했고, 시향문학회는 1998년 '고향생각 문학회'로 시작하여 2005년 '시흥 가톨릭문우회'와 통합해 만들어진 문학 동아리로 2022년 《시향문학》 제22집을 출간했다. 이밖에 2004년 시 창작 교육기관인 '서해 시 창작 아카데미'가 발족하면서 발아한 월곶문학회는 2007년 그 첫 모임을 시작하였고, 2022년에는 군자문학회가 《군자문학》 창간호를 발행했으며, 배곧문학회가 배곧 신도시를 중심으로 결성되었다.

■ 작품이 되는 시흥, 배경이 되는 시흥

시흥은 문학 활동을 펼칠 수 있는 지리적 특색과 일상의 다양성을 고루 갖추고 있다고 해도 과언이 아니다. 도시와 인접한 포구, 바다, 갯벌, 산, 고대 및 근현대 유적지, 대규모 공단, 급격한 도시화로 사라진 풍경 등이 문학의 산실 역할을 하고 있다.

시흥 문학의 주된 장르는 시라고 볼 수 있다. 시흥에 거주하는 시인들의 시 뿐만 아니라 시흥을 만난 많은 시인이 시흥의 지리적 특색과 일상의 다양성을 주제 또는 소재로 하는 시를 발표하고 있다. 대표적인 시집으로는 김종철의 『오이도』(1984년), 박영만의 『시흥시편』(1992년), 김신용의 『바자울에 기대다』(2011년), 김윤환의 『시흥, 그 염생습지로』(2012년) 등이 있고, 시 작품으로는 임영조의 「오이도」, 윤의섭의 「월곶리에 가면」, 신용목의 「갈대 등본」, 유미애의 「월곶에서」, 문세정의 「내 마음의 연약 지반 구역」, 박성현의 「산천어」, 지연구의 「끈, 또는 줄에 관한 단상」 등이 있다.

특히, 김종철의 시집 『오이도』는 오이도와 주변 풍경을 배경으로 도시적 삶에서 벗어나 자연의 품에서 삶의 의미를 되새기고 삶과 죽음, 존재의 의미 등에 대한 성찰을 통해 인간의 보편적 정서를 전해주고 있다. 김종철은 시집 서문에 외롭고 추운 마음을 안고 한 번씩 자신으로부터 외출하고 싶을 때 찾아가는 섬이 '오이도'이며, 이 섬이 내 속에 들어와 자기와 함께 덤으로 살아가고 있어서 시집 제목을 '烏耳島'라고 명명했다고 밝히고 있다.

윤후명의 『협궤열차』(2012년)는 협궤열차가 정차하는 지역에 거주하게 된 '나'를 주인공으로 하여 시흥에 있던 군자역과 달월역 등 옛 수인선 역을 비롯해 소래철교 부근 바닷가 풍경, 협궤열차를 타는 어민들의 모습, 군자봉 성황제 등을 배경으로 아련한 옛사랑과의 재회와 그에 얽힌 추억, 인간 본연의 쓸쓸함을 몽환적인 문체로 그려낸 장편소설이다.

시흥의 군자염전을 배경으로 한 이원세 감독의 영화 『난장이가 쏘아올린 작은 공』은 조세희의 동명 소설이 원작이다. 소설에서는 서울의 달동네 철거촌이 배경이지만 영화에서는 시흥의 염전 마을로 바꿔 염부들과 그 자녀들의 힘겨운 생활상을 통해 자본주의가 가난한 난쟁이 가족의 행복을 빼앗아 가는 과정을 사회성 짙게 그리고 있다. 이원세는 또한 1970년대 군자염전과 오이도 해안을 배경으로 가난하지만 정겨운 가족이 엄마를 잃은 후 겪게 되는 아픔을 아이의 시선으로 그린 영화 〈엄마 없는 하늘 아래〉도 촬영했는데, 2편[속편]에 출연했던 배우 윤미라는 이 영화로 1978년 '백상예술대상 여우주연상'을 수상하기도 하였다.

■동요 따오기와 한정동 시인

동요 '따오기'의 원작자 한정동 시인(1894~1976, 평남 강서 출신)은 1925년 동아일보 신춘문예에 동요 「소금쟁이」 외 네 편이 당선되어 한국 아동문학 최초의 신춘문예 등단 작가가 되었고, 이후 아동문학가로서 「따오기」와 작품집 『갈잎 피리』, 『꿈으로 가는 길』 등을 비롯한 수백 편의 아동문학 작품을 남겼다.

그가 시흥시 산현동에 묻힌 것을 2011년 김윤환 시인이 발견하고 뜻있는 아동문화인들과 시흥시가 함께 시인의 묘소 아래 물왕호수 옆에 '따오기노래비'를 제막하고, 1969년 제정한 '한정동 아동문학상'을 시흥시에 유치하여 2016년부터 '전국 따오기 아동문화제', '한정동 아동문학상 시상식', '전국 따오기 동요제' 등을 시행하여 아동문화도시로 발돋움하기에 이르렀다.

특히 1969년 제정된 한국의 대표적인 아동문학상인 '한정동아동문학상'은 아동문학 발전에 공헌한 한정동 시인의 업적을 기려 최근 발표한 아동문학 작품집을 대상으로 심사하여 시상하고 있다. 2021년 시흥시와 한정동아동문학상 운영위원회가 한정동아동문학상 운영 협약을 체결하여 2022년 50회 문학상 시상식 후 지금은 따오기아동문화진흥회 김윤환 회장이 운영위원장을 맡아 주관·운영하고 있다. 또한 2022년 3월 노래비 공원 옆에 개관한 '따오기아동문화관'은 아동문학가 한정동 시인을 기념하고, 아동문학과 아동문화 활성화를 위해 건립되었으며, 아동문학과 한정동 시인의 작품을 체험할 수 있는 전시 홍보 공간과 다양한 문화프로그램이 운영되는 커뮤니티 공간으로 구성되어 있다.

임경묵 2008년 《문학사상》 신인상으로 작품 활동 시작. 시집 『체 게바라 치킨 집』, 『검은 앵무새를 찾습니다』 등 있음. 수주문학상과 대산창작기금을 받음.

전쟁과 대립을 건너 평화와 상생으로 가다
-동두천에서 부르는 아카펠라

정 용 국

경기도 동두천시는 한국 전쟁이 발발한 50년대 미군의 주둔과 함께 인구가 급증하였다가 병력 축소로 말미암아 현재는 채 10만 명이 되지 않는 소규모의 도시가 되었다. 북방의 변경인 이곳에는 미군 제7보병사단인 캠프 케이시Camp Casey가 주둔해 있다. 미군의 평택 이전에 따라 수차례 철수가 거론되었으나 아직도 동두천시 전체 크기의 42%의 넓이를 차지하고 있는 상태이다. 남북이 극한 대립에서 벗어나며 80년대부터 아파트가 건설되기 시작하였고 지금은 서울의 베드타운 역할이 가장 큰 도시의 임무일 뿐 별다른 대규모 시설 유치나 새로운 경제 기반이 부족한 도시로 명맥을 이어가고 있다.

동두천이 한국 문단의 변두리에서 중앙 문단에 호명된 것은 김명인 시인의 시집인 『동두천』이 문학과지성사에서 출간된 1979년부터라고 할 수 있다. 이 시집은 아직도 그 명맥을 유지하며 40여 년의 세월을 지켜내고 있지만 동두천의 상처와 빈곤을 집요하게 헤집으며 동두천의 민낯을 혹독하게 드러내 보여주었다. 시인은 대학을 졸업하고 6개월 동안 동두천에서 교사 생활을 하며 자신의 스물세 살 절망과 겨레의 상흔을 담아 시대의 아비규환을 처절하게 노래하였다.

내가 국어를 가르쳤던 그 아이 혼혈아인
　　엄마를 닮아 얼굴만 희었던
　　그 아이는 지금 대전 어디서
　　다방 레지를 하고 있는지 몰라 연애를 하고
　　퇴학을 맞아 고아원을 뛰쳐 나가더니
　　지금도 기억할까 그 때 교내 웅변대회에서
　　우리 모두를 함께 울게 했던 그 한 마디 말
　　하늘 아래 나를 버린 엄마보다는
　　나는 돈 많은 나라 아메리카로 가야 된대요

　　　　　　　　　　　　　　　-김명인, 「동두천 Ⅳ」 부분

　아마도 이 시의 내용처럼 당시 동두천은 미군과 혼혈아와 양색시의 도시로 유명하였던 게 사실이다. 걸핏하면 미군의 폭행 사건이 뉴스에 나오고 피해자인 양색시의 이름과 고향도 허망하게 뉴스를 채우곤 했다. 남북 간 대화가 시작되고 전시를 방불케 하던 도시의 분위기도 많이 바뀌면서 대규모 아파트 단지가 건설된 것은 80년대에 들어서면서이다. 서울의 집값이 오르며 상대적으로 저렴한 동두천 아파트는 소위 위성도시로서 베드타운의 역할을 해내고 있다. 남북 간의 경제 격차가 큰 차이를 보이면서 힘의 균형에 따른 전쟁의 가능성은 현격하게 줄어들었다 하더라도 핵을 소유한 북한은 늘 전쟁의 그림자를 드리우고 있는 것은 사실이다. 주둔군의 수도 줄고 이제 동두천은 인구 9만여 명의 작은 도시로 조용하다 못해 쓸쓸하기 이를 데 없다.

　양주가 고향인 필자는 지금 동두천에 거주하고 있지만 이곳은 어머니의 고향이다. 이순을 맞아 이곳에 서재를 마련하여 이주한 필자는 시인 김명인의 대학 제자이다. 그래서 그가 시집 『동두천』에 그린 상처와 대립을 모아 이제는 이곳에서 전쟁 대신 평화를, 대립 대신 상생의 노래를 부르고 싶었다. 그것은 한반도 평화의 단전인 동두천을 되살리고 새로운 도시의 이미지를 부여해 주고 싶은 필자의 갈망에서 비롯되었다. 지금은 남북 간의 대화와 거래가 중단되어 언제 다시 화해의 시간이 올지는 예측하기 어렵지만 그래도 통일과 상생의 길을 포기해서야 될 일인가.

> 김정은 미사일이 연거푸 날아간 후
> 안창말 하늘길이 나날이 바빠졌네
> 온종일 귀가 떨어지게 채머리를 흔든다
>
> 산방이 허전해서 데려온 강아지는
> 어미 품이 생각나 떼를 쓰고 보채다가도
> 시커먼 미군 헬기 소리 못들은 척 잘도 잤다
>
> ―정용국, 「헬기와 강아지」 전문

이런 궁리들을 모아 엮은 시집이 「동두천 아카펠라」라는 제목을 달고 2021년에 출간되었다. 무슨 거창한 전쟁의 논리나 평화의 이미지를 구호처럼 내걸고 싶지는 않았다. 그저 작고 보잘것없는 사소한 일상인 '미군 헬기 소리'에도 아랑곳없이 '잘도 자'는 강아지는 얼마나 멋진 상징인가. '오소소 가랑잎 냄새 네 똥은 보살이지/ 개망초 금강초롱꽃 밥이 되는 귀한 거름'(「고라니 똥」)처럼 자연에서 동두천의 평화를 찾아보고 싶었던 것이다.

앞으로 동두천에 대립과 이상 징후가 다시 찾아와서는 안 된다. 다소곳이 통일의 날을 기다리며 반도의 허리를 이어갈 원대한 꿈을 키워야 할 것이다. 동두천은 서울에서 20km 거리이며 다시 이곳에서 20km 앞에는 휴전선이 놓인 최전방이다. 단전은 늘 따듯하고 긍정의 기운으로 가득해야 하는 법이니 부디 그 원대한 꿈이 이곳에 운집하기를 희망한다.

정용국 2001년 《시조세계》 등단. 시집 『내 마음속 게릴라』, 『명왕성은 있다』, 『난 네가 참 좋다』 등 있음. 이호우 시조문학상·가람시조문학상 신인상 수상.

경기작가

찍은날　2022년 12월 20일
펴낸날　2022년 12월 30일
엮은이　한국작가회의 경기지회 준비위원회
펴낸이　박몽구
펴낸곳　도서출판 시와문화
주　소　13955 경기 안양시 동안구 경수대로883번길 33,
　　　　103동 204호(비산동, 꿈에그린아파트)
전　화　(031)452-4992
E-mail　poetpak@naver.com
등록번호　제2007-000005호(2007년 2월 13일)
ISBN　978-89-94833-87-3(03810)

정 가 15,000원

편집주간　홍일선
편집위원　김명철 김민효 김효숙 박남희 박설희
　　　　　인은주 임경묵 조동범 주선미 한명환
연 락 처　010-2396-3127 사무처장 성향숙
E-mail　shs003127@hanmail.net

표지 디자인: 임신자 syntia@hanmail.net